环境规制与制造业高质量发展：
规制治理及其驱动发展机制

Environmental Regulation and High-quality Development in Manufacturing: Regulatory Governance and Its Mechanism Driving Development

韩　超　著

中国财经出版传媒集团

经济科学出版社
Economic Science Press

图书在版编目（CIP）数据

环境规制与制造业高质量发展：规制治理及其驱动
发展机制/韩超著 . —北京：经济科学出版社，2020.5
ISBN 978 - 7 - 5218 - 1539 - 9

Ⅰ . ①环… Ⅱ . ①韩… Ⅲ . ①制造工业 – 企业环境
管理 – 关系 – 企业发展 – 研究 – 中国 Ⅳ . ①F426. 4
②X322. 2

中国版本图书馆 CIP 数据核字（2020）第 073456 号

责任编辑：凌 健 杜 鹏
责任校对：杨 海
责任印制：王世伟

环境规制与制造业高质量发展：规制治理及其驱动发展机制
韩 超 著
经济科学出版社出版、发行 新华书店经销
社址：北京市海淀区阜成路甲 28 号 邮编：100142
总编部电话：010 – 88191217 发行部电话：010 – 88191522
网址：www. esp. com. cn
电子邮箱：esp@ esp. com. cn
天猫网店：经济科学出版社旗舰店
网址：http://jjkxcbs. tmall. com
固安华明印业有限公司印装
710 × 1000 16 开 14. 25 印张 200000 字
2020 年 5 月第 1 版 2020 年 5 月第 1 次印刷
ISBN 978 – 7 – 5218 – 1539 – 9 定价：69. 00 元
（图书出现印装问题，本社负责调换。电话：010 – 88191510）
（版权所有 侵权必究 打击盗版 举报热线：010 – 88191661
QQ：2242791300 营销中心电话：010 – 88191537
电子邮箱：dbts@ esp. com. cn）

前　言

　　党的十九大报告明确提出要"贯彻新发展理念，建设现代化经济体系"。现代化经济体系的核心内涵是高质量发展，为实现这一目标需要在发展方式转变、经济结构优化、增长动力换挡等方面通过改革加以推动。同时，现代化经济体系构建与高质量发展的实现始终绕不开绿色发展，而绿色发展是建设富强、民主、文明、和谐、美丽的具有中国特色社会主义国家的必然要求。过去中国的高速增长是以资源的过度消耗与环境污染为代价，走的是扩张式的发展道路。限于资源环境有限的承载力以及高质量的发展要求，过去长期所依赖的扩张式发展道路不能再持续，必须走高质量、高效率与环境友好型的发展道路。那么，应该如何进行改革才能在绿色发展方面实现现代化经济体系？

　　为实现现代化经济体系中的绿色发展要求，环境规制政策的制定尤为重要。由于在企业间广泛存在的生产率、污染强度等异质性，环境政策不仅会影响企业自身的污染治理投入，还可能影响企业间的相对位置，可能对产业发展带来预想不到的影响。在异质性企业约束下，环境规制政策外生冲击下，有的企业进入或退出，有的企业快速成长或衰退，同时在产业间、地区间也会发生环境规制导致的资源重新组合或配置的作用，而这一影响的方向是不确定的。有研究发现，环境规制既可能降低产业竞争力，也可能提升产业竞争，同时还可能对产业整体内部企业间相对位置产生影响。同时，不同的规制政策在不同的环境下其影响也是不一致的，从污染治理在不同产业链中的作用看，可以将规制政策分为清洁生产和末端治理，清洁生产主要作用于事中而末端治理则主要作用于事后，不少研究表明清洁生产更有利于污染治理。同时还可以将环境规制政策分为命令控制型、环境经济型和环保宣教型，每一类政策作用方式和作用机制均不同，这些均需要政策制定部门认真去研究。

从经济发展和环境污染的关系来看，经典的环境库兹涅茨曲线已经给出了基本的答案，长期看这两者是发展的问题，而合理的环境规制政策应该是内生于环境库兹涅茨曲线中，过严或过松的环境规制政策均不利于维持两者的正常关系，因此，制定环境政策不仅要考虑环境利益还要考虑经济利益，需要使政策制定尽量在环境保护与经济发展间围绕环境库兹涅茨曲线上下波动，以避免社会资源的错配行为。而从环境规制政策维度看，如何把握政策的波及范围和波及程度是一个科学问题，需要经济学、环境工程以及政策制定部门多方面的综合研究。从这个意义上讲，我国建立环境规制制度比美国要早。1969 年《国家环境政策法》的颁布以及 1970 年国家环保署（EPA）的成立是美国环境规制体系建立的标志，美国在 1966～1975 年最低的人均 GDP 也已经达到 4150 美元。我国的环境规制体系建立的标志是 1979 年 3 月《中华人民共和国环境保护法（试行）》以及追溯到 1982 年新成立的城乡建设环保部下属的环境保护局为显著标志，1976～1985 年，我国人均 GDP 一直未超过 300 美元。在这样的经济基础上，我国进行环境规制体制建设必然面临较大的执行问题。同时，以公众环保组织为代表的公众参与差距也反映了我国当时可能还不具备整体较高的环境保护需求。因此，环境库兹涅茨曲线仍然是制定环境规制政策的基本依据。

除了环境规制政策需要原则上依据环境库兹涅茨曲线外，还有一个尤为重要的因素需要考虑，即政策的可持续性与可预期性。环境规制政策与大多数公共政策本质类似，其直接影响消费者以及企业行为，体现的是政府与市场的关系。由于以上提到的规制政策可能对产业产生不可回避的影响，更需要将政策的出台背景、政策预期的目标以及政策可能的演进方向等问题进行沟通，以使受政策影响的相关方可以做预先性的安排，保持规制政策与企业行为的良性互动，合力推动环境治理与产业绿色发展。如果环境规制政策的可持续性与可预期性不能保证，那么企业的反应将是应急式考虑而非长期性考虑，其不仅影响企业的日常经营，导致企业"疲于奔命"无法兼顾长期发展，进而无法增加长期的投资，不利于企业的内生创新。此时，环境规制政策将可能在影响短期投资的同时，无法在长期实现环境库兹涅茨曲线右侧向下弯曲部分。基于以上分析，如何根据经济发展阶段选择政策工具，并坚持政策可持续性与可预期性的原则是科学制定环境规制政策的应有之义，是引导企业从事绿色生产行为作出理性选择，推动环保技术进步的重要保障。

2016 年 6 月 14 日，国务院印发《关于在市场体系建设中建立公平竞争审查制度的意见》、2017 年 10 月 23 日国家发改委等五部门联合印发了《公平竞争审查制度实施细则（暂行）》，这两个文件标志着对公共政策制定进行的公平竞争审查已经落到实处，这是践行"市场在资源配置中占支配性地位"的重要改革举措，是维持公平竞争环境的重要制度保证。然而，由于环境规制与经济发展之间必然存在的一些冲突（尤其是在短期），因此，以上制度保证的是政策本身的公平竞争性，由于环境规制政策的执行机构在基层，虽然法制上保证公平，但是如何在实际中保证公平仍是环境规制政策实施中的重要问题，也是环境规制政策能否有效的大面积推广，切实治理污染，推动经济绿色发展的关键。环境规制政策的偏向性一直是学术界重点关注的问题，从斯蒂格勒、佩尔兹曼、贝克尔乃至拉丰开创的新规制经济学，一直有学者从理论上来分析规制偏向问题。当然，以上理论关注的规制偏向主要指不同利益集团、消费者、生产者等之间的偏向，没有关注规制对产业内不同企业的偏向问题，而这可能是当前中国环境规制偏向中的主要表现，也是环境规制执行重点中需要改革的内容。

我国环境规制兼具冲突性和模糊性特征，冲突性即政策目标与经济发展之间、不同规制部门之间具有显著或者潜在的目标或者利益不一致，模糊性则是指政策实施细则中的惩罚措施等不够具体，执行方面留有很大的空间。环境规制政策的冲突性有时与政策的前瞻性、可预期性有关系，政策执行的模糊性则是由环境规制的特点所决定，具有一定必然性。环境问题治理需要具备较为丰富的信息，而这些信息不仅与企业层面有关，还与地区发展、市场环境具有显著的关联，因而政策执行的模糊性有利于地方环境规制机构充分利用相关信息进行针对性的规制。但是，这一制度设计必须建立在地方环境规制机构不会与企业等被规制方具有利益一致性的联系上。如果地方环境规制机构与企业建立了某种利益上的联系，而这一联系与规制目标具有潜在的冲突，那么，政策执行的模糊性则可能导致地方在环境规制执行上存在偏向性行为，产生规制执行偏差，这不仅会影响规制目标的实现，更严重的是，可能会在不同企业间引致要素扭曲，使资源向效率低的企业转移，直接影响市场在资源配置中的决定性地位。结合目前我国仍处于发展中阶段的国情现实，以及地方政府在经济发展中发挥的不可替代的作用，分析地方环境规制在政策执行上的行为偏差就显得尤为重要了。

就目前学术界的讨论而言，各类扶持政策的国有偏向已经引起了很多文献的关注。有不少研究发现，整体上国有偏向的政策带来明显效率损失，资本融资约束方面的国有偏向则显著抑制了中小企业的发展，省级层面的资源误置主要由扶持政策的国有偏向引致。综上所述，政策偏向分类有很多，既包含偏向性补贴与偏向性融资等与直接利益挂钩的政策，同时也包含规制方面的偏向性政策乃至环境规制政策偏向。在地方政府既担负经济发展又负责辖区环境规制的双重责任制度约束下，地方政府先天的具有保护与自己具有密切联系的企业，因而在环境规制政策方面采取偏向性政策。同时，在面临环境规制时，某些企业（如国有企业和纳税大户）就会利用自己讨价还价的能力去"游说"以获得偏向性规制政策。即使我国在程序上进行政策公平竞争审查前置设定，诸如以上论述的偏向性环境规制政策的存在也依然会给环境治理和绿色发展带来麻烦，使得环境规制政策沦为同补贴、融资等相似的境地，在产业内部产生一个无形的"楔子"，不仅会直接的扭曲要素资源配置，还会显著影响环境规制的合法性，最终阻碍经济的绿色发展。基于以上论述，保证政策制定与执行两个层面的公平竞争环境是优化环境规制政策，发挥市场在环境规制领域的基础性地位，创造良好环境规制氛围的重要条件，也是有序实现绿色发展转型的关键环节。

　　科学政策与公平规制环境的构建都离不开规制机构的改革完善，因为，政策制定的实施与规制环境的构建都须嵌入到规制体系中去，因而改革完善环境规制机构自然是通过环境规制促进绿色发展转型的制度保证。长期以来，我国以"条块结合，以块为主，分级管理"的原则进行环境规制，属于典型的属地管理模式。属地管理导致地方政府既是规制责任的承担者又是经济发展的承担者，其最大缺陷是容易产生规制执行偏差，是产生偏向性规制政策的温床。我国已经注意到这一缺陷，于2016年9月22日发布《关于省以下环保机构监测监察执法垂直管理制度改革试点工作的指导意见》进行改革试点，力图在省以下建立垂直的环境规制体系，其方向指向性非常明显。从理论上看，在大多数情况下治理环境时，尤其是惩治污染企业时，垂直管理优于属地管理，其垂直管理实施的效果仍然与制度环境、改革的程度等诸多因素有关。生态环境规制体系建设是实现绿色发展，建设富强、民主、文明、和谐、美丽的具有中国特色社会主义国家的重要内容。为了实现以上目标，需要通过科学政策执行、公平规制环境的创造与维护以及深入进行环境规制机构改革等途径来实现，缺一不可。具体而言，需要遵循在经济发展和环境保护的客观规律基础上制定科学政策，需要在政策制定与政策实施两个方面进行公平规制环境的创造，需要以独立规制为方向进行环境规制机构的深入改革。

　　然而，以上讨论的问题只是停留在理想的制度构建中。回到现实，中国当前的环境规制以及规制治理具体在哪些环节存在问题？而这些问题对规制实施效果带来了哪些影响？这些除了理想的制度设想与建构外，仍有赖于对现实的考究与思考。再者，环境规制与经济发展一定程度上呈现双刃剑的角色，那么，如何处理好、识别好环境规制对产业发展的影响？这也是进一步推动规制治理完善的主要目的。本书是从一些具体的视角进行一些粗浅的思考。总之，笔者希望在积累前人研究方法和经验的基础上，为中国环境规制改革与制度完善做一些基础性的研究工作，也希望能够为后续研究提供一定的借鉴。由于学识所限，本书不可能对规制治理及其对资源配置的影响这一历史性的课题进行全方位的分析，加之部分统计数据的不可获得，我们所得出的结论不可避免存在局限性。基于此，我们将继续挖掘资料、深入研究，同时也热盼广大同行多提宝贵意见。

本书是国家自然科学基金面上项目"异质性企业约束下环境规制对工业污染排放影响机制"（编号：71774028）的阶段性成果，同时，本书得到了辽宁省"兴辽英才计划"青年拔尖人才项目（编号：XLYC1807254）、中宣部"宣传思想文化青年英才"项目，以及东北财经大学产业组织与企业组织研究中心特色重点学科项目与一流学科建设经费项目的支持。感谢东北财经大学肖兴志教授、于立教授、于左研究员、复旦大学经济学院陈钊教授等老师对本书的悉心指导与鼓励，同时也感谢东北财经大学各位领导在研究过程中给予的大力支持。上海财经大学吴一平教授、江西财经大学王自力教授和何小钢副教授、首都经贸大学范合君教授、暨南大学陈林教授、山东大学曲创教授、西南大学刘自敏教授、南京财经大学余泳泽教授、昆山杜克大学崔静波副教授、上海交通大学王春华副教授等学界同仁对本书的写作都给出了建设性建议。本书的部分内容在写作时还得到了博士后同学江苏省社科院杜宇玮老师、南京审计大学张华老师的帮助，在此一并致谢。

本书的顺利完成与课题组整个团队的辛勤努力是密不可分的，课题组成员张伟广、王震、孙晓琳、朱鹏州、胡浩然、刘鑫颖等同学参与了本书部分内容的撰写工作。本书部分内容已在《管理世界》《中国工业经济》《财贸经济》《财经问题研究》等期刊发表，所以本书在一定程度上也算个人论著汇编。在具体研究过程中，我们参考了国内外许多专家学者的研究成果，在此表示特别地感谢。当然书中还存在一些有待完善的地方，欢迎读者提出批评建议。本书的出版，得到了经济科学出版社的大力支持和帮助，尤其是感谢责任编辑凌健老师细致的编排工作，促成了本书的顺利出版，并能够尽早呈现在大家的面前。

韩超

2020 年 1 月

于东财问源阁

目　　录

第一章 导 论

    面对日渐恶化的环境，中国果断加强了包括环境规制在内的诸多环境治理努力，但是对于环境规制是否能够发挥规制效果，如何发挥规制效果等问题依然有待进一步探究。同时，在实施环境规制的同时，其对资源配置是否会产生影响？本章将从宏观视角并基于文献基础对此进行概述，并给出基本研究思路与篇章结构。

第一节 新时代环境规制的迫切需求

    改革开放以来，尤其是中国加入 WTO 之后，中国的经济在近 20 年的时间高速发展，2010 年更是超过日本成为仅次于美国的世界第二大经济体。经济水平的提高一定程度上改善了人们的生活水平，但我们也不能忽视经济发展给我们的生存环境带来的严重影响和破坏。也就是说我国目前所取得的经济成就是以过度消耗资源、严重污染环境这种粗放式的发展方式为代价的。数字可能让我们更直观的去感受经济发展带来的环境代价。中国环境规划院对我国的环境经济进行了连续的核算，他们的核算结果显示，中国的环境退化成本已由 2004 年的 5118 亿元激增到 2010 年的 15389 亿元，环境退化成本占我国 GDP 的比重也由 2004 年的 3.05% 增加到 2010 年的 3.50%。在此背景下，加强环境规制则成了目前中国的必然选择。

    环境规制是指政府通过制定相关的环境保护措施来干预和控制经济

行为。日本经济学家植草益（うえくさます）在《微观规制经济学》中对规制进行了具体分类，其中公共规制是行政、立法、司法等机关对个人等经济主体行为的规制，它主要包括直接规制和间接规制，而直接规制又可分为经济性规制和社会性规制。为了保护各经济主体的生命安全和健康，保障社会和自然环境的安全以及防止自然和社会灾害，制定相关的标准以限制特定的各主体行为的规制，称为社会性规制。由此可见，环境规制属于社会规制的范畴，也是一种直接规制。环境规制是一种约束性力量，其目的是环境保护、对象为个体或组织、存在形式为有形制度和无形意识。该定义创造性地将环保意识纳入环境规制的范畴。环境规制是指政府为了协调经济发展和资源环境保护，在经济发展的同时尽可能地减少环境污染，通过制定相应的政策和实施特定的措施来调节各经济主体的经济行为。

从中国近年的环境治理实践来看，国家已经把生态文明作为统筹推进"五位一体"总体布局和协调推进"四个全面"战略布局的重要内容。陆续发布实施大气、水、土壤污染防治三大行动计划，加大化解钢铁、煤炭等过剩产能和淘汰落后产能工作力度，还拟定了一系列的行动计划。在制度层面，国家印发《关于加快推进生态文明建设的意见》《生态文明体制改革总体方案》。不仅如此，还在常规的规制治理外，实施数批次中央环境保护督察，落实环保"党政同责""一岗双责"，调动官员的环境治理积极性。深入推进省以下环保机构监测监察执法垂直管理制度改革，为治理流域治理设置跨地区环保机构。通过生态环境损害赔偿制度改革加强命令控制外充分发挥市场化治理工具的作用。被称为"史上最严"的新环境保护法从 2015 年开始实施，在打击环境违法行为方面力度空前。仅 2016 年，全国共立案查处环境违法案件 13.78 万件，下达处罚决定 12.47 万份，罚款 66.33 亿元，① 同比分别增长 34%、28% 和 56%。因此，在中国环境规制的实施与推进已经成为中国最重要的日常工作之一。

---

① 环保部. 去年查处环保违法案件数量与处罚金额创历史新高［EB/OL］. http：//env. people. com. cn/n1/2017/0421/c1010 - 29228085. html，2017 年 4 月 21 日。

　　当然，从现代化治理的角度来看，仅强调单一的规制手段，也受到学界一些研究的质疑，更多研究支持综合治理的思路。针对经济发展带来的环境问题，学者们持有不同意见。有的学者认为，环境问题是经济发展必然产物，根据环境库兹涅茨曲线（EKC），经济发展与环境污染之间呈倒"U"型，环境污染水平随着经济发展水平的提升呈先上升后下降的状态，即当经济发展到一定程度之后，随着经济的进一步发展环境问题自然而然的解决。中国还处于环境污染的上升阶段。但更多的学者认为，某些环境问题严重，是由中国一些特殊的考核机制以及规制失效等多方因素所致。郑思齐（2013）通过研究发现中国当前所面临的环境污染问题并不是短时间内形成的，背后具有更深层次的原因。周黎安（2007）、徐现祥（2007）等的研究也表明过去 30 余年，中央政府考核地方官员的主要衡量指标为地区生产总值（GDP），这种制度安排则会扭曲地方政府的动机，而在新时代习近平中国特色社会主义阶段这一体制安排已得到根本调整与完善。尽管如此，对于如何进一步进行环境规制，如何更充分的发挥环境规制作用，依然有很多问题值得探究。

第二节　环境规制可能引致的资源配置问题

一、传统环境规制影响范式：忽视企业间差异的影响

　　具体到政策层面而言，环境规制政策工具日趋丰富，但对其进行科学分析，揭示其影响机制的研究仍然不足，由此无法更全面的揭示中国的环境规制影响，更无法对中国污染减排的动因给出科学的证据支撑，因而也无法为制定更加完善的环境规制政策提供参考。在异质性企业约束下，环境规制政策外生冲击下，有的企业进入或退出，有的企业快速成长或衰退，同时在产业间、地区间也会发生环境规制导致的资源重新组合或配置的作用，这就是环境规制的资源再配置效应，是探析微观环境规制影响机制的基础。无论从实践现实还是从理论分析来看，环境规

制的影响主要指两个方面，即对产业发展的影响以及对环境治理效果的影响。事实上，现有研究由于将企业视为"代表性企业"从而忽视了普遍存在的企业异质性，因此，分析逻辑仍然遵循点对点的线性范式，即影响结果是企业平均的结果，不同企业的权重是相同的。

（1）规制影响产业发展：遵从成本假设。环境规制与企业发展间关系的讨论由来已久，诸多学者研究认为环境规制会加大企业运营成本，减缓其生产率增长（Jaffe et al.，1995；Gollop and Robert，1983；Gray，1987；Gray and Shadbegian，2003），这是由于伴随着环境规制强度的加大，企业需为自身的污染排放行为支付一定的费用，引致成本增加，进而可能会挤占企业的投资性资金，导致生产率有所降低。规制是政府通过制定标准等方式，解决经济主体行为过程中产生的负外部性等市场不完全问题（Crafts，2006），但规制实施将直接提高企业的遵从成本。具体到环境问题，规制约束下企业将直接增加污染治理和排污成本，而这些成本将挤占生产型要素资源投入，直接降低生产率并进而影响整体的经济增长。

（2）规制影响产业发展：倒逼机制的创新作用。从结论上看，基于遵从成本假设的文献大多认为，规制之所以降低生产率源于规制遵从成本的增加导致生产型要素投入不足，即挤出效应，其忽视了规制影响下对生产过程（production process）的可能影响（Becker，2011）。如果考虑规制对生产过程的影响，严格且适宜的规制并不必然降低生产率，甚至可以引导技术创新等提升生产率，即"波特假说"（Porter and van der Linde，1995）。但波特（Porter）的观点也受到诸多学者的挑战（Palmer et al.，1995）。从现有文献来看，基于这些质疑的后续理论完善主要着力于企业管理者的理性决策偏离（Ambec et al.，2013；Ambec and Barla，2006）以及可能存在的市场失灵问题（Ambec et al.，2013；Simpson and Bradford，1996；Mohr，2002；Xepapadeas and Zeeuw，1999；Feichtinger et al.，2005）。基于中国进行的研究较为丰富，其研究结论对于规制改革具有重要意义（傅京燕和赵春梅，2014；傅京燕和李丽莎，2010；傅京燕和吴丽敏，2015；胡元林和孙华荣，2015）。

通过以上文献的梳理可知，无论是环境规制对产业发展的影响还是环境规制对环境治理效果的影响，现有研究大多是以产业、加总的地区层面为研究对象，较少以企业作为研究对象。在以企业为研究对象的文献中，国际文献中仅有几篇涉及（Becker et al.，2013；Greenstone et al.，2012；Heutel，2011）。国内研究只有刘悦和周默涵（2018）、王勇等（2019）、韩超等（2017），但也只是通过生产率离散度的粗略测量间接分析了异质性企业条件下规制政策影响，其仍没有给出基于企业层面行为选择的内在机制，仍不能给出系统的结论，无法为规制政策改革完善提供经验支持。

二、异质性视角下资源再配置效应：在环境规制问题中的研究有限

基于异质性企业理论的资源再配置效应已在国际贸易、经济增长等领域的诸多论述，但其在环境规制政策方面的研究中仍较少涉及，虽然部分文献关注到环境规制对企业行为的影响，但认识到企业异质性及其影响的文献仍然较少，基于异质性企业约束进行环境规制资源再配置效应分析的文献更是罕见。由于资源再配置效应是观察环境规制政策影响，解释微观影响机制的必经路径，又是提升环境规制实施效果的重要基础，因而有必要在异质性企业约束下分析规制的资源再配置行为。

资源再配置效应源于异质性企业约束下，由于政策等因素影响产生了"楔子"作用，进而带来要素的资源再配置。企业间在投入、产出和生产率水平等方面存在显著的差异，而由此导致的资源再配置效应则越来越成为产业组织研究的重要视角（简泽，2011）。目前，文献中大量出现的资源误置（Resource Misallocation，也有不少文献译为"资源错配"）则是指在异质性企业约束下资源的错误配置，是不利于经济发展"负向"的资源再配置效应。如果资源再配置没有达到最优，即资源未能实现最优配置，其结果自然是低效率的企业反而得到更多资源进而仍

然留在市场，这一资源配置将会对潜在进入者产生不利影响，就会在产业内乃至产业间产生显著的资源误置效应（Jones，2011）。综合现有文献，可知资源误置的含义是，相对最优均衡而言，要素扭曲作用将会降低生产率较高企业的要素资源使用，进而降低其产量，降低整体生产率（Restuccia and Rogerson，2008；Hsieh and Klenow，2009；Brandt et al.，2012）。

产生资源再配置（误置）效应的因素有很多，主要包含调整成本、国有企业、非正规部门、贸易成本以及才能的误置（钱学锋和蔡庸强，2014），金融摩擦、贸易壁垒以及与行业政策有关的法律法规（Restuccia and Rogerson，2012）。由于本书主要研究环境规制政策导致的资源再配置效应，因此，本书将主要综述政策因素导致的资源再配置效应。从政策的影响看，政策将对企业进入与退出产生显著影响，而这也将会产生显著的资源误置效应。资源再配置效应可由就业周转率以及行业内企业进入、退出率反映，在企业生产率存在普遍差异的基础上，资源的重置将伴随企业的规模缩小导致退出，然后资源转移至新进入企业进而实现规模扩张（Hopenhayn，1992）。也有研究假设企业的进入退出是内生的，进而分析进入成本对资源再配置的影响（Barseghyan and Dicecio，2011；Yang，2011），研究发现更高的进入成本将会带来更大的资源再配置效应，且其产生显著的资源误置影响，这是由于较大的进入成本事实上保护了在位企业的利益，将潜在进入者排除在市场之外，不利于整体生产率的提升。

环境规制的资源再配置体现在规制实施过程中不同主体的受影响差异。现有研究虽然没有太多对这一概念进行论述，但也有部分研究在这个方面进行了一定的分析。环境规制对新企业进入的影响，有文献认为环境规制会在企业间产生不平等影响，对新企业的进入造成沉重负担发现环境管制减少了污染密集型产业中的企业数量以及小厂商的市场份额（Pashigian，1984）。另有研究验证了由于遵循不对称、执行不对称和行政不对称的存在，较强的环境规制与较少的小企业形成有关，但对大企业并没有影响。环境规制更容易对小企业产生单位成本劣势并对其形成进入障碍（Dean et al.，1998）。因此，对于在位企业而言，他们可以策略性地通过环境规制（如促使设立对他们有利的环境法规）来增强竞争优势和盈利能力。然而，前提条件是潜在的进入障碍导致收益大于污染治理带来的成本，或者需求曲线无弹性（Carlton and Perloff，1990）。综合以上资源再配置的有关研究可知，无论是国内还是国外，进行环境规制政策资源再配置效应的研究仍然很少。但是，无论是基于政策评价、政策优化完善，还是揭示规制政策的实施机制，进行环境规制资源再配置的研究都十分必要，这是打开产业内部影响黑箱的必经之路。

三、环境规制如何与资源再配置结合

借鉴现有在国际贸易领域已经发展成熟的异质性企业理论，以及由此衍生的资源再配置效应，可以更全面也更深入的分析环境规制的实施机制，首先，可以揭示政策实施过程中的偏向性行为及其福利效应；其次，可以分析污染变动的驱动因素；最后，可以进一步分析环境规制影响污染排放的资源再配置效应。异质性企业视角下环境规制如何影响资源再配置？现有研究虽然也涉及规制的企业行为影响，但其基本把企业作为"代表性企业"，忽视了企业异质性的普遍存在性，无法得到科学的结论。由于异质性企业对于政策制定尤为关键，是科学决策的基础，因而在异质性企业约束下分析规制的资源再配置行为就显得尤为重要。在这方面可以考虑分析产业内—产业间以及区域间的资源再配置。具体而言，产业内的资源再配置指将环境规制的资源再配置效应集中于产业内，力求从作用机理以及实证分析两方面探究环境规制对企业行为的影响，进而分析嵌入中国制度特征的环境规制如何对在位企业、进入企业以及退出企业产生影响，揭示以上影响如何作用于企业生产。同时，工业污染治理不仅取决于产业内部的企业间资源再配置，还取决于地区内产业间的资源再配置，可以着重探究环境规制如何导致资源在产业间的资源再配置。

第三节　研究思路与结构安排

本书将从治理视角出发，通过对规制官员的分析探究环境规制的规制主体行为偏好，再分析不同国别制度起源及制度变迁差异对规制实施的影响，进而从公众、规制投入等方面研究地区间策略性规制的治理逻辑。在以上研究的基础上，探究技术进步对行业的节能减排中的交互作用机制。在对环境规制治理机制进行研究的基础上，本书着重分析环境规制对产（企）业的资源配置的影响。具体而言，首先，探究环境规制对产业层面生产率的影响；其次，分析对企业内产品资源配置的影响；最后，分析环境规制对企业间资源再配置的影响。具体到每一部分研究内容如下。

第一章，导论。面对日渐恶化的环境，中国果断加强了包括环境规制在内的诸多环境治理努力，但是对于环境规制是否能够发挥规制效果、如何发挥规制效果等问题依然有待进一步探究。同时，在实施环境规制的同时，其对资源配置是否会产生影响？本章将从宏观视角并基于文献基础对此进行概述，并给出其基本研究思路与篇章结构。

第二章，治理视域下规制官员激励与行为偏好。环境规制显著受到经济发展的干扰，具有典型的独立性缺乏特征。在此背景下，规制官员既受制于地方政府行为目标，又须履行规制职责，其行为偏向尤为复杂。基于中国环境规制体制基础，本章剥离地方政府官员影响，集中分析规制官员个体特征因素对规制行为的内在影响，并对其规制行为偏好进行探析。

第三章，制度变迁、路径依赖与规制实施。中美具有迥异的环境规制构建基础：美国环境规制的构建主要由公众力量推动，且规制机构具有很强的独立性；中国的环境规制采取自上而下的组织方式，规制机构具有先天的独立性缺乏，规制演变中沦为地方政府的政策工具之一。中美两国迥异的环境规制构建是否以及如何对后期规制演变产生影响依然有待回答。

第四章，规制治理、公众诉求与环境污染。当前，中国地区间环境治理存在的策略性行为，其对环境治理会产生什么样的影响？环境规制实施影响区分为主效应、邻里效应、直接效应与间接效应，那么，考虑城市间策略互动性后，本章主要研究了公众诉求、环境规制投入等对污染导致的影响。

第五章，技术进步与环境规制融合下的环境治理效应。从节能减排与产业发展的困境出发，研究影响节能减排的内在机制并探究其融合路径，有几个问题需要回答：技术进步对行业的节能减排具有什么影响、环境规制与技术进步之间是否具有交互作用、其作用是否具有异质性等有待进一步研究。

第六章，环境规制与倒逼的生产率提升效应。在当今环境问题越来越突出的情况下，严格的环境规制势在必行。环境规制方法一般分为污染末端治理方式和清洁生产方式。相对于末端治理方式，清洁生产方式更具有优势，清洁生产可以在生产过程中预防污染物的产生、提高了资源的利用率，使得有害物质的排放减量化，也有研究表明清洁生产比末端治理更具优势，是未来治理环境的重要方式。本章将以清洁生产标准规制为例，研究环境规制对产业全要素生产率的影响。

第七章，环境规制与产品再配置作用下的高质量发展。环境规制影响产业发展已经得到大量研究证明，但其是否会改变企业产品组合行为，又如何影响产品质量依然未知，这是探究环境规制影响资源再配置的重要途径。本章将依托两控区研究环境规制通过产品转换对产品质量提升的影响机制。

第八章，环境规制对产业内资源错配的纠正。国家"十一五"规划将主要污染物减排目标确立为约束性指标，并将其完成情况与地方政府官员的绩效评价相挂钩，本章将其简称为约束性污染控制，以区别以往的污染控制方式。那么，需要思考的是类似环境规制是否会影响企业间的资源再配置问题，本章依托中国首次约束性污染控制计划，将尝试对其进行回答。

第二章 治理视域下规制官员激励与行为偏好

环境规制显著受到经济发展的干扰，具有典型的独立性缺乏特征。在此背景下，规制官员既受制于地方政府行为目标，又须履行规制职责，其行为偏向尤为复杂。基于中国环境规制体制基础，本章剥离地方政府官员影响，集中分析规制官员个体特征因素对规制行为的内在影响，并对其规制行为偏好进行探析。

第一节 规制官员行为与规制治理

改革开放40多年以来，中国经济发展取得令人瞩目的成就，但经济发展与环境保护之间的矛盾也越发凸显，频发的环境污染事故造成了重大的经济损失，严重影响了人们的生活和身体健康。有文献指出，仅2013年1月因雾霾所造成的全国交通和健康的直接经济损失就达230亿元（穆泉和张世秋，2013），因此，环境污染问题不容小觑。环境问题是典型的发展经济学问题，即经济高度发展后，环境问题可以自然解决，符合环境库兹涅茨曲线假设（Panayotou，1997）。然而，环境库兹涅茨曲线只能对长期趋势给出解释，对短期出现的问题其无法给出具体解决方案。而且，环境库兹涅茨曲线的转折点难以准确确定，在转折点之前环境承载力可能已经崩溃（李永友等，2008），规制依然是治理环境的重要选择。

　　从规制投入来看，规制部门实施的环境监督、污染治理、人员投入等各项措施并没有发挥应有的作用，规制失灵引发了众多学者的关注。环境规制失灵表面上是规制本身的问题，其背后隐藏的是制度及其影响问题，其中最为典型的一点就是独立性缺失（韩超，2014）。独立性是规制发挥作用的前提条件，它不仅仅是指规制体系与被规制企业、消费者等利益群体保持距离，同时还要求权力行使不受行政管理部门的干预。在中国的环境规制体系下，地方环保机构作为环境规制的主要实施和执行者，面临着政府的多重约束[①]。地方政府具有的目标多样性特征势必会导致环境规制行为受到干扰。因此，只有将地方政府行为纳入规制框架，才能有效揭示并解决环境规制问题。官员是政府行为多样性的直接主体，政府所表现出来的各种特征其实是官员动机的体现（钱先航等，2007），为此，分析政府行为就要从更具体的官员行为切入。已有关于地方官员动机的研究大都基于地方政府竞争视角分析（马光荣等，2010；潘峰等，2014；赵霄伟，2014；李胜兰等，2014；韩超，2014；等等），大多认为，为了吸引投资促进辖区经济快速发展，降低辖区规制标准并放松规制，从而带来规制失灵与环境恶化。中国政府已经意识到这一制度安排对污染治理的负面影响，并于2007年将环保法律法规实施情况、污染排放强度、环保质量变化和公众满意程度四项环保指标列入官员的政绩考核体系，但是这一改革具有潜在的成本，其实施效果仍待研究。考核指标存在两种，一种是可量化的指标，另一种是不可量化的指标。两种指标并存可能会扭曲官员努力配置，再者由于考核指标越来越多，就会使得标准模糊且易被主观化，等等，这些都会降低环保指标考核体系的激励效果（周黎安，2007）。

　　地区竞争视角的研究只强调了外部激励对官员行为选择的影响，却忽视了这一激励与官员行为偏好的关系。官员的个体特征可以最大程度的揭示官员行为动机（王贤彬和徐现祥，2008）。官员对各项激励以及外部竞争反应的过程同样也是官员基于自身考量作出最优决策的过程，那么，官员特征是如何影响官员行为的呢？这些特征会对环境治理产生

---

　　① 　环保机构的预算经费以及人员任用一般由地方政府负责。

怎样的影响呢？很多学者将研究视角直指地方政府官员，研究发现，地方政府官员任期与经济增长之间呈倒"U"型关系（张军和高远，2007；王贤彬和徐现祥，2008）；地方政府官员任期与腐败程度之间呈"U"型曲线关系（陈刚和李树，2012）；官员交流将促进官员流入地的经济增长（王贤彬等，2007），而不同年龄段的地方政府官员更替对经济将产生差异性影响（王贤彬等，2009）；地方政府官员年龄与信贷规模存在倒"U"型关系（纪志宏等，2014）。仅有的四篇关于官员行为与环境规制的研究也是将视角集中于地方政府官员：受教育程度显著提升环境治理努力（孙伟增等，2014）；政绩诉求是环境事故频发的根本制度因素（于文超和何勤英，2013）；异地调任的地方政府官员更关注环境治理，任期长、年龄小的省委书记倾向于出台更多环保法规（于文超等，2014）；地方领导人的频繁更换在一定程度上削弱了规制效果（Eaton and Kostka，2012）。

　　以上表明，环境规制过程中，除污染治理投资等资本投入外，制度安排在环境规制中的影响不可回避。本章将官员行为的分析更进一步，不是局限在地方政府首脑而是直接拷问规制部门官员的个体特征及其行为偏好。地方环保部门隶属于地方政府，受地方政府目标函数的约束，但其仍然具有自己部门的裁量权。而环保部门官员（局长或厅长）在其体系内部具有绝对的权威与影响力（Van Rooij，2003；Bauer，2006），规制官员将根据自身个体特征作出其偏好选择，其并非完全按照地方政府目标开展工作。地方政府官员（省长、省委书记、市长、市委书记等）和环境规制官员两者存在根本性区别，前者负责地方政府的全面工作，其制定的环境工作规划必须通过环保部门实施执行；环境规制官员的主要职责是辖区环境的管理，减排、污染监督防治等工作都由其具体执行操作，尽管受政府限制，但其同时也受环保部指导仍然掌握如排污收费、许可证发放、环境监督等实际治理工具。规制官员是环境规制最主要、最直接的力量，在政治晋升制度安排下，规制官员的个体特征可能会对其行为选择产生作用。具体而言，本章以环保厅（局）为例分析规制官员的有关特征，并基于晋升激励机制分析规制官员行为偏好及其对规制实施的影响。

第二节 规制官员特征影响的内在逻辑

一、环境规制非独立性的现实约束

环保部门作为地方政府组成部门[①], 地方政府与环保部门之间呈现一种委托代理关系, 地方政府委托环保部门管理环境。政府主要负责审核环境领域投资方向、资金安排意见与拨付资金、人员工资福利的发放以及主管人员的任免等; 环境规制部门则是地方政府的代理人, 主要负责建立健全环境保护基本制度, 重大环境问题的统筹协调和监督管理, 污染物排放许可证发放, 排污费的征收, 环境监督管理等具体环境管理工作。在以上机构设置与职能划分下, 规制部门在人事、经费等方面均受制于地方政府。地方政府对环境规制部门的约束主要体现在官员任免和财政资金限制上, 其中财政资金控制尤为明显。2013 年, 28 个省区市 (不包含江苏、宁夏、西藏) 的环保厅的部门决算报告显示, 绝大部分环保厅财政拨款占本年收入的比重均超过 50%, 该指标超过 80% 的环保厅有 15 个, 见表 2 - 1, 可见, 地方政府对环境规制部门存在显著的控制力。以上论述表明, 中国的环境规制存在显著的独立性缺失。

表 2 - 1   2013 年 28 个省区市环保方面财政拨款占本年收入比例　　单位:%

省区市	财政拨款占比	省区市	财政拨款占比
北京	90.24	河南	92.02
天津	83.76	湖北	71.06
河北	81.24	湖南	86.63
山西	92.52	广东	60.38

---

① 2009 年前, 省级地区环保部门为环保局, 仅为政府的直属部门。

省区市	财政拨款占比	省区市	财政拨款占比
内蒙古	62.97	广西	73.83
辽宁	70.85	海南	95.48
吉林	93.05	重庆	96.83
黑龙江	87.04	四川	27.92
上海	85.94	贵州	71.10
浙江	58.16	云南	73.86
安徽	93.98	陕西	98.78
福建	37.78	甘肃	80.12
江西	58.16	青海	86.10
山东	47.50	新疆	43.92

资料来源：根据各省区市环保方面 2013 年度部门决算整理。

在环境规制无法保证独立性的制度约束下，地方政府与规制部门之间存在显著的利益冲突。具体来说，中国现有财政体制和人事制度为地方政府官员致力于发展辖区经济提供了强大的激励（王贤彬等，2009），财政分权使得地方政府可以与中央分享财政（周黎安，2007），给了地方政府充分的经济激励。在经济、政治双重激励下，地方政府有最大程度谋求本地 GDP 增长的动机（马光荣和杨恩艳，2010）。考虑到经济发展与环境保护的矛盾在一定时期内长期存在，地方政府官员有动机放松环境规制以谋求经济快速发展。综上所述，源于体制设计的非独立性，规制官员在环境治理过程中受到政府的束缚。

二、规制官员自由裁量权与规制激励

虽然规制官员在治理环境的过程可能会受到政府的干预，但是环境治理仍是其最主要的职责，治理效果直接关系到规制官员的政绩，理性的规制官员并不会完全受地方政府摆布，其行为选择遵循的仍是自身利益最大化，在规制非独立前提下，规制官员受到多方面的激励：其一，作为环境政策和标准的主要执行者，规制官员面临中央层面加强规制的激励；其二，作为地方政府环境管理的代理人，其行为也受地方政府目标偏向约束；其三，规制官员还处于社会公众监督与企业的"利益诱惑"下。最终的环境规制行为是规制官员综合各种影响约束，结合个人特征作出的最优决策，如图2-1所示。现实中，无论是中央政府还是地方政府的环境规制取向，最终均须通过地方规制官员行为得以体现。同时，规制官员作为代理人具有显著的信息优势，这一优势使其可以掌握环境治理的主动权。通过规制官员的以上特点，可以看出，规制官员并非充当着政府的"完全代言人"，其仍然拥有一定的自由裁量权。

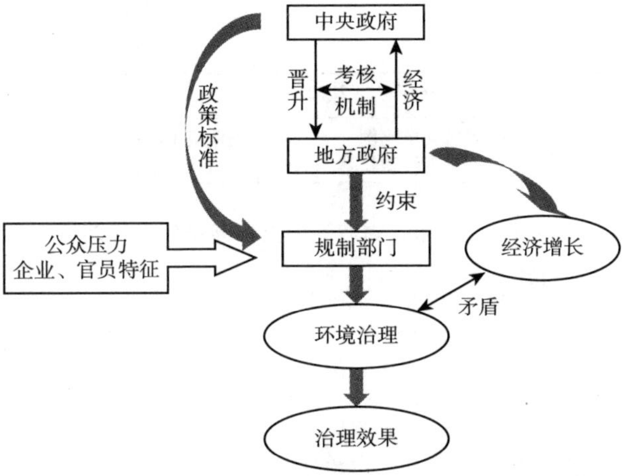

图 2-1　规制部门与政府关系示意图

资料来源：笔者绘制。

由此，本章对2007~2013年30个省区市政府（不包括西藏）财政支出中环境支出占比和主要污染物增长率进行了比较，发现省级政府对环保厅的治理行为的控制并不是绝对的，财政环境支出比例较为平稳，基本处于1%~5%，污染物增长比率波动却较大，且两者发展趋势具有明显的差异。由于政府统计指标中环境支出从2007年开始编制，所以本章只统计了2007~2013年，受篇幅限制，本章只列示了山东、内蒙古和青海环境有关变量的趋势图，如图2-2至图2-4所示，可以看出，在省政府财政环境支出比例减少时，污染物增长率并不一定变高，反之，省政府财政环境支出比例增加时，污染物增长率也不一定降低，这说明省级政府治理意愿与环境改善程度并未表现出很强的一致性，环境规制部门的异质性可能是造成不一致的因素之一。

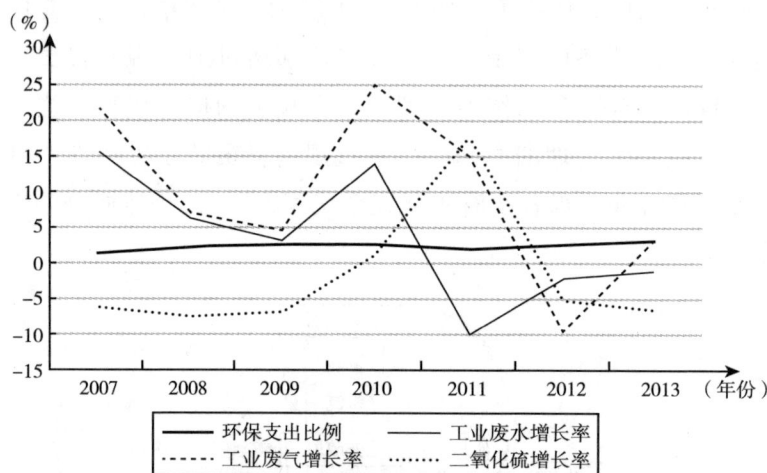

图 2 - 2　山东省财政环境支出与排污增长趋势

资料来源：笔者绘制。

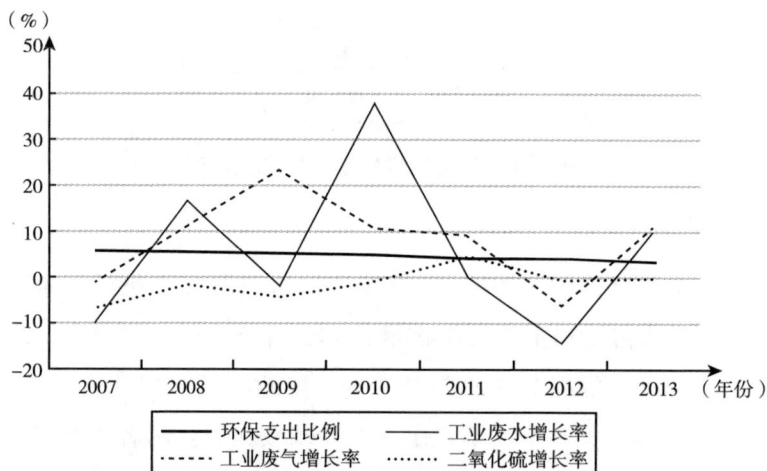

图 2 - 3　内蒙古财政环境支出与排污增长趋势

资料来源：笔者绘制。

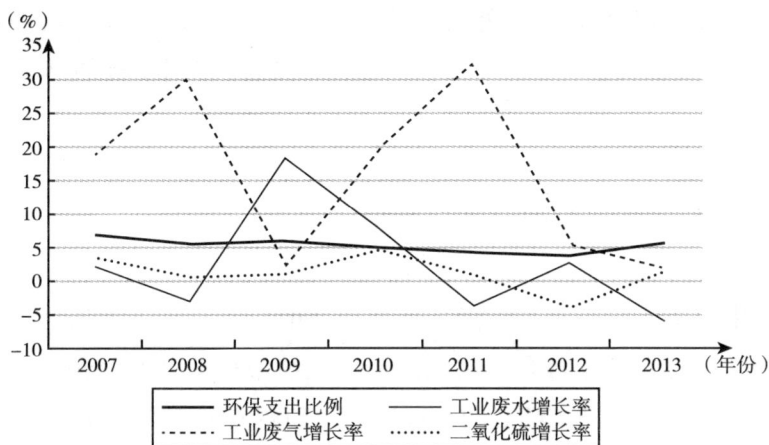

图 2－4 青海省财政环境支出与排污增长趋势

资料来源：笔者绘制。

此外，环保部门的环境规制权力与职责在相关环境法律、法规以及部门规章中都有明确的规定[①]，自身具备一定的权威性，尤其是2009 年各省环保局升格环保厅后，话语权明显增强：环保行政审批、行政评审、行政执法、资金（项目）分配等权利权力得以强化。这些都为规制官员在环境治理事务中发挥作用提供了可能。虽然规制官员在环境治理工作中拥有自由裁量权，但是这种权力是否充分利用仍有待于实践检验。本章对 2004～2014 年发生的重大环境事故进行统计，发现每一起重大环境事故的背后都隐藏着环保官员的监管不力、玩忽职守，而对媒体关于环保官员落马的报道则发现其落马的原因基本都是利用权力索贿、受贿，这在一定程度上印证了规制官员存在有权未能正确用权的可能，在当时，环保官员的渎职与权力滥用凸显出规制激励的重要性与必要性。中国的经济发展奇迹一定程度上源于"晋升锦标赛"的强激励模式（周黎安，2007），那么，对于环保官员来说，环境问题同样也需要正确的规制激励，环保官员的问责、约谈

---

① 对《环保法》《排污费征收标准管理办法》等法律、法规以及部门规章内容进行统计，其中，都对环境部门的相关权力明确规定，主要包括排污费征收、排污总量控制、排污许可证发放、污染治理资金安排、环境审批权、环境规划制定、环境标准制定等权力。

一方面是规制激励加强的外在表现，另一方面也反映出规制激励机制仍需完善，因此，研究规制官员激励机制将有利于促进未来环境规制。

三、规制激励与规制官员特征

在中国制度安排下，对官员行为选择的分析离不开晋升机制与绩效考核。从现有研究与客观实践来看，政绩考核体系与经济发展模式决定了官员行为对经济绩效的关键影响。而现有研究中关于官员特征，尤其是到任年龄（age_found）与任职年限（tenure）对官员行为的影响机制应该说已经较为成熟。党的十一届六中全会以及随后《关于建立老干部退休制度的决定》《公务员法》均对官员提出总体上年轻化、知识化和专业化等要求。不同年龄段的官员，其个体效应对于晋升概率的作用不尽相同（姚洋和张牧扬，2013），因而在官员选拔问题上，官员年龄存在一个"坎儿"。此外，由于官员绩效考核具有分阶段、连续性等特征，相对年轻的地方官员拥有更强的持续推动辖区经济增长的动力，力图保持政绩上的良好记录（王贤彬等，2009）。不同年龄段的官员在到任初期就能够对自己的职业前途有个初步的估计，而这将影响其行为选择，为此本章选择到任年龄作为官员特征的核心变量。此外，官员的行为选择除受到任年龄影响外，还受任职年限的影响。

从官员考核体系的制度规定来看，1978 年以来官员治理制度中先后引进了有限任期制和鼓励异地交流的惯例，不少研究也已经发现官员任期作为官员治理中最制度化也最具普适性的模式，是影响官员执政行为及努力程度的重要因素（张军和高远，2007；王贤彬和徐现祥，2008；曹春方等，2014）。对于地方政府官员，任期将满时会有加大经济干预力度以谋求政治晋升的动机（干春晖等，2015；曹春方等，2014；Guo，2009）。同时，官员也将会根据自身任职年限对晋升概率进行判断，例如，过短的任期设置下，官员会预期即使自己有所作为绩效也难以体现，中央的激励措施对其几乎不起作用；若官员到任年龄较大，且任职年限又较长时，官员有可能意识到自己晋升概率较小，其对激励措施的敏感度将可能降低（Guo，2007）。而且，即使在一个任期内，不同年限的激励水平也可能不均衡。由于大部分官员在上任伊始不会连续晋升，官员需要时间熟悉环境而此时政治晋升激励并不强烈。随着任职年限提高，官员经验积累得到增加，治理能力也显著提升，但如果官员在某一职位任职时间过长或者面临年龄限制而即将终结任期，就可能会改变目标函数和决策方式，弱化激励水平（张军和高远，2007）。因此，任期关系到官员的归属感和角色意识，从任期视角来探讨官员行为应该说已经成为一种共识（张先锋等，2015；钱先航等，2011；曹春方等，2014；刘胜和顾乃华，2015；周晓慧和邹肇芸，2014；陈刚和李树，2012；马亮，2013）。

具体到环境问题，有研究发现：当官员任期过短时，其自身并不会考虑辖区长期利益，会有竭尽全力谋求政治晋升的激励（Eaton and Kostka，2014）。虽然诸多研究主要以地方政府官员为研究对象，但在独立性缺失前提约束下，规制官员的行为也应该同任期存在一定关系。环境保护具有周期长、跨部门的特点，尤其与经济增长具有逆向性，这些因素为规制官员采取相机抉择行为奠定现实基础。此外，规制官员任期长短还可能与规制俘获、规制合谋产生关系，因此，将到任年龄与任期（任职年限）结合在一起可以较好地体现晋升机制对规制官员的影响，并进而识别其规制行为偏好。对于其他个体特征，本章在书中还将官员环保专业背景、硕士研究生学历纳入分析并以此作为晋升机制的稳健性检验，同时作为专业型治理的验证分析。

在进入详细的实证分析之前，有必要对官员特征关系进行简要描述。本章定义到任年龄为就职第一年的年龄，官员任期采用的是规制官员自上任至离职的任职年数。对于截至 2013 年仍然在职的官员，以截至 2013 年的任职年数为任期[①]。资料收集过程中发现，规制官员任职时间极少

———————————

① 需要指出的是，后面并没有采取任期这一变量进行分析，这是因为对于统计时仍在职的官员而言，其任期不具有说明性。但在本节，通过定义任期可以粗略发现某些可能的关系。

在年初或年末进行交接，大多在某年的中间某月任职。为此，进行任期统计时，如果官员在6月份或之前任职，本章将其任期认定为从当年年初开始计算。反之，如果在7月及以后月份任职，则将任期从下一年开始计算。如图2-5所示，规制官员到任年龄区间在40~60岁，围绕50岁上下波动，任期则基本处于1~10年，围绕5年左右波动。由于规制官员的任期具有不确定性，当官员在50岁之后开始任职时，如果任期长于5年，官员即将面临退休，晋升概率可能较小。如果以到任年龄始于50岁以及5年任期对官员进行分类，对规制官员离职去向的统计表明，样本内有46位去往实权部门，其中有26位到任年龄在50岁及以下，34位任期等于或小于5年，而年龄小于或等于50岁且任期等于或小于5年的官员去往实权部门的有17位，占该类官员总数的85%[①]。表明年龄有优势或任期较短的官员政治晋升的概率相对要大，兼具这两点的官员晋升概率更大。基于到任年龄与任期（任职年限）官员特征对晋升可能产生的重要作用，其有可能影响规制官员的规制行为偏好，进而影响规制效果。基于以上分析，本章将在下面详细揭示到任年龄与任期（任职年限）在环境规制行为中的有关作用。

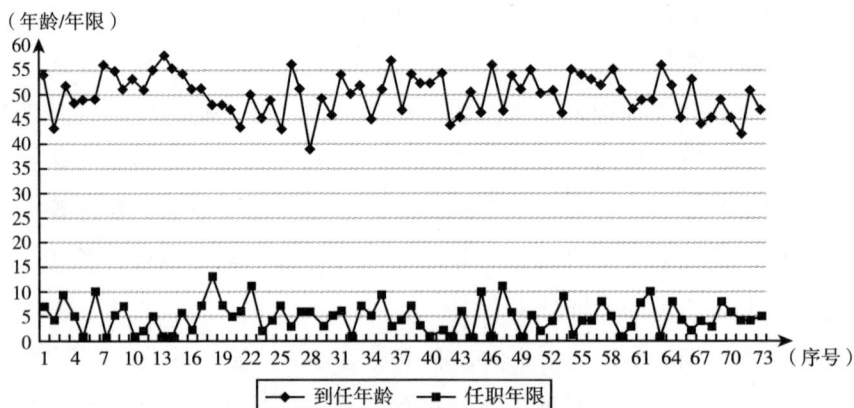

图2-5 规制官员任期与任职年龄分布

资料来源：笔者整理绘制。

---

① 由于离职去向变量缺失严重，本章并没有将其放入下面分析。但是结合离职去向，此处的概要统计仍能说明，到任年龄与任职年限可能对其离职去向的影响。

第三节 研究设计

一、规制官员特征的识别

规制官员个体特征将在政府激励作用下影响其行为选择，然而这一内在因素对环境规制行为产生什么样的影响，本章将对此进行探究。为此，本章以2003~2013年的省级环保厅（局）长（不包括西藏和港澳台地区）有关数据为基础，分析环境规制官员背景特征对规制实施的影响。关于环保厅（局）长的有关数据，本章通过人民网、新华网、《中国环境年鉴》《中国环境统计年鉴》等渠道手工搜集整理，还有部分数据得到媒体以及环保部门的大力支持。对于规制官员特征背景的有关变量，本章选择规制官员在规制部门的到任年龄、任职年限来体现。同到任年龄相对的是官员的实际年龄，之所以采用到任年龄而不采用实际年龄，是因为实际年龄与任职年限之间存在显著地共线关系。而且，通过到任年龄与任职年限的结合完全可以体现年龄变化对规制行为的影响。考虑到环境规制行为与到任年龄和任职年限之间可能存在的非线性关系，本书中还将分别加入其平方项。此外，本章还构造了规制官员是否具有环保专业背景（$environ\_back$）、是否来自重点部门（$origin\_pow$）、是否来自环保部门（$origin\_env$）、学历水平（edu），并将学历水平细分为是否具有硕士研究生学历（$bachler$）、是否具有本科学历（$master$）、是否具有博士研究生学历（phd）等虚拟变量以进行相应分析。其中，环保专业背景指官员或者具有环保从业经历或者毕业于环保相关专业；是否来自重点部门指官员任环保局（厅）长前任地方党委或政府首脑，或者任省级政府秘书长。

二、环境规制行为的度量

从环境规制政策体系来看，中国有直接规制、排污收费制度、排污权交易制度等规制政策，其中直接规制体现为监察次数、行政处罚次数等直接政策工具，但其在现实中极少甚至不披露。现有文献选取污染治理投资或者选取环保法律法规来衡量省级政府的环境规制行为（于文超，2014；郑思齐等，2013），但其并不直接由环境规制机构控制，不能被理解为规制行为。环境规制机构作为省政府组成部门（2009 年前为直属部门），其决策执行难免受政府发展经济目标的限制，环境规制机构虽然可以提出环境保护投资规模、方向和省级资金安排的意见，拟定环保法律法规及环境标准等，但最终污染治理资金的投入还须由地方政府通过财政资金拨付，权限并不在规制官员手中。同时，法律法规的颁布则是由地方人民代表大会起草，并经过地方政府审核，这也不能体现环境规制部门以及规制官员的行为偏好。排污权交易制度等其他政策工具市场化程度较高，但有研究表明其治理污染效果尚未显现（李永友和沈坤荣，2008），而且研究中很难识别其在不同地区的实施行为。排污收费制度自1983 年开始施行，政策实施已经相对成熟，研究结论虽然存在细微差异但大量研究表明排污收费制度在治污方面是相对稳健有效的政策工具（Dasgupta et al., 2001；Wang and Wheeler, 2000；Wang and Chen, 2004；李永友和沈坤荣，2008；等等）。

从排污费收费强度来看，国家虽然存在一定指导标准，但其明确规定“结合当地实际情况，在调整主要污染物排污费征收标准的同时，适当调整其他污染物排污费征收标准。鼓励污染重点防治区域及经济发达地区，按高于上述标准调整排污费征收标准，充分发挥价格杠杆作用，促进治污减排和环境保护。”[①] 而且，通过分析可知，作为环境规制部门的环保局（厅）是履行排污费征收的主要责任部门，而现有研究也表明中国排污收费制度存在较大的人为干扰（Shibli and Markandya, 1995；Van Rooij, 2006）。结合现有研究以及中国实践，本章认为排污收费制度的实施是考察环境规制行为代理变量的可行路径。排污收费等是规制机构直接掌控的规制工具，直接反映了环境规制机构及规制官员的行为偏好，为此本章以排污收费制度实施的结果——排污收费强度（*fee*）作为衡量规

---

① 摘自《关于调整排污费征收标准等有关问题的通知》，2014。

制官员的规制行为代理变量。鉴于排污总收费水平与经济发展存在紧密的内在联系，工业增加值较大的地区，污染物排放自然也较多。为此，本章以工业增加值对排污费实际缴纳入库总额进行标准化，以得到排污收费强度，在部分分析中还将其对数化处理为排污费强度的对数（ln_fee）。为了研究规制官员行为偏好的异质性，并加强本章的研究结论的稳健性，本章还引入工业废水排放（pollution1）、工业废气排放（pollution2）、工业二氧化硫排放（pollution3）、工业烟（粉）排放（pollution4）以及工业固体废弃物排放（pollution5），以此来分析规制官员行为在不同污染物治理中的差异。

三、其他控制变量

作为环境规制官员约束条件，本章还引入突发事件发生次数（全部突发事件次数）。为控制其他因素影响，本章还构造了污染排放综合指数（pollutiondex）。在排污收费标准不变条件下，排污量增加，排污收费总额也将随之增多。排污收费给企业带来额外成本，抑制企业排污、污染排放与排污收费之间存在相互影响的关系。考虑到可能的内生性问题，本章对污染排放综合指数滞后一期处理。具体的，污染排放综合指数利用工业废水排放（pollution1）、工业废气排放（pollution2）、工业二氧化硫排放（pollution3）、工业烟（粉）排放（pollution4）以及工业固体废弃物排放（pollution5）通过极大似然因子分析方法提取公因子得到。

对于其他可能影响地区发展的因素，本章在部分分析中将选择地区实际 GDP 的对数（lnpgdp）、地区产业结构（stru）、对外开放水平（open）以及财政盈余度（finance）加以控制。其中，产业结构采用第二产业占 GDP 比例来代表；对外开放水平使用进出口总额占 GDP 比重代表；财政盈余度采用财政收入减去财政支出除以财政支出代表。以上所有变量中含有单位"元"的均采用相应地区 GDP 平减指数消除价格因素影响。除规制官员特征变量外，其他变量来源于历年《中国环境年鉴》

《中国统计年鉴》，部分变量数据不全的由 EPS 数据平台收集整理补齐，详细的描述性统计见表2-2。

表2-2 主要变量描述性统计

变量	定义	样本量	均值	标准差	最小值	最大值
age	实际年龄（岁）	314	53.04	4.20	44.00	60.00
age_found	到任年龄（岁）	314	50.27	3.65	41.00	58.00
tenure	任职年限（年）	323	4.03	2.62	1.00	13.00
environ_back	具备环保专业背景	321	0.36	0.48	0.00	1.00
fee	排污费征收强度（%）	330	0.14	0.12	0.01	0.88
invest	污染治理投资强度（%）	327	1.31	0.61	0.42	4.16
origin_pow	来自重点部门	330	0.28	0.45	0.00	1.00
origin_env	来自环保部门	330	0.20	0.40	0.00	1.00
bachler	硕士研究生学历	330	0.44	0.50	0.00	1.00
edu	学历（专科=0；本科=1；硕士=2；博士=3）	330	0.52	0.57	0.00	3.00
provi_leaderid	省长代码	330	49.61	26.80	1.00	93.00
pollution1	工业废水（吨/万元）	330	22.15	20.09	1.63	146.58
pollution2	废气（立方米/万元）	330	39554.26	26723.41	0.00	253852.70
pollution3	二氧化硫（吨/万元）	330	0.02	0.03	0.00	0.18
polution4	烟（粉）（吨/万元）	330	0.03	0.07	0.00	0.89
pollution5	固体废弃物（吨/万元）	330	0.02	0.07	0.00	0.70
struc	产业结构（%）	330	36.96	13.91	0.35	59.24
acciden_agg	全部突发事件次数	330	31.19	56.14	0.00	406.00
accid_4_agg	特大事件次数	330	0.28	0.96	0.00	10.00
accid_3_agg	重大事件次数	330	0.51	1.12	0.00	8.00
accid_2_agg	较大事件次数	330	2.59	6.52	0.00	55.00
accid_1_agg	一般事件次数	330	27.63	50.32	0.00	388.00
acciden_cos	全部突发事件损失（万元）	237	559.99	2397.04	0.00	22119.60
acciden_4_cos	特大事件损失（万元）	237	193.01	1607.77	0.00	21900.00
acciden_3_cos	重大事件损失（万元）	238	96.36	648.27	0.00	6420.10
acciden_2_cos	较大事件损失（万元）	239	29.09	127.73	0.00	1500.00
acciden_1_cos	一般事件损失（万元）	238	179.50	1356.53	0.00	20020.00

续表

变量	定义	样本量	均值	标准差	最小值	最大值
open	对外开放水平（%）	330	34.00	42.00	4.00	1.72
finance	财政盈余度（%）	330	-48.24	19.34	-85.17	-4.91
lnpgdp	地区实际 GDP 的对数	330	9.35	1.16	5.74	11.23
polutiondex	污染排放综合指数	330	0.00	1.00	-1.02	6.19

资料来源：笔者计算整理。

表 2 - 2 给出了各主要变量的描述性统计。可以发现，各地区在排污费征收强度方面存在显著差异，尤其排污收费总额最高达到 276863.7 万元，而最低仅为 1562.57 万元，征收强度最高为 0.88%，最低仅为 0.1%，不仅是总量还是强度均呈现较大差距，这也从侧面说明各地环境规制行为可能存在显著差异，而这些差异是否与规制官员自身特征有关将是本章重点关注的内容。此外，观察本章对规制官员的到任年龄和任职年限分布统计发现，自 2003 ~ 2013 年 30 个省区市（不包括西藏）共有 87 位环保厅（局）长，其中环保官员的到任年龄最小的为 41 岁，最大的为 58 岁，年龄相差近 20 岁，大部分官员任职年龄集中在 44 ~ 55 岁，环保厅（局）长任期最长的为 13 年，最短的为 1 年，大部分官员任期集中在 1 ~ 7 年，大约占全部官员的 80%。总体上，环境规制官员的到任年龄和任职年限都比较分散、差异较大，这一样本基础为分析规制官员个体特征对规制行为的影响奠定基础。

第四节　规制行为与官员特征：基准分析

一、基于面板固定效应的分析

为了探析规制官员行为偏好，本章首先从基本模型出发，通过控制时间与地区采用固定效应进行分析：$govern_{it} = \mu_i + \beta X_{it} + \theta Z_{it} + \varepsilon_{it}$。其中，$govern_{it}$ 为环境规制行为变量，主要以排污费征收强度来体现规制行为；X_{it} 为规制官员的个体特征变量；Z_{it} 则为其他可能影响规制行为的地区变量。规制官员特征与规制行为的影响关系的核心即规制官员激励机制，激励机制可以包含为官员晋升，也可以包含问责、约谈等惩罚机制。面对客观存在的激励机制时，不同背景特征的官员将会作出最适合自己的理性选择。上面已经提到实际年龄与到任年龄的差异，为了稳健性考虑，在控制其他地区发展有关变量 Z_{it} 前提下，分别引入实际年龄、到任年龄以观察其对规制行为的影响差异。同时，为了反映可能存在的非线性作用，分别将其平方项作为控制变量进入回归方程。表 2 - 3 给出了基准模型的估计结果。第（1）~（2）列基于到任年龄进行的分析结果，第（3）~（4）列给出了基于实际年龄的估计结果，第（1）列和第（3）列不包含任职年限及其平方项（tenure_sqr）。估计结果显示，第（1）~（2）列中规制官员到任年龄的一次项系数显著为正，平方项（age_found_sqr）系数显著为负，即规制官员到任年龄与以排污收费强度代表的规制行为之间呈倒"U"型关系。

表 2 - 3   基准模型

变量	（1）	（2）	（3）	（4）
tenure		-0.0076 (0.005)		-0.0075 (0.0055)
tenure_sqr		0.0008 * (0.0005)		0.0009 * (0.0005)
age_found	0.0505 * (0.0299)	0.0518 * (0.0301)		
age_found_sqr	-0.0005 * (0.0003)	-0.0005 * (0.0003)		
age			0.0047 (0.0266)	0.0274 (0.0289)
age_sqr			-0.0001 (0.0002)	-0.0003 (0.0003)
polutiondex	0.0387 *** (0.0059)	0.0366 *** (0.0061)	0.0399 *** (0.0059)	0.0379 *** (0.0061)

续表

变量	（1）	（2）	（3）	（4）
invest	− 0.0211 **	− 0.0212 **	− 0.0195 **	− 0.0208 **
	（0.0096）	（0.0098）	（0.0097）	（0.0098）
ln*pgdp*	− 0.0139	− 0.0136	− 0.0139	− 0.0128
	（0.01）	（0.0106）	（0.0101）	（0.0107）
struc	0.0024 ***	0.0023 **	0.0024 ***	0.0024 **
	（0.0009）	（0.001）	（0.0009）	（0.0009）
open	0.0215	0.0194	0.016941	0.0248
	（0.0479）	（0.0481）	（0.048）	（0.049）
finance	0.0019 *	0.0018	0.0017	0.0016
	（0.0012）	（0.0012）	（0.0011）	（0.0012）
地区控制	是	是	是	是
时间控制	是	是	是	是
样本量	312	308	312	308

注： ***、 **、 * 分别表示在 1%、5% 和 10% 的水平下显著；括号内为标准误。
资料来源：笔者通过 Stata13.1 计算整理。

　　观察规制官员的实际年龄的估计结果则表明，在控制任职年限后实际年龄并不显著。同时，还可以发现无论是控制到任年龄及其平方项还是引入实际年龄及其平方项，任职年限的平方项均是显著的，这个发现表明任职年限越长则其更加积极的从事规制行为，即提高企业的排污收费强度。控制实际年龄和到任年龄产生的估计差异表明，实际年龄的影响效应极可能被任职年限的作用吸收。同时，也间接说明控制任职年限时到任年龄是考察对规制行为影响的合适的规制官员特征。对于其他控制变量，表 2 - 3 显示污染治理投资强度（*invest*）、污染排放综合指数以及产业结构（*struc*）均呈现显著性。污染排放综合指数以及产业结构系数为正值表明工业是污染的主要来源，且污染强度越大，排污收费强度越高，这一结论跟基本理论与现实实践吻合，间接也佐证了模型设定的有效性。污染治理投资强度代表省级政府财政支出方面的治污努力，其与排污费征收在治理污染方面具有类似的政策目标。污染治理投资强度系数显示为负值也表明污染治理投资强度越高则排污费征收强度越低，表明两者在治污方面存在替代关系。

二、内生性疑问及其解决

表2-3的估计结果可能存在内生性问题，其中很明显的就是任职年限及其平方项。任职年限可能会对其规制行为产生影响，但同时官员的规制行为也可能会对其是否能够继续任环境规制官员产生影响，任职年限存在典型的双向因果问题。为解决这一可能的内生性问题，本章选择规制官员是否来自重点部门、学历水平（*edu*）以及虚拟变量（*dummy*）作为任职年限的工具变量。如果官员在2012年或者2013年得到任命，则 *dummy* = 1。重点部门、学历水平体现的是规制官员选拔行为，一定程度体现地方政府有关偏好，但其并非该官员本身所具有的"规制偏好"。省级政府对规制官员影响的路径，本章力图将其限制在晋升激励机制中来讨论。任职年限是晋升激励机制中不可忽视的变量，其与规制并无直接联系。规制官员的规制行为及偏好很大程度不会直接取决于省级政府官员行为偏好，其还需要观察自身的到任年龄、任职年限等特征进而采取其认为适宜的规制行为，即任职第1年与任职第2年及以后的年份，其规制行为可能会不同，这是规制官员行为的基本逻辑，姑且称为逻辑1，如图2-6所示。如果跳出规制过程细节，只观察两头，即省级政府选拔官员时不同部门来源的规制官员其本身的常规任期（不考虑环境问题）可能存在差异，表2-4检验结果也表明，来自重点部门的规制官员任职年限显著较短，其核心机制仍然是官员晋升机制，不妨将其定义为逻辑2。结合逻辑1和逻辑2，本章

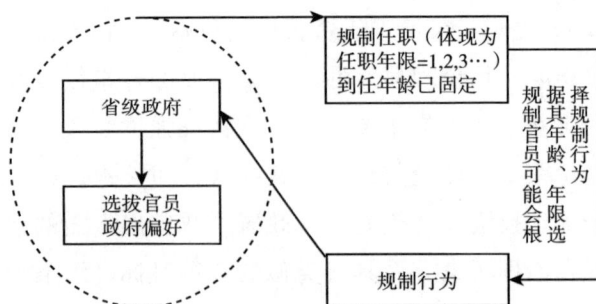

图2-6 工具变量传导逻辑

认为规制官员来源对规制行为的影响，应该需要考虑其任职年限。而任职年限则与规制官员来源具有紧密的联系（Kostka，2013），这就为使用规制官员来源作为任职年限的工具变量提供了基本逻辑。

表 2 - 4　　　　　　　　　　工具变量检验

变量	tenure	tenure_sqr
origin_pow	- 1.08 ** (0.49)	- 13.01 ** (5.17)
edu	- 1.42 *** (0.31)	- 14.71 *** (3.26)
dummy	- 2.66 *** (0.91)	- 11.89 (9.62)
F test	16.53 ***	11.71 ***
S - W F test（weak id）	7.90 ***	6.99 ***
S - W F test（under id）	16.28 ***	14.39 ***
Anderson canonical correlation LM test	13.13 ***	
sargan test	0.054	

注：***、** 分别表示在1%和5%的水平下显著；括号内为标准误。
资料来源：笔者通过 Stata13.1 计算整理。

通过以上论述，重点部门对排污收费强度的影响将通过任职年限发挥作用，而这一机制对于学历水平以及 dummy 同样存在。表 2 - 3 显示 finance、open、lnpgdp 并没通过显著性检验，因而在本章余下部分中估计将其剔除。表 2 - 4 中，在第一阶段回归 origin_pow、edu、dummy 大部分通过 1% 的显著性检验。只有在第一阶段任职年限的平方回归时 dummy 不显著，但 F 统计值分别为 16.53、11.71 均大于 10 的判别值，sargan test 未通过说明不存在过度识别的问题，其他系列检验也均通过显著性检验，最终的 Anderson canonical correlation 检验 P 值为 0.001，显著否定第一阶段存在识别问题的原假设[1]。

_____

[1]　关于工具变量满足的检验 cov(z, u) = 0，本章认为，可以通过将工具变量作为因变量处理，将排污收费强度作为自变量，观察其反向影响是否显著。如果系数显著，那么，该自变量则必然是内生变量；如果系数不显著，虽然不能说明该工具变量完全不具备内生性，但是至少能说明该变量的内生性可能不是来自反向因果关系。本章检验结果表明，无论是 ln_fee 还是滞后一期的 ln_fee，其对 origin_pow、edu 的影响均不显著，排除了工具变量的反向因果可能。

消除任职年限内生性后的估计结果见表 2 - 5 第（1）列，其显示到任年龄及其平方项显著性比表 2 - 3 得以提高，仍然呈"U"型关系。通过表 2 - 5 还可以发现，产业污染排放指数、产业结构依然显著且与表 2 - 4 符号一致，进一步验证了模型设定的合理性。值得注意的是，污染治理投资强度、任职年限及其平方项均显著性不再。结合工具变量有效性检验的结论，本章认为任职年限存在显著的内生性。到任年龄相关变量显著性的提高是因为剥离了排污收费强度（$\ln\_fee$）对任职年限的影响。

到任年龄与规制行为之间的倒"U"型关系说明，随着规制官员到任年龄的增加对规制行为具有显著的先上升再下降的影响过程，即存在最优的规制官员任命年龄。表 2 - 3 估计结果表明，排污收费强度最高点在规制官员到任年龄为 49 岁左右，消除内生性后，表 2 - 5 估计结果表明，最优年龄在 51 岁左右。以往有研究发现，基于任职年龄而非到任年龄，官员最佳任职年龄为 54 岁（纪志宏等，2014），根据本章描述性统计向前推算其到任年龄也在 50 岁左右，因此研究结论趋于一致。城市市长与规制官员均为正厅级官员，在晋升希望上存在相似之处，但两者在行为取向上存在显著差异。本章则表明 51 岁以下得到任命的规制官员有更多的激励提高排污收费强度，此行为可以看作其加强规制治理的一种行为表征，这是规制官员与地方政府官员在行为偏好上差异的典型体现。

表 2 -5　　　　　　　　　　考虑内生性的估计结果

变量	（1）	（2）	（3）	（4）
tenure	0.0548	0.119	0.0617	0.1496
	(0.1184)	(0.2772)	(0.0919)	(0.3447)
tenure_sqr	- 0.00036	- 0.0106	- 0.0011	- 0.0115
	(0.0133)	(0.0288)	(0.0073)	(0.0404)
age_found	0.4293 **	1.0284 **	0.4082	0.0624
	(0.1902)	(0.4022)	(0.285)	(0.5193)
age_found_sqr	- 0.0041 **	- 0.00959 **	- 0.0042	- 0.0009
	(0.0019)	(0.004)	(0.0029)	(0.0053)
polutiondex	0.3892 ***	0.5228 ***	0.311 ***	0.3214 ***
	(0.0417)	(0.0968)	(0.0975)	(0.0412)

续表

变量	（1）	（2）	（3）	（4）
invest	− 0. 0992	0. 05944	− 0. 2033 *	− 0. 21720 ***
	（0. 0614）	（0. 1232）	（0. 1235）	（0. 0792）
struc	0. 0104 ***	0. 0106 **	0. 0069 **	0. 0073 **
	（0. 0021）	（0. 0041）	（0. 0034）	（0. 003）
样本量	304	122	77	105

注：*** 、** 、* 分别表示在 1% 、5% 和 10% 的水平下显著；括号内为标准误。

资料来源：笔者通过 Stata13. 1 计算整理。

环境规制具有隐蔽性、复杂性特征，规制效果并不能短期显现，但如果规制官员小于最优任职年龄，则将显著提升规制强度。尽管这样可能增加企业运行成本，进而对地区 GDP 发展带来不利影响。但是，如果规制官员大于最优到任年龄，由于其距离退休年龄较近，晋升激励几近消逝，因而其规制执法激励也愈加减弱，具体到本章则是任命时在 50 岁以上的规制官员排污收费强度具有减弱的偏好。在本样本中 50 岁以上得以任命规制官员占总体的 55% 还多。这一结果具有两个启示：一是地方政府可能并没有意识到这一官员激励机制的可能影响；二是地方政府已经意识到这一激励机制，但其工作中并未将环境规制作为核心工作，仅仅将规制部门作为官员退隐的一个过渡职位，甚至地方政府有可能有意利用这一激励机制使之为实现环境规制外其他目标提供"便利条件"。

三、区域差异

表 2 - 5 第（2）~（4）列分别采用了东部、中部以及西部的部分样本估计结果。中西部样本进行分析发现，到任年龄与规制行为并没有呈现明显的倒"U"型关系，从统计上表明，规制官员特征对规制行为影响在中部和西部并不显著。污染治理投资强度系数显示，在东部及全国层面其并没通过显著性检验，但中西部地区该变量存在显著影响。在治污方面，污染治理投资强度与排污收费强度具有互补关系，如果治污目标不

稳定它们之间也可能存在替代关系。估计结果说明，规制官员的特征
（年龄、任期）对环境规制强度的影响具有显著的地区异质性，东部地
区的环境官员的到任年龄与治理行为呈现明显的非线性关系，而在中部
和西部这种非线性关系不明显，产生这种差异跟各地区的经济发展水平、
产业结构等因素都有密切的关系。东部地区经济发展已经达到较高的水
平，经济发展的压力相对较小，规制官员受到地方政府的束缚较少，有
更大的空间和激励去采取规制行为，个人特征的激励机制更加明显。中
西部地区迫于经济发展，环境规制退居次要位置，规制官员"心有余而
力不足"，这说明也是未来在调整规制官员激励机制以及完善独立性上需
要综合考虑的地区差异。

第五节　进一步分析与稳健性检验

排污收费强度作为规制行为代理变量的合理性上一节已详细分析，
但对于规制官员行为揭示而言仍然可能存在问题。从制度安排看，规制
部门隶属于地方政府，规制官员行为难免会受到地方政府尤其是地方政
府官员的影响，剥离地方政府官员影响才可以更为稳健的分析规制官员
行为。

一、剥离地方政府官员行为影响

样本期内，省长的平均任职年限为 3.5 年而规制官员任职年限约为
4.7 年，两者任职年限存在显著差异。同时，在本样本期内省长并不存
在跨地区任职情况，即并不存在某人某一年在 A 地任省长，而在另一年
调往 B 地任省长。以上两种情况的存在为剥离地方政府行为影响提供了
方便：第一，由于地方政府官员不存在异地调动，控制地方官员效应则
控制地区效应；第二，省长与规制官员显著的任职年限差异可以有效剔
除地方政府官员与规制官员之间可能存在的"利益同盟"问题。同时，

控制时间则可以控制如环保局由"局"升格为"厅"以及其他类似的随着时间变化的因素。鉴于地方政府官员更替较为频繁，如若采用平衡面板数据分析则将丧失较多样本，为此本小节将研究样本视为一个截面，通过控制地方政府官员和时间实现稳健估计，在工具变量选择上，依然延续第四节的处理方式。

表2-6给出了剥离地方政府影响后估计结果，到任年龄、age_found_sqr 以及污染排放综合指数均通过显著性检验，且其系数方向与上面研究一致，而污染治理投资强度、产业结构未通过显著性检验，地方政府官员与时间效应大多通过显著性检验。估计结果表明，作为衡量规制行为的排污收费强度确实受地方政府官员的影响，即规制官员行为受地方政府官员的约束，间接证实了环境规制具有非独立性特征。地方政府官员的引入使得具有地区发展特征的变量被较大程度吸收，这可能是污染治理投资强度、产业结构未通过显著性检验的主要原因。尽管存在以上问题，规制官员个体特征，尤其是到任年龄对规制行为具有显著影响，但任职年限及其平方项并不显著，其结论仍有待于未来更大样本的稳健检验。

表2-6　　　　　　　　剥离地方政府官员的影响

变量	fee
tenure	0.1936
	(0.1551)
tenure_sqr	-0.0199
	(0.0167)
age_found	0.5363 ***
	(0.1759)
age_found_sqr	-0.0054 ***
	(0.0018)
polutiondex	0.1435 *
	(0.0794)
invest	0.0474
	(0.0503)

变量	fee
struc	0.0005
	(0.01)
控制省长	是
控制时间	是
样本量	304

注：***、*分别表示在1%、10%的水平下显著；括号内为标准误。

资料来源：笔者通过Stata13.1计算整理。

二、突发事件的异质性影响

目前，包括环境规制在内的中国的规制实施均存在鲜明"运动式规制"状态（毛寿龙和周晓丽，2007），而出现这一状态的核心节点则是环境事件突发。本章研究发现，即使剥离地方政府官员影响后，规制官员行为与其个体特征依然存在显著关系，那么，规制官员个体差异对突发事件的反应是否存在异质性影响？为了刻画这一机制，本章在表2-6的基础上引入突发事件、突发事件与到任年龄的交互项，本章将全部事件按照程度细分为特大、重大、较大以及一般事件，以此来探析规制官员与突发事件一起可能对规制行为产生的影响。由于其他变量的系数以及显著性并未发生显著变化，表2-7只给出了事件变量以及事件与到任年龄的交互项的估计结果。

表2-7 规制官员行为与突发事件

分类	突发事件次数					突发事件经济损失				
	全部事件	特大	重大	较大	一般	全部事件	特大	重大	较大	一般
事件变量	-0.01276*	-0.1446	-0.1892	-0.1233**	-0.013*	-0.0001	-0.0003	0.0004	0.0011	0.0004
	(0.0072)	(0.2367)	(0.2601)	(0.0607)	(0.0077)	(0.0002)	(0.0003)	(0.0006)	(0.0038)	(0.0016)
事件变量× age_found	0.0003*	0.0015	0.0040	0.0026**	0.0003	0.0000	0.0000	0	0	0
	(0.0002)	(0.005)	(0.0055)	(0.0013)	(0.0002)	(0.0000)	(0.0000)	(0)	(0.0001)	(0)

注：**、*分别表示在5%、10%的水平下显著；括号内为标准误。

资料来源：笔者通过Stata13.1计算整理。

表 2 - 7 显示，所有与事件经济损失有关的变量均不显著，表明规制官员在进行规制决策时并不会将经济损失作为其核心考虑，或者说突发事件的经济损失并不会影响规制官员决策行为。从突发事件次数来看，特大事件与重大事件的发生次数并不存在显著影响，通过观察原始数据，样本期内特大事件共发生 10 起，重大事件仅发生 8 起，样本数太少不具有说明性。同时，可以发现全部突发事件、较大突发事件以及一般突发事件通过显著性检验，其中全部突发事件、较大突发事件与到任年龄的交互项也通过显著性检验。从估计系数来看，不考虑规制官员特征时，突发事件次数增加将降低排污收费强度，这个机制看似与常理不符。一个可能的解释是，突发事件发生后"运动式规制"将有可能采取严格措施，限制重点污染企业生产，而环境友好型企业则可以在此期间"安然无恙"，由此产生整体上排污收费强度降低的结果。不过，本章更感兴趣的是交叉项的系数，无论是全部突发事件还是较大突发事件，其与到任年龄的交互项均为正值，表明规制官员更加关注较大环境突发事件的影响，且到任年龄越大发生突发事件时越有倾向提升排污收费强度，这个结果与单独突发事件的影响呈现相反方向表明，年龄越大的规制官员更容易对突发事件反应越强烈，其有可能加大对重污染企业的关注甚至采取"关停"行为，而且有可能加大对现有企业的规制强度。需要说明的是，以上解释只是提示性而非决定性，更多机制有待依托企业层面微观数据进一步挖掘。

三、不同污染物治理的异质性影响

除对突发事件产生异质性影响外，由于规制官员缺乏独立性，规制行为并不是完美的全面治污，即其规制行为可能存在偏向性。本章在此将被解释变量由排污收费强度替换为细分的污染物 *pollution*1、*pollution*2、*pollution*3、*polution*4 与 *pollution*5，实证设计中与上面内生性问题处理方式一致，同时依然控制地方政府官员影响与时间效应，主要变量选择与估计结果见表 2 - 8。对于所有的污染物排放而言，仅有产业结构一致通过显著性检验。对于其他变量，尤其是规制官员特征变量而言，仅有单位二氧化硫排放通过显著性检验。根据《"十一五"期间全国主要污染物排放总量控制计划》，仅有化学需氧量和二氧化硫排放作为约束性指标，"十二五"的相应政策才将二氧化碳、氨氮和氮氧化物排放纳入约束指标加以控制，即规制官员对二氧化硫排放的偏好性规制行为具有客观的激励机制。到任年龄对单位二氧化硫排放的影响呈倒"U"型，具有最优的到任年龄，这一结论与上面针对排污收费强度的机制类似。同时，tenure_sqr 通过显著性检验，表明任职年限越长则其规制官员行为产生的规制效果越差。这一发现很有启发，中国的规制官员只对激励考核内容表达"行为偏好"，其行为方式与其他行政官员并无显著差异，这与规制部门的要求相差甚远。

表 2 - 8   污染物治理的异质影响

变量	废水	废气	二氧化硫	烟粉尘	固体废弃物
tenure	- 2.415 (3.027)	- 12461.56 * (7305.45)	- 0.007 (0.004)	- 0.003 (0.0291)	- 0.001 (0.014)
tenure_sqr	0.289 (0.325)	1148.69 (782.64)	0.001 * (0.005)	0.001 (0.003)	0.0001 (0.002)
age_found	0.105 (3.477)	4410.47 (8815.17)	0.008 * (0.004)	- 0.003 (0.036)	0.012 (0.018)
age_found_sqr	- 0.001 (0.035)	- 48.028 (89.005)	- 0.0001 * (4.0E - 05)	0.0001 (4.0E - 04)	- 0.0001 (2.0E - 04)

注：* 表示在 10% 的水平下显著；括号内为标准误。
资料来源：笔者通过 Stata13.1 计算整理。

四、稳健性检验：环保背景与高学历

本章以官员的到任年龄、任职年限等个体特征作为考察规制官员激励与行为偏好的着眼点，其实质仍然是考核规制官员的晋升考核机制。如果规制官员的晋升考核机制存在，那么，采用其他与晋升有关变量是否也显著存在规制官员行为偏好。而且，按照规制独立性的要求，专业型治理是规制独立性建立的重要前提，为此，本章采用规制官员个体特征中的硕士研究生学历（*master*）[①]和环保背景（*environ_back*）替代到任年龄（*age_found*）变量（其他变量以及实证策略与表2-6一致），来识别专业治理在官员任命中的作用，以此不仅可以发挥稳健性检验作用，也可以从侧面验证规制独立性是否具有重要基础。表2-8仅仅给出了核心变量的估计结果，且*master*和*environ_back*均通过显著性检验，表明规制官员的行为偏好与其个体特征显著存在联系。更为重要的是，两者的系数均为正值，专业型以及高学历型的官员更有倾向加强规制实施，这是未来进行规制完善与调整的重要基础，见表2-9。

表2-9　　　　　　　　　　　　　稳健性检验

master	*environ_back*
0. 4352 *	0. 1328 *
(0. 2443)	(0. 0748)

注：＊表示在10%的水平下显著；括号内为标准误。
资料来源：笔者通过 Stata13. 1 计算整理。

第六节　环境治理中规制官员的思路与启示

环境污染问题日益引起政府和公众的高度关注，规制实施则是环境规制链条中不容忽视的一环。目前我国的制度安排中，环境规制作为地方政府组成部门，不仅履行规制责任，同时也受地方政府行为偏好以及环保部的有关指导影响，规制官员处于当前中国社会中一个比较尴尬的位置，研究规制官员行为选择才能为完善环境规制体制提供经验基础，也是推动规制良好实施的前提。本章以省级环保局（厅）长为样本，通过控制省长与时间的固定效应剥离地方政府的影响，稳健揭示规制官员激励与行为偏好，并以此来探析环境规制失效问题。研究发现，环境规制

　　[①]　本章发现，规制官员的博士研究生学历大多是在职获得，不能代表其受教育水平，因此样本采用硕士研究生学历。

官员到任年龄和规制行为之间存在显著的倒"U"型关系，49 岁前得以任命的规制官员更有激励，也会采取积极的规制行为。本章还发现规制官员行为偏好呈现多重异质性，而这些异质性均与考核激励制度有关：到任年龄越大其对突发事件反映的"运动式规制"也最强烈；规制官员的行为偏好并非具有完美的规制目标，其仅对约束性指标有影响。由于受数据可得等限制，很多规制官员影响的细节机制还未展开。但是作为探索性研究，本章的研究表明规制官员与其他行政官员的行为方式并无显著差异，这与规制独立性的要求相差甚远，这可能是环境规制失效的最根本原因。

就环境规制官员而言，本章发现其在不同到任年龄、不同任职年限等方面存在显著异质的行为偏向，这些异质性偏向最后均可归结为当前考核与晋升机制。不同行为偏好反映的是规制部门性质安排存在显著的缺陷，规制部门作为环境问题的最终代理人，其行为方式实质上有别于政府官员，更多发挥仲裁与监管等职责。但在目前制度安排下，规制部门不仅未能有别于政府机构，而是作为政府组成部门而存在，这一体制安排下，规制官员难免受到政府"指挥棒"的干扰。随着经济发展水平的不断提高，环境问题将会更加重要，其未来将成为整个社会运行的主要工作之一，环境规制则是治理环境问题的重要途径。目前的环境规制体制中，规制官员与行政官员同等对待，通过设置控制目标以及晋升机制等引导规制官员行为。本章认为，这一制度安排存在显著的问题，环境规制部门作为地方政府的组成部门，但在目前的经济发展方式中地方政府仍被显著地赋予发展经济的责任，且短期内无法改变，两者之间目标差异将会异化规制官员行为。虽然随着中央政府不断提升对生态文明的重视，地方政府环保责任也将不断加码，结果会导致地方政府需要完成的任务越来越多，地方政府目标函数越来越复杂。环境问题具有复杂性与不确定性等特征，同时信息不对称的存在也为地方政府相机选择实施环境规制提供了制度基础。即使中央政府实行严格惩罚机制，也有可能产生极端行为，结果也将偏离规制最优均衡。

本章的研究对于重新审视当前中国的环境规制体制，加深对规制缺乏独立性的认识等都具有重要意义。规制调整完善之路肯定充满很多不确定性，需要考虑路径依赖等制度成本的影响，但从本章的发现可知，专业型以及高学历官员具有积极的规制行为偏好，这是未来改革的重要基础。就目前来看，政府应当深刻认识到规制官员根据个体特征所呈现的行为偏好，通过差别化机制设计，全面调动不同年龄层次以及任职期限的规制官员，因地制宜的推动环境规制实施。而从长期来看，根本的解决途径唯有在加强规制独立性方面采取措施，切实割裂规制机构与地方政府的关系，构建发展经济与环境规制之间有效的均衡机制，以此才能避免"规制实施偏差"的出现。

需要注意的是，尽管在内生性问题解决部分本章对工具变量的传导逻辑进行了简要阐述，但工具变量仍然存在内生性可能，如地方政府选择官员时可能会对官员来源背景与环境规制偏好进行匹配，而这则可能产生潜在内生性问题。然而，由于数据所限，本章还无法进行有关内生性的进一步检验，也无法对有关微观机制进一步丰富完善。未来随着中国环境规制实践的深入以及规制有关数据的不断披露，本章将继续寻找更为合理的工具变量，也将进一步丰富有关机制，力求使研究更加饱满、稳健与精确，希望读者能够以科学的态度来看待本章有关问题以及研究结论。作为探索性研究，经过系列检验、异质性偏好分析、不同模型的比较，本章研究基本结论并未发生较大变化，也从侧面佐证了相关结论的稳健性。

第三章　制度变迁、路径依赖与规制实施

中美两国具有迥异的环境规制构建基础：美国环境规制的构建主要由公众力量推动，且规制机构具有很强的独立性；中国的环境规制采取自上而下的组织方式，规制机构具有先天的独立性缺乏，规制演变中沦为地方政府的政策工具之一。中美两国迥异的环境规制构建是否以及如何对后期规制演变产生影响依然有待回答。

第一节　当前规制状态探究

新闻报道中屡屡出现的环保部门执法无权、腹背受制等现象进一步凸显环境规制机构的尴尬地位和规制困境，公众对环境保护的不满日趋强烈（洪大用，2014）。但在政府层面，中央一再加大对官员环境保护的考核，逐步将环境保护"硬约束"化（冉冉，2015；于文超等，2014），但这仍不足以解决规制执行不力问题，因此，有学者指出目前环境规制执行过程中的道德激励和纪律惩戒不足可能是导致规制执行不力的重要原因（冉冉，2015），也有将规制执行不力归结为规制执行过程中公众、企业与规制部门间的不平衡性问题（吴卫星，2013）。更多的研究将环境规制失效归根于当前政治绩效评价以及由此衍生的地区竞争问题，地区竞争机制约束下各地区存在的相互"模仿"行为有较大倾向导致规制执行偏差（李胜兰等，2014）。

通过以上文献发现，现有研究在解释当前环境规制失效方面，大多从静态视角观察当前中国所处环境，通过分析规制失效的外在制度约束以及内在机制设计等来审视环境规制问题，近年来尤其关注环境规制治理过程中官员体系等制度因素的内在影响（冉冉，2015）。具体分析当前可能造成环境规制失效的制度（如规制部门纵向安排等）抑或是经济因素（如规制治理投入等）对于规制完善与调整具有显著的短期解释能力。然而，现有研究总是将问题的产生指向先验判断，现实中一项制度的形成不仅需要考察当前状态的表现以及制度影响出现的问题，更需从纵向维度分析规制制度形成的轨迹尤其是规制构建的推动因素（韩超，2014），即规制建立的动机（motivation）。一项制度的建立并不是无缘无故产生以及死亡，其变迁过程更不是无章可循，目前环境规制的现状必然为过去行为选择所决定（North and Thomas，1973）。随着市场化改革推进，中国政府对市场的干预方式也在发生改变，经合组织（OECD）认为中国的综合改革与 20 世纪 70 年代的独立规制模式一致（OECD，2005；刘亚平和蒋绚，2013）。规制型国家崛起无疑是 20 世纪人类的伟大制度创新，而美国则是这一领域的典型（胡颖廉和李宇，2012）。同时，随着中国依法治国战略、市场化改革等多项改革的不断深入推进，中国不仅在环境规制领域，在食品安全、工作安全等领域的规制安排仍需更加完善，将逐渐过渡到规制型政府（Pearson，2005）。

受路径依赖理论的影响，本章重点关注环境规制体制构建的经济与社会基础，尤其是中美两国在环境规制体制构建中的多种差异，以此来探析其对当前环境规制实施的可能影响，现有关于这方面论述的文献还极为罕见，本章将对此进行补充。具体而言：中国的环境规制失效是否与历史上规制体系构建的社会基础是否具有具有一定联系；在环境规制体制构建时，中美两国是否存在明显的基础差异是什么；这一差异是否可能会对当前的规制实施具有潜在影响？通过环境规制体系产生来源视角的切入，可以厘清处于经济社会转型过程中中国环境规制体系建立的社会与经济背景，有助于把握规制体系建立的流脉、体系的演变改革，进而从规制视角解读当前中国环境规制失效的动因。

第二节　规制建立基础：适"时"而为的环境规制

一、经济发展差异与规制实施

美国环境规制体系的初步建立以 1969 年《国家环境政策法》（NEPA）的颁布和 1970 年环境保护署（EPA）的成立为标志，中国的环境规制体系建立则是 1979 年 3 月《中华人民共和国环境保护法（试行）》颁布、1982 年成立归属于城乡建设环保部的环境保护局为显著标志。环境问题一定程度上是发展的问题，是由于单方向过度追求经济利益而忽视环境效益结果的问题。从环境规制的需求与供给来看，经济发展水平较低时，环保利益集团的相对影响力小，无法为政府环境规制提供足够的压力和支持，环境规制实施则无从谈起。环境污染具有多种维度，本章仅选择二氧化碳作为环境污染的一种代表，但如果二氧化硫作为环境污染的度量，有关结论也是成立的。本章选取中美两国环境规制体系建立时点前后各五年的数据作对比，即通过比较美国 1966 ~ 1975 年、中国 1976 ~ 1985 年的人均 GDP 和二氧化碳排放量来分别体现经济发展的水平和环境污染的程度，如图 3 − 1 至图 3 − 3 所示。

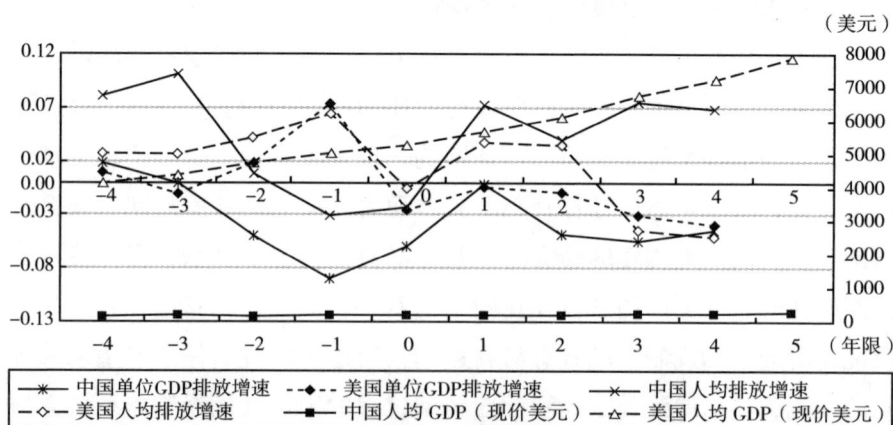

图 3 − 1　规制前后二氧化碳排放增速与人均 GDP

资料来源：根据世界银行 WDI 数据库测算。

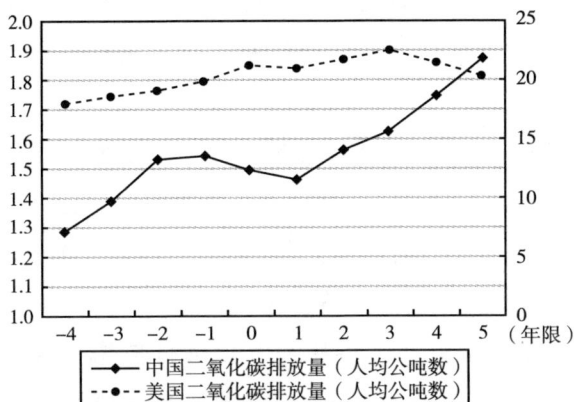

图 3 - 2　规制前后二氧化碳人均排放变动

资料来源：根据世界银行 WDI 数据库测算。

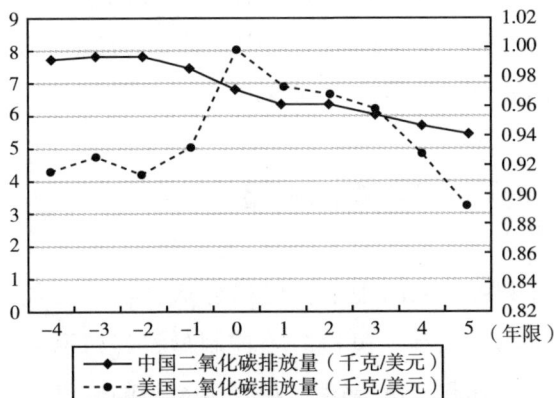

图 3 - 3　规制前后二氧化碳单位产出排放变动

资料来源：根据世界银行 WDI 数据库测算。

通过图 3 - 1 至图 3 - 3 可以发现，中美两国在环境规制体系建立时存在显著的经济发展水平差异，其中，中国 1976 ~ 1985 年人均 GDP 一直未超过 300 美元，但美国在 1966 ~ 1975 年最低的人均 GDP 也已经达到 4150 美元。巨大的经济发展水平差异，为中美两国在未来的环境规制实施中采取不同的应对策略奠定了现实经济基础。经济基础的巨大差异，说明了美国的环境规制确实成为现实紧迫的需要，但中国的环境规制需求则显得并未那么急迫。从短期环境规制实施效果看，环境规制实施后，美国的人均二氧化碳排放出现显著一致缓慢的下降趋势。中国环境规制实施后除了在当年发生剧烈波动外，其人均二氧化碳排放并未出现显著下降，而是呈现显著上升趋势，如图 3 - 2 所示。如果人均指标可能受人口变动因素的干扰，但单位产出的二氧化碳排放变动趋势更为明显，如图 3 - 3 所示，虽然中国单位产出二氧化碳排放一直在降低，但其更多的应当是结构调整，似乎与环境规制建立并无显著关系，美国的单位产出二氧化碳排放在 1970 年具有显著的拐点特征，呈现倒 "U" 型关系。再从二氧化碳排放增速来看，无论是人均排放还是单位产出排放，美国均存在显著的下降趋势，而中国并没有发现明显的趋势，如图 3 - 1 所示。通过比较发现，环境规制的实施需要以一定程度经济发展水平为基础，只有在经济发展水平达到一定阶段，建立完善的环境规制体系才能得到良好的实施效果。从绝对水平来看，美国的二氧化碳排放量达到中国的 3 ～ 4 倍，再结合美国的经济发展水平，环境规制体系建立更为迫切。

二、公众环保诉求与规制兴起

如果将环境规制广义的理解，可以分成两类：一类是以政府和企业为主体的显性环境规制，包括命令控制型、经济激励型和自愿性环境规制等；另一类则是民众等第三方主体参与的隐性环境规制（赵玉民等，2009），民众的环保意识是环境规制体系成立并有效运行的重要基础。从这个视角出发，美国民众对自身生存健康的要求、环保参与意识以及环保组织运动的发展，对 19 世纪 70 年代初环境规制体系的构建发挥了重要推动作用。一战后，1850 ～ 1920 年是美国环保运动兴起时代。生态保护区以及动物保护等活动陆续开展；政府关于环境保护的一些科学政策开始进入政府政策范畴。二战后，第三次科技革命后工业化的进一步发展，环境问题愈发严重，关于市场经济发展与环境保护可持续发展的讨论甚嚣尘上。民众环保意识提升、环保组织力量壮大以及生态科学家的大量社会实践与文章宣传，最终使美国在 20

世纪60年代形成了内容广泛、影响深远、自下而上的环保运动。

1962年《寂静的春天》通过大量数据证明了药物残存性极高的杀虫剂DDT等化工品的使用是如何通过食物链危害动物和人类健康,标志着美国公众环保意识的新觉醒和现代环保运动兴起。[①] 此后,罗马俱乐部1968年推出的《增长的极限》对经济发展和环境保护关系进行了系统阐述,进一步激发了公众对环境保护的讨论。在卡逊和环保主义者的努力下,最终推动美国政府于1972年全面禁止杀虫剂DDT在农业生产中使用。20世纪60年代,民众对汽车尾气、工业废物、泄油等污染物危害日益重视,环境公共意识日益提高,1970年4月22日首个"地球日"(Earth Day)活动便已在美国开展。同时,环保组织开始遍地开花且其规模也不断扩大,美国现存的环保组织中,有接近一半(约469个)建立于20世纪60~70年代,其中现存重要作用的环保非政府组织(ENGO)包括美国环保协会(1967年)、自然资源保护委员会(1970年)等均已在环境规制体系建立初成立。从规模上来看,1960年美国八个主要的环保组织仅有大约123000人,而到环境规制建立初期1969年该数字已经达到750000(Fox S.,1981)。

公众环保诉求在中国环境规制体系中作用与美国呈现较大不同,虽然民众环保意识也在逐渐增强,各类环保非政府组织也有出现,但由于传统集体观念、文化历史等来源的不同,公众环保诉求以及ENGO普遍存在不足问题,1979年ENGO暂且不去考虑,单从2014年ENGO的有关数据即能说明问题。中华环保联合会调查统计数据,截至2014年底统计,中国共有各类环保民间组织3233家,其中政府部门发起成立的环保组织1247家,占比为39%,而在2005年高达49.9%,说明在环保第三方组织中公众的力量十分微弱,政府依然直接或间接的控制环境第三方组织。代表公众环保诉求的草根环保民间组织,即民间自发成立的只有469家,占比仅为15%。以上所列是2014年的数据,1979年前后的情况尤甚。由此可以判断,中国环境规制体系建立前后公众环保诉求基本处于缺失状态,见图3-4。

---

① CARSON R. Silent Spring [M]. Houghton Mifflin Company, Boston, 1962.

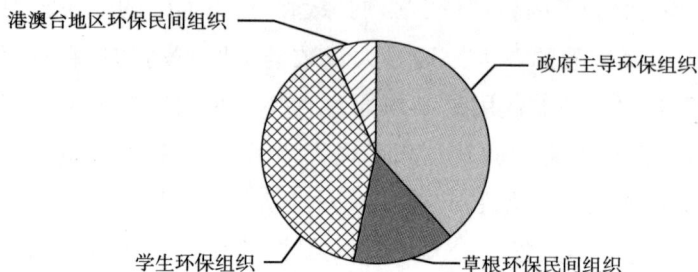

图 3 - 4　2014 年中国环保非政府组织的类别比较

资料来源：中华环保联合会。

从法制保障来看，自环境规制体系建立伊始，美国《国家环境政策法》就已经规定公民在环境方面有知情权，同时还拥有对行政机关活动环境影响进行评价的权利。后续专业领域法律如 1970 年《清洁空气法》更是具体规定了公民有监督政府执法、企业守法以及提起公民诉讼的公民执行权利（沈文辉，2010）。在中国，直到 2014 年 4 月 25 日通过的《环境保护法》修订案才将公众参与作为环境治理的重要作用写入法律，首次提供环保公众诉求的法制保障。从环保公众诉求缺失来看，中国的环境规制体系的形成同美国具有显著的差异，中国各项规制政策的议定形成，总体特征是自上而下式的，社会力量参与意识和作用虽然不断提高，但其在实际政策决策中的作用十分微弱（宋华琳，2008）。

三、立法先行与综合规制

二战过后以新兴的原子能、电子计算机、空间技术和生物工程的发明应用为主要内容的第三次科技革命在美国全面铺开。在推动美国工业化进一步发展的同时，此次高新科技的应用，也不可避免地带来一系列损害环境和危及公众健康的负的市场外部性效应。二战后初期污染主要集中于空气领域，如 1943 年洛杉矶光化学烟雾事件、1948 年多诺拉烟雾事件等。而到 20 世纪 60 年代末，随着化学工业的发展，大量的化肥、农药以及核能源被使用，使传统水、空气、陆地等环境污染问题加剧，严重危害自然生态和公众健康，污染在不同环境介质间的相互转化，更加剧了环境治理的难度。通过对美国环境保护局（EPA）成立前后关于环境规制的相关立法进行分类整理发现，1965～1970年美国的环境保护法律在此五年间，侧面说明美国的清洁生产规制基本遵循立法先行的法制原则。

　　建立环境规制体制之初，中国正处于由计划经济或命令经济向市场经济体制转轨，环境规制建立于中间过渡期的有计划的商品经济体制下，即政府对资源进行配置的计划经济和有计划的商品经济并存的中国特色时期（周灵，2014）。从立法基础来看，1989年底《中华人民共和国环境保护法》才得以正式颁布。环保局建立前后五年，仅有《建材工业环境保护工作条例》（1986年）、《轻工业环境保护工作暂行条例》（1981年）等准法律文件，另外就是零星的《农业灌溉水质标准》（1982年）、《生活饮用水卫生标准》（1986年）、《船舶工业污染物排放标准》（1985年）、《船舶污染物排放标准》（1983年）、《医院污水排放标准》（1983年）等标准规定，在法律地位上与美国环境规制体系建立前后集中出台的法案存在一定差距。

四、机构安排与独立性基础

　　美国在环境管理上实行联邦政府制定基本政策、法规和排放标准，并由州政府负责实施的管理体制，这与中国原环境保护部和地方省市权责划分较为类似，但在建立的来源和具体运行中有很大不同。美国环保局的官方网站显示，其部门职能大都由原分散在内政部（DOI）、农业部（USDA）、卫生、教育及福利部（HEW）、原子能委员会（AEC）、联邦辐射委员会（FRC）、环境质量委员会（CEQ）等部门的相关职责转移而来，其从无到有、由分散到集中、自下而上的特征深刻根植于当时的社会经济背景。根据1970年尼克松政府重组计划，联邦政府的专门环境规制机构主要是环境质量委员会和环境保护署（EPA），其中环境质量委员会是根据美国《国家环境政策法》设置成立，环境质量委员会作为顶级咨询小组，而环境保护署则是执行部门。同时，在司法部设立环境与资源局，负责协助政府处理环境有关案件。在基层部门，美国环保局下设 10 个区域办公室，监督各个州政府具体落实各项政策。环境保护署与州政府不是领导关系，而是通过以项目形式所提供技术支持、资金援助、能力建设等与州政府签订工作协议。运作机制上，区域办公室领导层的任命、人员工资、工作预算完全由环境保护署决定，只向环境保护署负责，州的环保机构不能对区域办公室职员的任命施加任何影响。

中国环境规制体系自建立始就采取"统一监管和分级管理"的治理体制结构，地方各级环保部门既受上级环保部门工作指导，但其人事权和财政等又归该级人民政府管理，这与美国环境规制体系在分层次规制上具有一定类似性，但其仍然具有显著的先天差异。对比改革开放前后中国政府职能的转变，可以看出中国环境规制建立在这一时间节点的显著特征，之前政府是执行全面管理职能，即"全能政府"管理一切，而之后转型时期政府职能由管理向规制转变，即着重兼顾履行政府的社会公共职能，向责任型、服务型方向加强调控改革。"统一监管和分级管理"忽略了地方政府的保护主义以及狭隘的"经济人"本性，而这需要中央进行调控监管，但限于规制主体非独立性，以上问题难以解决。

第三节　基础效应：环境规制演变的路径依赖

环境规制体系建立后，规制体系均将经历系列的制度变迁，其制度变迁背后的动因是什么？变迁路径是否存在差异？这一差异是否引起实施效果的差异？本章无意详细阐述中美两国环境规制演变的细节内容，而是想通过中美两国环境规制演变的鲜明过程来探寻规制基础差异，以及其对中国未来环境规制改革与完善的启示。

一、路径依赖理论在环境领域的应用

中美两国在环境规制体系构建过程中显著存在的差异，将会对后期规制制度变迁及其实施效果产生重要影响，这一机制可以通过路径依赖理论加以解释。路径依赖理论最初用于解释特定技术如何占据主导地位。后来，路径依赖理论开始应用于制度变迁分析理论，用于解释制度变迁与经济增长（North，1990；Arthur，1989；1994；Woerdman，2002）。路径依赖理论指在规制过程中受资源约束、信息约束以及决策者能力所限等特定条件决定而对规制政策产生的影响，并且这一影响通过系统内不断的反馈（positive feedbacks）最终影响规制过程演变及实施效果。按照路径依赖理论，环境规制制度演进过程中，如果涉及规制制度以及政策决定，与现有制度相近或者与之前制度相近的决策方案更容易被采纳（Kirk，Reeves & Blackstock，2007）。这是因为，制度演变面临诸多选择时，由于新的方案的采用必将带来成本的增加，经济方面直接就需要增加设备、分析费用等，间接地则需要增加人员成本等，这些可以称为转换成本。转换成本的存在可能使得环境规制过程无法采取最优决策行为（Woerdman，2004；Kirk，Reeves & Blackstock，2007）。

在路径依赖理论看来，即便决策部门掌握更好的决策信息与方案，由于转换成本的存在，相关部门也不会采用对社会而言最优的方案，因而路径依赖强调决策始点以及制度历史的影响（Woerdman，2004），决策部门更加可能采用与其经历相似，具有类似运作经验的制度架构方案以及运行机制。目前，仅有的几篇从路径依赖来对环境问题的解读主要集中于某项具体清洁技术的演变，为现实中某些具体的次优清洁技术的采用，即为技术锁定（lock-in）提供理论解释（Woerdman，2004；Unruh，2000），但很少对环境规制体系的形成以及演变进行解释。对环境规制而言，政府的决策成本包括固定成本（set-up costs）、运行成本与转换成本，其中固定成本不直接影响决策行为，运行成本会影响决策行为

（Woerdman，2004），本章认为运行成本又同固定成本具有紧密联系，固定成本将强化运行成本。当然，制度建立时的固定成本可能会被逐渐产生的规模经济抵销，因而制度的正反馈效应不一定必然发生。从这个意义上讲，不同的环境规制建立基础意味着不同的资源约束与固定成本，因而其在制度变迁中也将受其本身系统内所熟悉的行为习惯、可得理论影响。

二、美国环境规制的路径依赖：公众与环保组织的大量参与

美国环境规制体系成立前，在理论层面已经做了大量的知识准备，而这些知识准备对于环境规制体系建立具有显著影响。1968 年，英国学者加勒特·哈丁（Hardin）提出"公地的悲剧"理论，引起公众和经济学界对环境问题的深思。1960 年，科斯在《社会成本问题》一文中指出，由于排污企业的社会成本与私人成本难以准确界定和"税负转嫁"问题的存在，"庇古所建议的路径是不恰当的"，他提出产权制度的重要标准是交易费用标准，清晰的产权界定可以节省交易费用。在科斯定理的基础上，排污权交易理论又进一步得以提出（Dales，1968）。可以说，美国在 20 世纪60～70 年代建立的环境规制体系具有坚实的理论基础。固定成本、运行成本与转换成本决定了环境规制制度变迁的路径，其固定成本已经作为沉淀成本不能直接影响规制变迁路径，但其可以通过影响转换成本进而影响制度变迁。基础理论以及社会对环境的日益关注将有助于减弱转换成本，并且愿意为其付出相应的成本。

美国环境规制体系建立后，环境保护署职能也在不断地被重新诠释，从开始关注环境污染对人类健康风险的影响，后来逐渐转向更为广阔生态问题，但其职能转变的根本是为了响应公众与环保组织的诉求，通过观察 EPA 颁布的环境有关法案，从中可以发现 EPA 颁布法律很频繁地被通过，这与美国的环境规制体制建立时公众与环保组织的推动具有显著关系。在美国，一项环境法案的推出涉及 EPA、国会、美国政府与法院，其中 EPA 居核心位置且其在环境领域的话语权一直在增强。当 EPA 观点

与美国总统产生分歧时，国会更倾向于支持 EPA 决议（Hahn，1994），环境规制政策以及法律的出台很大程度取决于 EPA 内部决议。美国环境规制体制的最显著特征是环保组织的数量以及规模均在扩大，其通过环保运动等形式对国会不定期施压来表达其利益偏好（Mitchell，Mertig and Dunlap，1991），公众监督机制的不断完善可以将公众的诉求传导至规制决策层。美国的环保组织并不呈现一刀切形式，其在政策主张等方面存在一定差异，不同主张的环保组织共存，使得某项问题的解决能更可能地趋向最优（Hahn，1994），以此来体现大多数人的利益偏好，是美国环境规制不断平稳并加以强化的最重要力量，如图 3－5 所示。

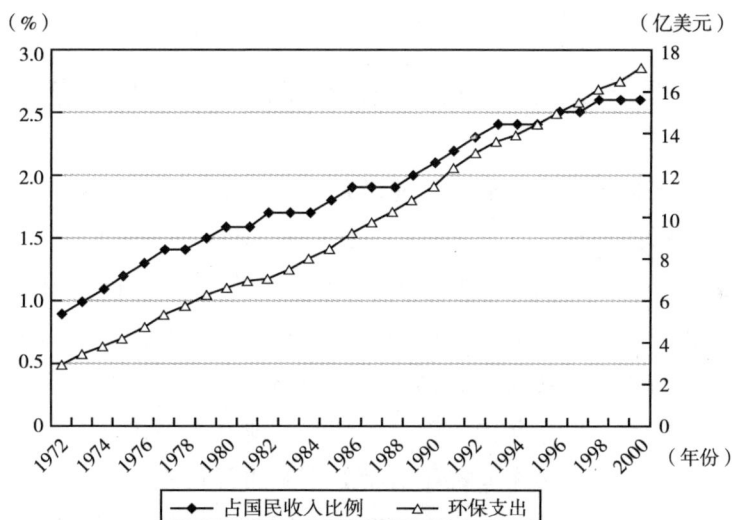

图 3－5　美国环境规则成本支出趋势

资料来源：根据 Hahn（1994）整理。

　　然而，这一制度安排的路径依赖影响也产生了明显的问题：一是美国邻避问题（NIMBY Problem：not-in-my-back-yard）的普遍存在；二是导致对环境规制政策经济效率的估计不足。美国的环境规制体制建立在环保运动以及环保组织大力推动基础上，公众的诉求对于环境规制形成以及演变存在重要作用，且这一行为存在较大的制度转换成本。在这一规制体制演变趋势下，美国不断加大在环境规制领域的支出，其占国民收入的比例从不到 1%，至 1990 年达到 2%，2000 年则提高到 2.6%，这一比例与当年美国的国防支出相当（Hahn，1994）。支出的增加，一方面表明环境规制得以发展壮大，以呼应公众诉求，但同时也从侧面反映规制的发展可能对经济效率考虑不足，已有研究表明环境规制支出并不必然是经济有效的[①]。后期学术界对于环境规制问题分析、成本支出核算等所做的工作，间接推动了里根总统任期内成本收益分析以及后来 2007 年出台详细规制影响评价指南，使规制影响评价制度得以建立与完善。虽然这一制度要求规制法案需要就法案实施后的成本收益影响进行预估后才可以提交国会，但从美国环境规制法案的颁布看，这一制度在具体法案中并没有得以有效实施（Fraas，1991），一个合理解释就是公众与环保组织诉求的强力作用。

三、中国环境规制路径依赖：公众缺失与机构缺位

目前关于中国环境规制演变过程的有关论述已有不少（周宏春和季曦，2009；张连辉和赵凌云，2007；张艳等，2000；等等），本章对此不再赘述。从组建环境规制机构、试行《环境保护法》开始，中国环境规制逐步深化并在 1984 年将"环境保护"确立为基本国策。随后，中国进入环境规制的集中立法阶段，据《中国的环境保护（1996－2005）》白皮书显示，1996~2005 年国务院有关部门、地方人民代表大会和地方人民政府依照职权，为实施国家环境保护法律和行政法规，制定和颁布了规章和地方法规 660 余件，颁布 800 余项国家环境保护标准，北京、上海、山东、河南等省（市）共制定了 30 余项环境保护地方标准。同时，1988 年国家环保局独立设置运行，1993 年设立全国人大环保委员会，1998 年设置国家环境保护总局，2008 年成立环境保护部，2015 年《环保法修订案》进一步修订实施，环境规制体系进一步完善。从环境规制演变粗略路径看，中国环境规制在很多方面借鉴了美国环境规制的做法，一直向独立专业监管之路改革。

---

① 如 1990 年清洁空气法案，很多文献证明实施该项政策成本大于收益（Portney，1990）。

从公众参与的视角来看，规制成立时公众力量以及在保障公众参与方面存在显著缺失，虽然后期中国也在努力寻求创造公众参与的机制，但其实施效果一直不佳，公众参与一直未在执行层面产生有效作用。2002 年《环境影响评价法》公众"环境权益"首次写入国家法律；2006 年《环境影响评价公众参与暂行办法》颁布通过程序制度设计保障公众参与环境影响评价的实体权利；2015 年《环保法修订案》才确认环保社会组织的环境公益诉讼主体资格权利，但在资格标准方面仍然作了严格限定。据 2014 年环保部发布的《全国生态文明意识调查研究报告》，中国公众生态文明和环保意识呈现"认同度高、知晓度低、践行度不够"的状态，公众环保意识具有较强的"政府依赖"特征，被调查者普遍认为生态文明建设的责任主体理所应当是政府和规制部门。以上问题正是与路径依赖所产生的转换成本有关，政府主导环境规制的历史不仅使得规制部门无论在意识还是执行层面均易忽视公众的作用，而且历史形成的利益固化更加强化了规制部门的规制意识。同时，缺失独立立场和环境权利需求的社会公众主动参与意愿较弱，以至于第一家民间自发环保非政府组织成立于环境规制建立之后的 15 年，即使《环保法修订案》得以实施，但环境公益诉讼在司法实践上仍呈低迷状态（崔丽，2015）。以上一切现象均表明中国环境规制存在显著的制度转换成本，严重阻碍了公众有效参与环境规制。

同时，还可以看到中国环境规制机构缺位现象严重，主要表现为环境规制部门地位较低、执法无力，从根本上讲是缺乏应有的规制独立性。从规制机构演变看，中国在逐步提高环境规制的独立执法权，然而现实中环境规制机构并不具有强迫其他部门配合执法的执行权。在地方层面，环境规制机构业务受上级环保部门指导，人事权和经费来源则由地方政府负责。规制建立伊始，中国的环境规制机构就在行政机构中处于边缘地带，这一安排为后续规制机构架构以及执行权的演变奠定了基础。中国的中央与地方政府存在显著相异的目标函数，地方政府既要承担发展经济任务，又要履行环境规制责任，这一体制安排更加弱化了环境规制机构的独立性，固化了环境规制作为地方政府"相机决策"政策工具的地位（赵志平和贾秀兰，2005；于文超和何勤英，2013），地方政府不执行（冉冉，2015）甚至出面干涉环境规制部门执法。

显然，中国环境规制的尴尬境地外在表现为规制独立性缺失，但其内在原因并非由于规章制度没有作出严格规定，也并非规制人员素质不高等问题。本章认为认识环境规制尴尬境地时，规制实践与后续目标改革间的制度转换成本不能忽视。中国环境规制建立在落后经济发展水平下，这一安排在规制伊始就奠定了独立性缺乏的制度基础。而且，从后期制度演变的路径依赖看，经济快速发展过程中独立性缺失的力量在不断自我强化，这就可以理解在中央层面不断加强规制独立执法权的同时独立性缺失一直难以解决的"规制悖论"。

第四节　小结与启示：环境规制改革的进一步思考

本章对比讨论了中美两国环境规制构建的经济与社会基础，并分析构建基础对规制演变路径依赖的影响。本章发现，中美在经济基础、污染现状、公众参与、法规构建等方面与美国均存在显著的差异，这一差异在后期通过对相关因素的强化会不断固化现有制度安排，进而对规制演变发挥重要作用。整体来看，美国环境规制的构建主要是由公众以及环保组织的大力推动，规制机构在建立伊始就体现了公众与环保组织的利益且具有显著的独立性。反观中国，环境规制建立在改革开放初期的大背景下，采取的是典型的自上而下组织形式，先天的缺乏公众的主动参与。在"发展"的时代主题下规制部门独立性相对较弱，而这些特征也对后来的规制演变产生重要影响。在路径依赖作用下，美国环境规制演变中公众、环保组织以及规制机构在规制过程中的势力得以继续强化。虽然在规制改革中，中国通过系列文件力图逐步加强公众参与力量以及规制机构独立性，但由于制度转换成本的存在，公众在中国环境规制参与中角色依然缺失、规制机构独立性仍然不足、规制职能依然缺位。值得注意的是，本章并不是建议完全照搬美国在环境规制实施中的相关做法，例如，由于美国环境规制由公众推动导致其后期在规制机构变迁、规制决策与实施时对规制的经济效率考虑不够，从而有损社会福利。虽然中国的环境规制演变存在不少缺陷，但其有一个显著的优点：即可以一定程度避免环保"民粹主义"不切实际的规制要求对规制实践的影响，这也保证了中国可以在一个相对平稳的过程中集中精力进行经济发展。

本章需要提醒的是，在环境规制体制构建、环境规制政策制定中需要将历史有关制度的路径依赖效应进行综合考虑，同时应当评估当前制度构建对后续制度发展的可能影响。回到当前日益受到关注的环境污染问题，一再指责当前规制失效、政企合谋等对于问题解决只能是表层问题，其不能从根本上改善当前的规制态势，更不会为以后的规制改革提供根本支撑。研究发现，美国环境规制建立在经济高度发达的基础上，且主要由公众推动，是典型的对市场失灵后政府补充行为的制度安排。中国的环境规制自诞生就是自上而下形成的制度安排，在经济水平与社会准备等基础方面都处于较低的水平，由此决定下的规制机构缺乏规制独立性，这一体制自我强化后，规制将有很大概率沦为地方政府的政策"工具集"选项。中美两国在规制构建时显著的差别是目前规制失效的重要动因，其背后的重要逻辑链条——路径依赖效应更是不能忽视。根据以上研究，本章认为应该从以下思路来改革完善中国环境规制体制与机制。

其一，未来中国的环境规制政策制定应根据当前有关制度环境进行适当安排。美国的环境规制政策有效实施的背后是其规制机构的完全独立性与公众的巨大推动力，在某些政策实施中甚至较少关注政策实施的经济效率。中国也在不断深化环境规制领域的改革，然而即便在规制机构以及规制体系架构上与美国采取相似的制度安排，但其实施效果也可能存在较大差异，这是因为路径依赖导致的制度自我强化效应在发挥作用；其二，亟待提高中国环境规制机构独立性，从而抵消原有路径依赖的负面影响。提高环境规制机构独立性可以有效切断规制机构与地方政府的直接联系，这是消除原有制度安排路径依赖影响的重要途径；其三，完善提升公众以及环保组织参与环境规制政策制定与实施的路径。美国环境规制中公众参与存在过度问题，这是路径依赖不断强化的结果，但中国的环境规制存在严重公众参与不足问题，亟待提升其参与范围与层次。通过提高公众参与水平与规制机构独立性，切断与地方政府联系的同时，从制度上减少规制俘获的发生概率。

第四章　规制治理、公众诉求与环境污染

当前中国地区间环境治理存在的策略性行为，其对环境治理会产生什么样的影响？环境规制实施影响区分为主效应、邻里效应、直接效应与间接效应，那么考虑城市间策略互动性后，本章重要研究了公众诉求、环境规制投入等对污染导致的影响。

第一节　为什么要考虑地区间策略性互动

据环保部历年《全国环境统计公报》统计，化学需氧量排放量、二氧化硫排放量已经有所下降，但废水与工业固体废弃物排放总量等大部分指标依然保持高位。从历史来看，无论是发展中国家还是发达国家，环境污染与经济发展的矛盾都曾经存在（郑思齐等，2013）。2001~2012年，中国环境治理投资在稳步提高，但环境污染物并未显著降低，如图4-1和图4-2所示。环境污染与污染治理之间的矛盾已经成为中国发展中不能忽视的巨大而现实的问题。环境治理过程包含企业、公众与政府规制等主体的多重互动，规制实施效果则与规制所嵌入的制度环境紧密相关（韩超，2014），因而探析制度约束下的环境治理问题则是进一步提高规制实施效果的重要前提。

具体来说，中国环境规制问题与诸多制度安排密切相关。分税制改革后，地方发展经济的积极性得以有效激励。为增长而竞争的事实在中国已经不是什么新闻，中央为此已经从指导方针、发展道路、具体规定

(亿元)

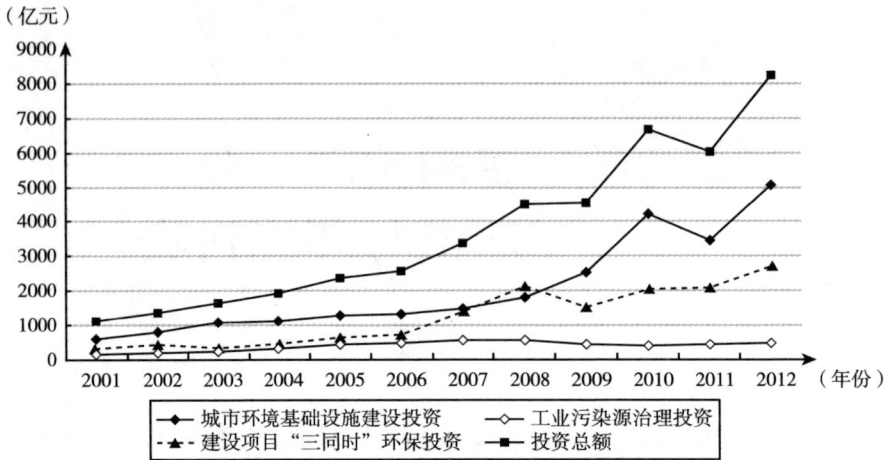

图 4 - 1　全国环境污染治理投资

(万吨)

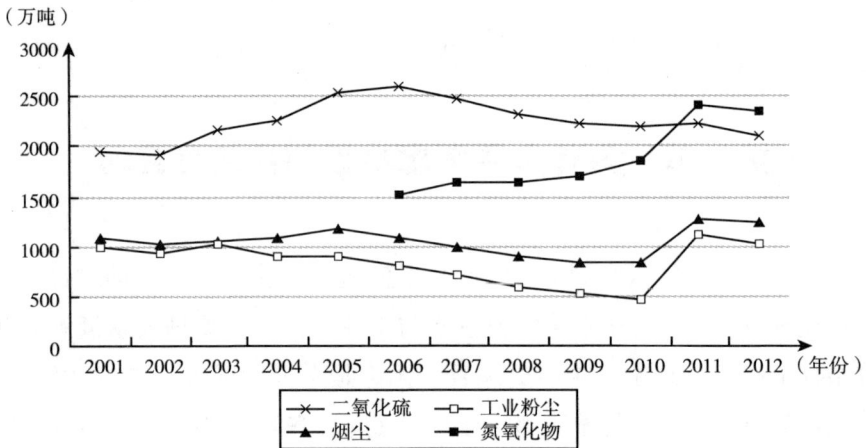

图 4 - 2　全国主要废气污染物排放量

等多个方面出台系列规定，要求地方在发展经济的同时，重视民生建设，并颁布了"一票否决制"，将环境保护、安全生产、食品安全、计划生育等事项纳入"一票否决"范畴。但是，由于"一票否决制"的泛滥，地方政府疲于应付，而且在自上而下的压力型政治治理体制约束下，地方政府由于缺乏有效的制度配套与激励，实施效果并不明显。就环境规制而言，当前制度下环境法律法规以及规制实施非常有限，环境规制机构实质上处于以短期经济发展而非长期可持续发展为目标的地方政府的领导之下（Lieberthal，1997；冉冉，2013），结果使环境规制进入"选择性政策执行"的范畴（Brien and Li，1999）。产生这个现象的一个主要原因是中国环境规制采取的是自上而下的压力型治理方式，地方政府将环境保护与规制作为一项任务完成，缺乏建立长期有效的环境规制激励（齐晔，2013；郑思齐等，2013），根本原因则是中国环境规制存在先天的独立性缺失问题。

依据以上逻辑，不禁思考，进入"选择性政策执行"的环境规制是否存在区域间策略互动性？如果存在，这一行为是否对规制实施效果产生影响？本章尝试将规制治理、公众诉求等纳入一个研究框架以探析当前中国城市间地方政府的环境规制行为及其可能存在的策略性行为，以此不仅解释地区间环境规制治理实施的内在影响，还可以进一步厘清环境规制屡屡失效背后的经济学逻辑。研究结论可以为政府调整环境政策，构建长效环境规制模式提供经验依据，以此来推动地方政府在发展经济的同时，更加注重环境保护问题。

第二节　内在逻辑与文献回顾

一、地区间存在策略互动的基本前提

环境规制并非增加治理投资、规制人员等投入的简单逻辑。作为一项制度安排，规制制度与法律法规、风俗习惯等制度之间的相互作用过程及其均衡结果将深刻影响规制实施效果。环境规制的实施效果一方面受具体"点"上的制度安排的影响，另一方面也受到历史维度规制制度变迁以及由此产生的制度路径依赖的干扰（韩超，2014）。政府主要负责审核环境领域投资方向、资金安排意见与拨付资金，人员工资福利的发放以及主管人员的任免等；规制部门主要负责建立健全环境保护基本制度，重大环境问题的统筹协调和监督管理，污染物排放许可证发放，排污费的征收，环境监督管理等具体环境管理工作。在以上机构设置与职能划分下，规制部门在人事、经费等方面均受制于地方政府。地方政府对环境规制部门的约束主要体现在官员任免和财政资金限制上，其中财政资金控制尤为明显。2013 年的 28 个省区市（不包含江苏、宁夏、西藏）的环保厅的部门决算报告显示，绝大部分环保厅财政拨款占本年收入的比重均超过 50%，该指标超过 80% 的环保厅有 15 个，可见地方政府对环境规制部门存在显著的控制力。地方政府将整合各种资源，以推动辖区的经济发展，环境规制会成为系列政策工具的一项选择（杨海生等，2008；韩超和王海，2014），以上论述表明中国的环境规制存在显著的独立性缺失。

二、地区间策略互动的可能路径

独立性一直是规制体系构建的一个重要原则。独立性意味着，规制体系不仅与被规制企业、消费者等利益相关者保持距离，同时也要同行政管理部门隔断联系，独立行使规制权利。规制的独立性可以发挥其专业、灵活性、权威性，并可以降低决策成本，有利于降低规制中的长期承诺问题（马英娟，2007）。不可否认，独立的规制体系是我们长期的目标。然而，就当下而言，深刻理解当前的规制现状，除了确保规制机构的独立性外，规制的实施机制仍然具有重要意义。就环境问题而言，规制对于环境治理的作用已经有很多研究进行了论述（Afsah，Laplante and Wheeler，1997；Badrinath and Bolster，1996；Berman and Bui，2001；等等）。但是，以上研究大多忽视了在独立性缺失背景下可能存在的规制实施的策略性行为。本章将对此进行聚焦，以加深对中国环境规制实施及其作用结果逻辑的认识。

如果存在环境规制实施策略性行为，其可以体现在多个层面：一是规制结果的策略互动性，即指环境污染的产物，包括二氧化硫、固体废弃物等；二是规制投入的策略互动性，指规制治理投资；三是策略互动性还体现在公众诉求、环保事件等其他方面，这是由于临近的环保事件、公众参与等因素将显著的警醒本地政府在环境规制方面进行部分调整。

此外，地区间对 GDP 的竞争将会直接指向对投资的竞争，资本的竞争可能进而导致环境规制的竞争。以上所述的策略互动行为是否存在，以及其作用机制仍然是有待检验的实证问题。目前，有关研究主要针对省级政府行为展开，对于城市层面的地方政府竞争行为考虑较少。本章认为，由于受晋升渠道狭窄，官员年龄偏大等因素制约，省级官员更可能怀有"安度晚年"的心态，而且省级官员与经济社会发展一线距离较远，不能直接指导实践一线。相比较而言，城市地方政府无论是从个人理想、职业前途以及实际工作内容等方面均比省级政府更有"干事业"的劲头①，即有更充足的竞争激励，因此，相比省级政府，城市层级政府是考察中国地方政府行为的更好载体。

三、现有研究缺陷

已有很多研究表明，区域间政策决策实施可能会受到其他地区相关政策的影响（Yu, Zhang, Li and Zheng, 2013; Ermini and Santolini, 2010）。正如上文论述，如果规制机构具有完全的独立性，那么环境规制问题将会相对容易解决。然而，在系列制度约束下，中国的环境规制机构置于政府机构序列，难免受到政府相关偏好以及其他政策的影响，难以实现独立性。不少研究表明，财政分权制度安排下，环境规制的责任往往由地方政府承担，中国的环境规制也不例外（Deng, Zheng, Huang and Li, 2012）。本章认为，环境规制的实施不仅不能体现规制的独立性，而且其在实施过程中可能还会受到其他地区行为的影响，即环境规制的决策与实施不仅存在规制机构的独立性缺失，同时也可能存在地区间规制实施的独立性缺失，即可能存在策略行为。在现有文献的基础上总结了三种规制实施可能受其他地区影响的作用路径：其一，地区间为竞争居民与企业可能会产生规制政策相互影响；其二，如果规制政策将会影响地区经济发展（官员绩效评价与晋升的核心指标），那么由此产生的标尺竞争也会影响规制政策的实施；其三，抛开制度因素，规制具有的

---

① 已有研究表明，任职年龄与工作业绩具有明显的相关关系（王贤彬等，2009）。

明显外部性也会导致政策实施在地区间的相互影响。在目前研究中，已有不少文献考虑环境规制实施中这一互动作用，但其关注点或者只关注环境治理投资的区域互动，或者只研究治理投资对经济增长以及生态效率的影响，并未分析其对污染治理实施效果的影响。

第三节　研究设计

一、变量与数据说明

为了验证环境规制过程中可能存在的策略互动问题，本章选取2002～2007年287个地级市的有关数据进行分析，样本选择始于2002年是由于从该年开始才有环境治理投资的统计。选择2007年作为样本截止年份出于两个方面考虑。其一，受数据指标统计口径变化的限制，从2008年开始，大部分城市的环境治理投资指标的统计口径发生大的变化，2008年前所能获得的城市的"环境治理投资额"由"污染源治理本年投资总额""城市环境设施投资额"与"三废综合利用产品产值"构成，2008年及之后环境治理投资额只披露"三废综合利用产品产值"，与2008年前截然不同。这一统计口径变化，使得本章不得不选择2008年前的有关数据样本进行分析，以此才能得到一致稳健的结论，这是将2007年作为样本截止年份的最根本的缘由。其二，截至2007年可以规避2008年奥运会，也确实可以减少一些干扰，发现更为一般的规律。表4-1以及有关表4-1的论述指出，2008年及之后的空气达标的城市数量才有了明显的增加，而在2008年之前环境并没有很大幅度的改善。为了更合理稳健的获得常态下环境治理的策略互动及其影响，剔除2008年政策影响，也可以客观上剔除非常规政策影响，提高研究结论稳健性。在研究内容方面，本章首先分析环境规制及其他治理方式实施的策略互动问题，在此基础上研究策略互动约束下的环境规制作用机制及其实施效果。

表 4 - 1 最大似然因子分析结果

分类	原假设	卡方统计量值
环境污染指数	无因子模型比完美拟合模型更好	54. 44***
环境达标指数	无因子模型比完美拟合模型更好	36. 95***
	单因子模型比完美拟合模型更好	0. 87

注：*** 代表通过 1% 的显著性水平检验；环境污染指数的检验结果直接表明，单因子模型已经饱和，无须进行进一步检验。

资料来源：通过 Stata12 测算。

首先，选择环境治理投资作为环境治理投资指标（*regu*）。鉴于"三废综合利用产品产值"不是直接的污染治理投资，因而将环境治理投资定义为"污染源治理本年投资总额"与"城市环境设施投资额"之和，以此综合地反映环境治理投资指标，并通过地区实际生产总值单位化得到本章使用的环境治理投资指标，由于规制治理投资与治理效果之间可能存在内生问题，因此将 *regu* 滞后一期处理，以降低内生性的影响。相关指标来自相应年度的《中国城市统计年鉴》。当然，还有其他指标可以作为环境规制实施代理变量，如出台的环保有关的法规（于文超等，2014）等。相对于其他指标，由于环境治理投资是地方政府支出的一部分，对于地方政府而言其机会成本更高。在有限财政预算约束下，地方政府可以将财力投入到基础设施建设中，也可以投入到环境规制中，而地方政府在环境治理与基础设施建设中的相机抉择行为可以很好地显示地方政府行为偏好（Wu et al.，2013），环境治理投资更能体现地方政府的行为偏好。

其次，除了分析环境规制实施的策略互动外，本章还将分析在策略互动约束下环境规制及其他治理方式的实施效果，为此，本章需要构造反映环境污染水平的指标。实践中，环境破坏结果可以分成很多类别，如工业废水排放量、工业二氧化硫排放量、工业烟尘排放量等，单一的污染排放量并不能综合反映地区环境污染水平，本章通过提取相应变量的主成分[①]获得环境污染指数（*env_danwei*）。具体的，本章先是通过地

---

① 从目前学界的研究现状看，仍有不少研究采用主成分分析方法进行降维（何可等，2015；靳来群等，2015；陈信元等，2013；等等）以上表明，尽管主成分分析降维仍然存在一些问题，但从现有研究看，仍然没有更好办法完美的对相关变量降维以得到综合变量，主成分分析可能仍然是学界在进行指标综合降维的重要选择。当然，由于主成分分析方法本身的问题，其得到的指标会损失一些信息，与真实信息存在一定的差距。

区实际生产总值对工业废水排放量、工业二氧化硫排放量、工业烟尘排放量进行单位化处理，消除地区经济规模的内生影响，在此基础上进行主成分分析（对于任何一个原始指标缺失的情况，本章均将这一样本删除，环境达标指数计算时的处理也是采取这一方式），以此获得综合的环境污染指数（表4-1的结果表明，污染物排放具有单一的主成分，可以将其作为环境污染指数），构造该指标的原始数据主要来自相应年份的《中国城市统计年鉴》。

最后，为了稳健性考虑，本章还构造了环境达标指数（env_dabiao）作为环境污染水平的另一个代理变量。同环境污染指数类似，环境达标指数也是对工业烟尘去除率、工业二氧化硫去除率、生活污水处理率、工业固体废物综合利用率以及生活垃圾无害化处理率进行主成分分析得到（表4-1中的结果表明，环境达标指数支持一个有效主成分的判断，可以由此方便的构造环境达标指数），构造该指标的原始数据也是来自相应年份的《中国城市统计年鉴》。然而，环境污染指数和环境达标指数从源数据看具有一定的联系，但是也有明显的差别。环境污染指数直接体现污染物排放水平，并不会把政策、标准的要求考虑在内，而环境达标指数是经过政府政策标准校正后的污染物排放水平，通过对这两个变量分析的相互验证，可以提高分析结论的稳健性，还可以从结论中得到一些其他有意思的结论。

此外，本章还引入公众诉求（public，以环保来访信件总数代表）、环保事故（accident，地区突发环境事件次数代表）、行政惩罚案件数（punish，以当年实施的行政处罚案件数代表）等环境有关变量，分析其在环境规制实施过程中可能影响。其中公众诉求是本章重点分析的内容之一，其他变量作为控制地区其他环境治理工具的变量。相关数据来源于《中国环境年鉴》。值得说明的，此三个变量只有省级的统计，对于研究跨省的城市间策略互动问题，以上三个变量对环境治理影响过程具有一定意义，但对于一个省内的城市间的有关以上变量的研究则不能发挥作用。尽管如此，本章认为仍然可以从跨省的城市间政策实施中获得一些虽然不是非常准确但却有意义的基本结论。以上三个变量体现了地方政府为应对环境问题所采取的行动，具有一定滞后性，同时为了减弱内生性的影响①，本章采取以上三个变量的滞后一期进行分析研究（于文超等，2014）。

　　为了体现城市发展特征，本章还引入市场指数化（*markrtindex*）、财政自主度（*fiscal_self*）、外商直接投资竞争（*fdi_compt*）、第二产业比重（*inds*）、人口密度（*densy*）、人均地区实际生产总值（*pgdp*）等指标进行分析。中国的制度环境存在显著的区域差异，不同的治理环境也会对环境规制及其他治理方式产生影响，引入市场指数化可以部分控制制度环境差异，该指数来自樊纲等（2011）。财政自主度采用地方财政预算收入与预算支出之比获得，以此可以反映由于财政限制对环境规制及其实施效果的影响，该指标来自相应年份的《中国城市统计年鉴》。通过控制第二产业比重、人口密度、人均地区实际生产总值等数据一方面可以减弱遗漏变量的影响（尤其是地区生产总值数据的引入），相关数据来自相应年份的《中国城市统计年鉴》。所有以货币形式体现的指标，本章均将使用地区生产总值指数进行价格平减，以消除价格因素影响。相关变量的明晰定义见表4-2。表4-3列出了变量的描述性统计结果。从环境治理投资、环境污染指数以及环境达标指数的离散系数（标准差/均值）可以发现，地区间环境治理行为存在明显差异。其他变量在标准差、最大值、最小值等统计属性上的差异也可以表明地区间环境治理行为以及环保现状的差异。

表4-2　　　　　　　　　　　　相关变量定义

变量名称	定义	单位
环境治理投资	污染源治理本年投资总额＋城市环境设施投资额（2002年直接等于环境污染治理投资额）	万元
环境治理投资	环境治理投资/地区实际生产总值	无
单位GRP工业废水排放量	工业废水排放量/地区实际生产总值	吨/元
单位GRP工业二氧化硫排放量	工业二氧化硫排放量/地区实际生产总值	吨/万元

　　① 较多的环境治理投资可能会带来较多的环保事故、惩罚案件和环保信访，这是一种典型的双向因果关系导致的内生性问题。

续表

变量名称	定义	单位
单位 GRP 工业烟尘排放量	工业烟尘排放量/地区实际生产总值	吨/万元
污染综合指数	以上 3 个变量主成分分析结果	无
工业烟尘去除率	工业烟尘去除量×100/（工业烟尘排放量＋工业烟尘去除量）	%
工业二氧化硫去除率	工业二氧化硫去除量×100/（工业二氧化硫排放量＋工业二氧化硫去除量）	%
生活污水处理率	直接来自中国城市统计年鉴	%
工业固体废物综合利用率	直接来自中国城市统计年鉴	%
生活垃圾无害化处理率	直接来自中国城市统计年鉴	%
环境达标指数	以上 6 个变量主成分分析结果	无
市场指数化	使用樊纲等（2011）构造的地区市场化指数	无
公众诉求	所在省信访工作情况来信总数	封
环保事故	所在省环境污染与破坏事故总数	件
行政惩罚案件数	所在省当年实施行政处罚案件数	起
财政自主度	地方财政一般预算内收入×100/地方财政一般预算内支出	%
FDI 竞争	地区利用外资金额×100/年度所有地区利用外资金额之和	%
第二产业比重	第一产业产值×100/地区生产总值	万人
人口密度	总人口/土地面积	人/平方千米
人均地区实际生产总值	地区实际生产总值/年末总人口	元/人

表 4 - 3　　　　　　　　　　**主要变量的描述性统计**

变量名称	观察值	均值	标准差	最小值	最大值
环境治理投资	1722	3.37E+04	7.65E+04	0.00	1.31E+06
单位 GRP 环境治理投资	1669	1.86	1.75	1.23E-03	41.39
单位 GRP 工业废水排放量	1423	0.57	0.63	0.01	13.70
单位 GRP 工业二氧化硫排放量	1421	15.16	39.60	0.00	632.78
单位 GRP 工业烟尘排放量	1423	2.29	3.22	0.00	28.83
环境污染指数	1421	4.05e-16	0.99	-0.91	20.84

变量名称	观察值	均值	标准差	最小值	最大值
工业固体废物综合利用率①	1397	76.86	34.21	0.97	995.00
工业烟尘去除率	1422	90	17	5	100
工业二氧化硫去除率	1385	26	22	1.96E − 04	100
生活污水处理率	1337	55.88	27.72	1	100
生活垃圾无害化处理率	1285	69.26	28.96	1	100
环境达标指数	925	4.32e − 17	0.99	− 1.24	3.389
公众诉求	1722	1.84E + 04	2.02E + 04	50.00	1.05E + 05
市场化指数	1722	6.59	1.89	0.63	11.71
环保事故	1722	56.65	76.64	0	406
行政惩罚案件数	1721	4093.48	4715.15	3	3.10E + 04
财政自主度	1707	52	22	7	174
FDI 竞争	1633	0.37	0.89	2.9E − 05	9.77
第二产业比重	1705	46.51	11.75	9	89.72
人口密度	1707	409.62	313.73	4.70	2707.00
人均地区实际生产总值	1702	3779.17	2982.93	647.90	2.79E + 04

资料来源：通过 Stata12 测算；缺失以及不准确数据的调整见脚注。

二、模型设定

采取一般到具体的研究设计（Manski，1993；Yu et al.，2013）。为了探析城市间环境规制实施过程中策略互动问题，需要在模型中引入空间相关性。为此，本章采用一般的 Durbin 模型作为问题研究的基准模型，该模型既包含被解释变量的空间滞后项，也包含解释变量的空间固定效应。一般的 Durbin 模型可以写作以下方式：

$$Y = \rho WY + X\beta + WZ\theta + \alpha + \mu_i + \nu_t + \varepsilon_{it}$$

其中，Y 是 NT × 1 向量；X 是 NT × k 向量。X 包含解释变量与控制

---

① 统计年鉴显示 2004 年湖北荆门市该指标显示为 995，而其前后几年的数值均是 90 多，2006 年广西百色该指标显示为 135，前后几年该地区该指标在 10 ~ 20。基于以上对比分析，笔者认为该指数是统计录入笔误，其真实指标应该分别为 99.5 和 13.5。

变量。Z 是系列变量可能具有空间相关性（Z 包含于 X）。u 和 v 分别代表地区和时期的固定效应，ε 则是残差项。ρ 代表空间自相关系数，度量城市间 Y 变量相互依存度。β 和 θ 是 $k \times 1$ 向量是待估系数。空间权重矩阵是进行本章分析的一个基础。基本的空间矩阵是相邻矩阵，具体而言，一般相邻标准的 w_{ij} 为：$w_{ij} = 1$，当区域 i 和区域 j 相邻；$w_{ij} = 0$，当区域 i 和区域 j 不相邻。但是，这一基本空间权重矩阵只考虑空间的圆周特征，未考虑空间距离的外延性。理论上讲，空间权重是连续的，随着距离的增加其空间相连性变弱。为了体现这一空间上联系特征，本章采取城市间距离的倒数作为空间权重系数。即 W 空间权重矩阵是一个 N×N 对称矩阵，且其中每一个要素 m_{ij} 度量城市间距离的倒数，并进行标准化（$i \neq j$）。在距离空间矩阵的假设下，i 地区与 j 地区距离越近，则两者之间被赋予更大的权重矩阵（Yu et al.，2013）。

按照分类，空间模型可以分成空间滞后模型、空间误差模型以及空间 Durbin 模型，在很多论文中都有论述，本章不再赘述。相对于其他空间模型，空间 Durbin 模型更具综合性（LeSage and Pace，2010），其可以通过检验退化成空间滞后或者空间误差模型。实践中，有很多方法可以检验空间 Durbin 模型是否退化为其他空间模型。其一，通过 LR 检验 $\theta = -\rho\beta$ 可以检验空间 Durbin 模型是否退化为空间误差模型；其二，通过 LR 检验 $\theta = 0$ 可以检验空间 Durbin 模型是否退化为空间滞后模型。有文献建议空间计量的综述中建议以空间 Durbin 模型为基准模型（Elhorst，2014），然后通过系列检验看其是否退化为其他模型形式。为此，本章采取的研究策略是尽量将解释变量与控制变量均纳入 WX 进行分析，这样可以最大程度控制可能存在策略互动行为或者空间溢出行为的变量，增加估计的有效性与稳健性（Yu et al.，2013）。

此外，从变量的作用机制来看，大多控制变量具有策略互动或者空间相关的理论与现实基础。环保事故与行政惩罚案件数是环境治理的工具手段，其与环境规制投入具有类似的作用，应该具有显著的空间相关性。而财政自主度、外商直接投资竞争、第二产业比重、人均地区实际生产总值等均是地区的特征变量，由于政治晋升约束的地区竞争机制影响（周黎安，2004；2007；等等），这些经济变量也可能具有显著的空间相关性。人口密度与市场化指数虽然不属于环境治理工具，也不属于地区竞争的要素，但是由于可能受未知因素的影响，本章也将其纳入 WX 进行分析。从计量理论的视角来看，如果忽视解释变量（以及控制变量）或者被解释变量的空间相关性，估计结果将会有偏差且不具有一致性。即使控制变量的空间相关性不存在，那么其对估计结果稳健性的影响显然小于由于遗漏变量空间相关性而产生的问题。因此，无论是从模型设定还是从作用机制来看，均应当考虑解释变量与控制变量的空间相关性，以提高估计结果的有效性与稳健性。据此给出了环境规制实施中策略互动过程的经验分析具体模型：

$$
\begin{aligned}
regu = {} & a + m_i + n_t + \ln Lpublic + \ln Laccident + \ln Lpunish \\
& + markrtindex + \ln fiscal\_self + \ln fdi\_compt + inds \\
& + \ln densy + \ln pgdp + rWregu + WXq + e_{it}
\end{aligned}
$$

其中，变量名中"L"表示变量取滞后一期，"$\ln$"表示该变量取自然对数。为了版面考虑，解释变量的空间解释部分以"X"表示，X 中包含所有解释变量，在本方程中重点关注的变量为公众诉求 $\ln Lpublic$ 的系数及其显著性。为了尽可能地消除异方差的影响，对于内涵为绝对数且显著大于 1 的变量，本章对其取自然对数。

将环境治理投资（$Lregu$）作为解释变量纳入，给出了空间相关约束下环境规制效果的经验分析模型：

$$
\begin{aligned}
env\_danwei = {} & a + m_i + n_t + Lregu + \ln Lpublic + \ln Laccident + \ln Lpunish \\
& + markrtindex + \ln fiscal\_self + \ln fdi\_compt + inds + \ln densy \\
& + \ln pgdp + rWenv\_danwei + WXq + e_{it}
\end{aligned}
$$

在本方程中重点关注的变量为公众诉求 $\ln Lpublic$ 以及环境治理投资的系数及其显著性。为了稳健性考虑，给出了空间相关性约束下环境规制效果的达标分析模型：

$$
\begin{aligned}
env\_dabiao = {} & a + m_i + n_t + Lregu + \ln Lpublic + \ln Laccident + \ln Lpunish \\
& + markrtindex + \ln fiscal\_self + \ln fdi\_compt + inds + \ln densy
\end{aligned}
$$

$$+ \ln pgdp + rWenv\_dabiao + WXq + e_{it}$$

在本方程中重点关注的变量为公众诉求以及环境治理投资的系数及其显著性。

具体估计时，由于缺失数据以及面板数据分析的要求，三个方程采用的样本量并不一致。以上模型仅考虑变量的即时效应，并没有考虑变量冲击后对其他地区后又形成的反馈效应（feedback loop），因此，以上变量的系数可以视为主效应（本地变量对本地变量的影响）和邻里效应（邻里变量对本地变量的影响）。对于一般的空间 Durbin 模型，可以重新构造为：

$$Y = (I - \rho W)^{-1}(X\beta + WX\theta) + (I - \rho W)^{-1}\mu_i + (I - \rho W)^{-1}\alpha$$
$$+ (I - \rho W)^{-1}\nu_t + (I - \rho W)^{-1}\varepsilon_{it}$$

考虑空间相关影响的直接效应为下式中矩阵对角线的均值，间接效应则为除对角线为其他位置数值的均值。后续经验分析中除了给出具体的主效应与邻里效应外，还将分析其直接效应与间接效应。

$$\left(\frac{\partial y}{\partial X_{ik}} \cdots \frac{\partial y}{\partial X_{Nk}} \right) = \begin{pmatrix} \dfrac{\partial y_1}{\partial X_{1k}} & & \dfrac{\partial y_1}{\partial X_{Nk}} \\ & \ddots & \\ \dfrac{\partial y_N}{\partial X_{1k}} & & \dfrac{\partial y_N}{\partial X_{Nk}} \end{pmatrix} = (I - \rho W)^{-1} \begin{pmatrix} \beta_k & \cdots & w_{1N}\theta_k \\ \vdots & \ddots & \vdots \\ w_{N1}\theta_k & \cdots & \beta_k \end{pmatrix}$$

综合以上分析，本章所要研究的地区策略性互动主要体现在 WX 以及 WY 估计系数及其显著性上。WX 体现的是空间矩阵决定的其他地区解释变量（也包含其他控制变量）对本地被解释变量的影响。WY 则是空间自相关性，是判断模型是否存在空间相关性的重要依据，同时也是判断被解释变量是否存在地区依存性的重要依据。综合 WY 和 WX 的系数，本章可以对中国地区间环境治理策略性互动的存在性及其作用机制进行综合分析，同时，还可以进一步得到策略互动存在约束条件下，并且考虑反馈作用后相关变量影响的直接效应与间接效应。

第四节　规制实施的策略互动

环境污染治理过程是政府规制治理、公众诉求以企业遵守等多方参与的过程，本章将研究视角集中于地方政府行为，观察他们在规制实施过程中需要考虑的综合因素及其作用机制，特别的重点研究可能存在区域间政策依存约束下的有关行为表现。表4-4汇报了控制时期与地区固定效应后的空间Durbin模型的估计结果，以模型（2）为基础。为了检验空间Durbin模型是否可能会退化为空间滞后模型或者空间误差模型，本章进行了系列LR检验。首先，空间效应系数ρ通过显著性检验，说明空间模型有效。其次，对θ=-ρβ和θ=0是否成立进行了检验。结果显示，两者的卡方统计量分别是12.01和12.18，均通过1%的显著性检验，统计上表明空间Durbin模型适于分析本章区域互动约束下环境规制实施机制。最后，本章还进行了固定效应与随机效应选择的检验。豪斯曼检验（Hausman Test）值为128.52，在1%的显著性水平上通过检验，结果拒绝随机效应而支持固定效应模型。

表4-4　　　　　环境规制决策的空间Durbin固定效应模型

变量	主效应	邻里效应	直接效应	间接效应
ln$Lpublic$	-0.203 ** (0.0913)	0.347 (0.59)	-0.202 *** (0.0755)	0.335 (0.509)
ln$Laccident$	0.0804 (0.075)	-0.331 (0.35)	0.0844 (0.0812)	-0.29 (0.299)
ln$Lpunish$	0.675 *** (0.119)	-2.414 *** (0.551)	0.671 *** (0.125)	-2.124 *** (0.564)
$markrtindex$	0.0591 (0.24)	2.983 ** (1.343)	0.0745 (0.225)	2.334 ** (1.173)
ln$fiscal$	-0.0352 (0.285)	-0.468 (2.034)	0.0164 (0.273)	-0.87 (1.752)
lnfdi_compt	-0.132 ** (0.0542)	-1.559 *** (0.589)	-0.128 ** (0.0553)	-1.167 ** (0.478)
$inds$	-0.0166 (0.0134)	-0.124 (0.108)	-0.0168 (0.0139)	-0.0944 (0.0976)

续表

变量	主效应	邻里效应	直接效应	间接效应
ln*densy*	−1.13 (1.325)	14.13 (16.37)	−1.104 (1.307)	12 (13.12)
ln*pgdp*	−0.327 (0.407)	2.193 (2.427)	−0.37 (0.378)	1.733 (1.885)
ρ	−0.816 **			
控制时期	是			
控制地区	是			
θ = 0	12.18 ***			
θ = −ρβ	12.01 ***			
Hausman test	128.52 ***			
样本量	1070			
截面数	214			

注：** 表示在 5% 水平上显著，*** 表示在 1% 水平上显著；标准误在括号内显示；以上的测算结果基于 Stata12 的极大似然方法估计。

表 4-4 空间 Durbin 固定效应模型中的空间相关系数是 −0.816 且通过 5% 的显著性检验，表明在本样本地区内，一个城市将减少其环境治理投资（*regu*）作为对邻近城市增加环境治理投资的回应，这个结果揭示了当前中国城市环境治理过程中显著的策略性竞争行为。观察表 4-4 正文中第（1）列主效应，可以发现公众诉求（ln*Lpublic*）、行政惩罚案件数（ln*Lpunish*）以及政府竞争（ln*fdi_compt*）通过显著性检验。公众诉求的系数为 −0.203，说明来访信件增加 1% 环境治理投资（*regu*）降低 0.2 个单位。主效应表示的仅是本地（此处是本省）的公众诉求对单位治理投资的影响。如果考虑空间依存互动性带来的反馈效应后数值有所变小为 −0.202，仍然具有显著性（通过 1% 的显著性检验）。综合的结果表明，本地公众诉求降低 1%，那么长期来看，环境治理投资将会增加约 0.202 个单位。从邻里效应来看，其他城市的公众诉求将会增加本地的环境治理投资，考虑长期反馈效应结果与此一致，但两者均未通过显著性检验。这一结论将结合下面的论述综合分析。

对于其他控制变量，可以发现，行政惩罚案件数主效应与间接效应显著为正值，本地行政惩罚案件数增将提高环境治理投资。其邻里效应与间接效应显著为负，其他地区行政处罚案件降低则会提高本次环境治理投资。政府竞争的所有效应均通过显著性检验，且都是负值，表明相对吸引 FDI 越多则环境治理投资越少，但是其他地区吸引 FDI 能力对本地环境治理投资影响更大，这个结果可以侧面说明，地区间策略性行为对 FDI 竞争更加敏感。市场化指数（*markrtindex*）的主效应与直接效应未通过显著性检验，但其邻里效应和间接效应通过 5% 的显著性检验，且为正值，说明邻近城市的市场化程度越高，则会降低本地城市的环境治理投资，其他地区市场化指数提高则带来本地城市环境治理投资短期提高[①]。对于环保事故、财政自主度、第二产业比重、人口密度、人均地区实际生产总值变量而言，由于未通过显著性检验，本章便不作详细分析。

第五节　规制实施影响的策略互动

以上分析了环境规制实施过程中决定因素，以及其这些因素对环境规制实施的内在影响。那么接下来一个很自然的问题则是环境规制以及其他治理方式在治污方面的政策效果如何？本节将集中分析该问题。

一、污染结果的政策效果

表 4 - 5 左侧部分汇报了考虑政策空间互动性后的环境规制实施效果的检验模型估计结果。在研究设计中，本章仍然以 Durbin 模型（3）为基础进行分析，然后通过系列检验选择具体的空间模型。空间效应系数 ρ 通过显著性检验，说明空间模型有效。然后对 θ = - ρβ 和 θ = 0 进行检验，LR 检验卡方统计量分别是 11.32 和 11.47，但均未通过显著性检验。为了稳健性考虑（LeSage and Pace，2010），本章采用空间滞后模型进行检验。固定效应与随机效应的豪斯曼检验（Hausman test）值为 - 17.70。从计量理论的角度来看，相对于随机效应固定效应的一致性更为有效，本章选择固定效应进行此分析。

---

① 注：不能说明一个省内城市的情况。

表 4 - 5   **环境规制实施效果检验**

变量	污染结果的空间滞后固定效应模型			达标结果的空间 Durbin 固定效应模型			
	主效应	直接效应	间接效应	主效应	邻里效应	直接效应	间接效应
$Lregu$	- 0.00471 (0.00477)	- 0.00479 (0.00405)	- 0.00076 (0.00216)	0.0101 (0.035)	0.278 (0.342)	0.008 (0.0299)	0.249 (0.303)
$\ln Lpublic$	0.0543 *** (0.0161)	0.0556 *** (0.0178)	0.0084 (0.0203)	0.0154 (0.104)	0.0811 (0.597)	0.0238 (0.119)	0.0149 (0.534)
$\ln Laccident$	0.000428 (0.0122)	0.00119 (0.0132)	- 0.00027 (0.00449)	- 0.152 * (0.0772)	1.043 * (0.418)	- 0.121 * (0.0851)	0.849 (0.421)
$\ln Lpunish$	- 0.00889 (0.0222)	- 0.00926 (0.0213)	- 0.00208 (0.00637)	0.227 (0.156)	0.269 (0.727)	0.224 (0.155)	0.0422 (0.591)
$markrtindex$	- 0.0325 * (0.0194)	- 0.0694 * (0.0379)	- 0.0486 (0.0733)	0.584 ** (0.282)	- 1.617 (1.396)	0.652 ** (0.276)	- 1.417 (1.189)
$\ln fiscal$	- 0.0843 (0.0707)	- 0.0722 (0.0718)	- 0.00998 (0.0364)	0.148 (0.426)	5.825 *** (2.192)	0.213 (0.436)	4.344 ** (2.151)
$\ln fdi\_compt$	- 0.00932 (0.014)	- 0.00955 (0.0145)	- 0.00193 (0.00577)	- 0.141 * (0.0746)	1.787 *** (0.588)	- 0.156 ** (0.0775)	1.440 ** (0.599)
$inds$	0.00594 * (0.0035)	0.00576 (0.00354)	0.000631 (0.00171)	- 0.0302 ** (0.0153)	- 0.309 *** (0.0937)	- 0.0298 * (0.0159)	- 0.241 *** (0.0896)
$\ln densy$	0.0971 (0.431)	0.0604 (0.405)	0.000749 (0.124)	- 1.154 (1.705)	20.09 (20.85)	- 1.462 (1.651)	21.76 (19.69)
$\ln pgdp$	- 0.563 *** (0.101)	- 0.563 *** (0.105)	- 0.0787 (0.172)	0.795 * (0.446)	6.872 *** (2.298)	0.766 * (0.441)	5.744 ** (2.467)
ρ	0.21 **			- 0.22 ***			
控制时期	是			是			
控制地区	是			是			
$\theta = 0$	11.47			29.60 ***			
$\theta = - \rho\beta$	11.32			29.39 ***			
Hausman test	- 17.70[①]			114.85 ***			
样本量	892			352			
截面数	223			88			

注：***、**、*分别表示在1%、5%和10%的水平下显著；括号内为标准误。

资料来源：笔者通过 Stata13.1 计算整理。

---

① 豪斯曼检验值为负值，这个不符合常理，而且在国内外学术论坛讨论区关于豪斯曼为负值的讨论很多。由于固定效应可以满足一致性，而随机效应不能，因此当豪斯曼为负值时，应当采用固定效应进行分析，以下同。

表 4 - 5 的空间滞后变量系数是 0.21 通过显著性检验，说明在单位污染排放这一指标上，城市间也存在互动特征，再次印证了环境规制问题的空间相关性，同时所有变量的间接效应都不显著，说明经过长期反馈后，其他地区环境规制行为不能显著改变本地环境污染状况。两个本章重点关注的变量是环境治理投资与公众诉求。本章研究发现这两个变量的估计结果与常识有悖。从系数本身来看，单位污染治理投资提高 1% 则会降低环境污染指数约 0.005 个单位，但该变量并未通过显著性检验。郑思齐等（2013）的研究证明，地区环境治理投资，将会带来政府对环境问题的高关注则会带来大气污染转好的结论，然而本章使用综合的环境污染指数表明，环境治理投资并没有显著改善城市环境污染现状的证据。公众诉求通过 1% 的显著性检验，公众诉求增加 1% 短期内则会带来 0.054 个单位环境污染指数的增加，长期内稍高为 0.056 个单位，这一结论与郑思齐等（2013）、于文超等（2014）有所差异。郑思齐等（2013）使用 Google 趋势指数构造公众关注指数，其研究结论支持公众重视会增加治理投资改善环境现状[①]。于文超等（2014）研究结论也是支持公众重视将会带来环境治理的更多投入。不过，以上两篇并没有直接研究表明，公众诉求将会带来环境状况的改善。结合表 4 - 4，本章研究表明，考虑城市间互动性后，公众诉求并不能带来环境治理投资的增加，同时也不能带来环境污染指数的降低。由于本章的公众诉求指数通过"环保信访数量"来构造，因此，本章的研究可以间接说明有关部门并没有将公众诉求充分反映，并落到实际中去[②]。另外也可以说明，传统的环保信访渠道并不能真正发挥公众监督的作用，需要重新创新公众诉求渠道，切实发挥公众诉求在环境治理体系中的作用。

对于其他控制变量发现地区发展水平（ln$pgdp$）与第二产业比重通

① Google 趋势指数一定程度可以代表公众关注程度，但在中国大陆地区中文搜索领域，百度无疑处于领头羊位置，而且对于非专业人士而言，百度依然是大陆市民的首选搜索工具。Google 退出中国市场前，百度约占六成市场份额，Google 仅占不到三成。因此，基于 Google 趋势指数作为公众关注指数可能存在不足。

② 当然，虽然本章通过将公众诉求滞后一期进行分析，由于难以找到一个完美的工具变量，仍有可能存在内生性，未来笔者将继续对此深入研究。

过显著性检验：ln*pgdp* 的主效应与总效应通过 10% 的显著性水平检验，in*ds* 通过 1% 的显著性水平检验。从主效应来看，表明当经济发展水平 in*ds* 达到一定程度，地区发展水平增加则会降低环境污染指数，这一结论间接佐证了环境库兹涅茨曲线的合理性。提高带来环境污染指数上升，说明工业依然是环境污染的重要部分。市场化指数通过 10% 的显著性水平检验，其主效应系数为 − 0.033，直接效应系数为 − 0.069，市场化指数提升，短期与长期均会降低环境污染指数，且其长期效果更佳，验证了市场化水平越高，环境状况越好的结论。其他控制变量并没有通过显著性检验，并没有清晰的结论。

二、环境达标结果的政策效果

环境污染指数代表环境污染的现实结果，但其并不能反映污染结果与规制要求的契合程度。为了更好地实现污染结果与规制要求的结合，本章将进一步分析有关因素对环境达标指数的影响，估计结果见表 4 − 5 右侧部分。从计量的视角来看，空间滞后系数为 − 0.22 且通过显著性检验，验证了空间模型的有效性，也表明城市间达标指数具有空间负相关关系。对 $\theta = -\rho\beta$ 和 $\theta = 0$ 进行检验，LR 检验卡方统计量分别是 29.39 和 29.60，都通过 1% 的显著性水平检验，固定效应与随机效应豪斯曼检验值为 114.85，通过显著性检验。综合以上检验结果，本章确定使用空间 Durbin 固定效应模型分析达标结果的政策效果。对比政策对达标结果与污染结果的影响差异可以发现很多有意思的结论，两者的内在影响机制有相似也有不同的地方。环境治理投资与公众诉求的系数都为正值，符合规制与公众诉求推进环境达标水平提高的政策预期，但两者均未通过显著性检验。在环境污染结果的分析中环境治理投资和公众诉求均与常识相悖，由此可以推断出：目前环境治理投资并没有有效发挥作用，而且以环保信访来信代表的公众诉求并没有有效推进环境治理投资增加，其结果也没有提高环境达标水平。

对于控制变量，可以发现一些有意思的结论，一方面可以佐证有关研究结论，另一方面也丰富了本章的有关结论。环保事故对数（$\ln Laccident$）均通过显著检验表明，环保事件增加降低环境达标水平，但邻近城市（不同省的城市）环保事故增加则会增加本城市环境达标水平，但行政处罚案件的对数（$\ln Lpunish$）并没有呈现显著性，由此可以推断，相对行政处罚案，地方政府的行为偏好对环保事故更加敏感。财政自主度的对数（$\ln fiscal$）邻里效应与间接效应通过显著性检验，邻近城市的财政自主度提高，在短期提高本地环境达标指数，但在长期会受主效应的抑制与现有研究结论趋于一致（周亚虹等，2013）。外商直接投资竞争（$\ln fdi\_compt$）所有效应均通过显著性检验，表明本地政府竞争越强，则环境达标水平越低，邻近城市的政府竞争越强，通过区域互动则会提高本地的环境达标水平。将此结果与财政自主度相结合，可以发现财政自主度高的城市对 FDI 的依赖性较小，而两个效应的叠加将会影响城市环境达标指数，与其他研究结论一致（邓玉萍和许和连，2013；周亚虹等，2013）。其他变量的估计结果与环境污染水平估计结果类似，侧面佐证了估计结果的稳健性，对其不再赘述。

三、稳健性检验

上面结论是否稳健，是否在其他模型中也成立，是否有必要引入其他因素。为了打消以上疑虑，本章将对以上的分析进行稳健性检验。虽然本章通过使有关变量滞后一期，以期尽量减弱内生性的影响，但是规制、公众诉求等治理指标与污染结果有关变量间可能存在双向因果等内生性问题，而这些问题可能仍会影响模型结果的可靠性。为此可以采用 GS2SLS（generalized spatial panel two stage least squares）处理解释变量的内生性问题（Arraiz, Kker, Kelejian and Prucha, 2010; Yu et al., 2013）。GS2SLS 将非线性 2SLS（two stage least squares）应用到空间模型中，具体估计中需要通过三步来完成：第一步得到空间自回归残差的一致估计量；第二步利用第一步估计结果对自回归系数进行广义距估计；第三步将模型进行调整并利用第二步的结果重新进行 2SLS 估计，最终得到一致估计系数。此外，空间滞后变量在时期维度的滞后性是否会影响模型的结果，尝试进行动态空间面板（spatial panel arellano-bond linear dynamic regression）的有关分析。表 4 – 6 汇报了以上检验的估计结果。

表 4 – 6   稳健性检验

变量	基于 GS2SLS 的分析			基于 Han-Philips 的动态空间面板分析				
	规制决策（SDM）	污染结果（SAR）	达标结果（SDM）	规制决策（SDM）		污染结果（SAR）	达标结果（SDM）	
				主效应	邻里效应		主效应	邻里效应
L. regu	—	−0.005	0.011 ***	0.279 **	2.863	−0.003	0.0291	0.399
L. env_danwei	—	—	—	—	−0.243	0.575		
L. env_dabiao	—	—	—	—	−11.05		2.624 ***	—
ln$L$public	−0.103	0.051 ***	0.072	−0.299 ***	13.03	0.023	−0.186	4.605
ln$L$accident	0.0678	0.001	−0.093	0.061	−3.63	−0.01	−0.006	7.472
ln$L$punish	0.259 ***	−0.009	0.236 *	0.894 ***	−0.53 ***	−0.046	0.167	−0.197
markrtindex	0.174 *	0.024	0.005	−0.195	119.2	0.063	0.813 **	−6.433
lnfiscal	0.043	−0.081	−0.009	0.388	11.25	−0.125	−0.22	9.779
lnfdi_compt	−0.126 **	−0.008	−0.098	−0.204 **	2.863	0.006	−0.046	17.36 **
inds	−0.0199	0.005	−0.002	0.018	−0.244	−0.002	0.012	−1.607 *
lndensy	−1.931	0.014	−1.972	−0.42	−11.05 *	0.006	2.271	110.85
lnpgdp	−0.485	−0.543 ***	0.105	−1.271 **	0.663	−0.686	1.154 *	2.231
rho	−2.386 **	1.433	−5.61 ***	—	—	0.012	—	—

注：*** 、** 、* 分别表示在 1%、5% 和 10% 的水平下显著；括号内为标准误。
资料来源：笔者通过 Stata13.1 计算整理。

通过表 4 – 6 可以发现，环境规制决策的 GS2SLS 与动态面板空间模型结果与表 4 – 4 中关于 ln$L$public、ln$L$punish 以及 lnfdi_compt 的分析结果基本一致，显著性检验结果以及有关系数符号也基本一致。对于环境污染结果和环境达标结果方程而言，表 4 – 6 中通过显著性水平检验的有关变量也与表 4 – 5 保持一致。但是在模型假设方面，GS2SLS 需要使用系列工具变量，模型中将 X，WX，W^2X，W^3X 作为工具变量进行分析，因此可能会产生弱工具变量特性，因此对表 4 – 6 中基于 GS2SLS 的分析，需要谨慎对待。动态空间面板模型估计结果中通过显著性检验的变量与表 4 – 4 和表 4 – 5 的分析并没有大的差异。而且，由于本章选择的样本只有 5 年数据（由于部分变量滞后一期），属于典型的短面板数据结构，因而由于时间因素导致的变量自相关并不能产生重要影响。

第六节　小结与启示

依靠传统发展方式，中国已经难以保持稳定、高速的经济发展。转变经济发展方式已经成为未来中国改革与发展过程中必需的选择，而环境污染则是实现这一转变过程中亟待解决的问题之一，这也是党的十八届三中全会提出生态文明建设的基本要求。当前，环境污染治理以及生态成本已经成为中国经济社会健康发展过程中一个巨大成本。调整完善环境规制，有效管控环境问题是实现转型，推进经济社会进一步发展的重要保证。环境治理不仅是环境规制的单一问题，其涉及地方政府、企业以及公众诉求等多方利益主体的参与行为。目前的环境规制体系中，受制度因素的约束，规制独立性难以保证，环境规制同其他规制政策一起沦为地方政府为实现目标相机抉择的政策工具，并由此产生"选择性政策执行"问题。本章集中分析可能存在的地区互动性约束下地方政府环境政策决定与实施过程中的行为偏好及其政策效果。研究表明，地区间环境规制实施的互动性可以体现环境污染结果、规制政策以公众诉求等其他治理政策，甚至也会出现在其他地区经济发展变量方面，因此，相关政策制定不能忽视地区间政策实施的依存效应。研究结论进一步说明，地区间政策实施的依存关系，以及由此导致的规制实施的"选择性政策执行"则是环境规制屡屡失效的重要动因，如何引导这一依存关系使之发挥积极作用，或者切断这一依存关系则是未来环境治理过程中需要关注的重要问题。

本章以 2002～2007 年 287 个地级以上城市为样本，探析环境规制过程中地区间规制作用机制。本章选择以城市作为研究对象，这是因为城市政府管辖的区域较小更能直接体现政府行为，而且其官员无论在任职年龄、职业前途等方面均会督促其提高积极性，是探究地区政策互动影响的良好载体。通过对环境规制决策、环境污染结果以及环境达标效果的系列检验，本章表明当前中国城市环境治理过程中存在显著的策略性行为，这一结论不仅验证了中国环境规制非独立性的判断，更说明了规制实施的非独立性问题，即规制实施过程中存在策略性依存问题，同时本章研究为后续分析类似规制问题提供了经验基础。研究还表明，考虑城市间策略性互动后，公众诉求并不能带来环境治理投资的增加，同时也不能带来环境污染指数的降低以及环境达标指数的提高。由于本章的公众诉求指数通过"环保信访数量"来构造，因此，本章的研究可以间接说明有关部门并没有将公众诉求充分反映，并落到实际中去。另外也可以说明，传统的环保信访渠道并不能真正发挥公众监督的作用，需要重新创新公众诉求渠道，切实发挥公众诉求在环境治理体系中的作用。同时，研究发现地方政府的行为偏好对环保事故更加敏感，可能也与环保事故"一票否决"有一定关系，有待进一步深入分析。

如果考虑地区经济发展变量，尤其是结合 FDI 竞争和地区财政收支现状，本章发现财政自主度提高并不会显著提高环境治理投资、降低环境污染指数以及提高环境达标结果，但是考虑城市间策略互动后，邻近城市的财政自主度提高将会通过 FDI 引入等提高本城市的环境达标水平。同其他治理方式相比，地区发展水平越高则环境污染指数越小、环境达标指数越大，该结论也间接验证了环境库兹涅茨曲线假设。具体到产业发展，本章发现样本期内中国工业依然是环境污染的重要部分，在节能工业、绿色工业发展的道路上中国依然任务艰巨。此外，本章有个重要发现：城市所在省的市场化程度越高，邻近地区城市市场化程度越低，则本地城市环境治理投资越高。市场化改革是一个综合系统，将会对经济与社会产生深远的影响，其对环境治理也会发生积极作用，市场化改革方向应当是中国长期坚持的道路。

综合本章的有关背景与研究结论，本章认为中国的环境规制体系中，规制机构乃至规制实施均不具有独立性，规制的积极作用也未有效发挥，此外，公众诉求等其他环境治理方式也并未得到实质的推进，其对环境治理的作用也尚未体现。从本章研究看，市场化改革、整体的经济发展在环境治理中发挥积极作用，但其并非直接的环境规制行为，而是符合环境库兹涅茨曲线的内在规律，其对短期的环境问题作用有限。因此，未来中国仍然需要在规制治理、公众参与（直接投诉、第三方参与）等方面推动更加深入的改革，只有这样才能实质的构建长期、健康、有效的环境治理体系。当然，本章仍然需要呼吁的是，构建独立有效的规制体制是提高规制效果，进行环境治理的必经之路。

第五章 技术进步与环境规制
融合下的环境治理效应

从节能减排与产业发展的困境出发，研究影响节能减排的内在机制并探究其融合路径，有几个问题需要回答：技术进步对行业的节能减排具有什么影响；环境规制与技术进步之间是否具有交互作用；其作用是否具有异质性；等等；有待进一步研究。

第一节 技术进步与环境规制融合的提出

节能减排问题成为中国经济转型中不能回避的问题。2009 年哥本哈根气候大会上，时任总理温家宝承诺将在 2020 年单位 GDP 二氧化碳排放比 2005 年下降 40% ~ 45%。如此巨大节能减排压力下，严格的环境规制成为必然的现实选择。研究表明，环境规制对于环境质量的改善有提升作用（李永友和沈坤荣，2008），同时，适当的环境规制能够引致企业技术创新，为减少生产废弃物的产生而寻找提高资源利用效率的途径，以减少投入成本，这种"创新补偿"效应会弥补甚至超过环境规制所带来的成本，使产业达到经济和环境的"双赢"状态（Jaffe and Palmer，1997；黄德春和刘志彪，2006；张中元和赵国庆，2012）。再者，也有学者发现技术进步对环境质量有显著的联系（董直庆等，2014）。有一点需要注意，根据波特假说，适宜的环境规制会有利于技术进步，同时技术进步也可以内生于环境规制中推动节能减排，两者可能具有双向影响关系并且存在相互促进作用（Carrión-Flores and Innes，2005）。

中国面临的不仅是节能减排压力，还需要实现稳定的增长来为渐进转型提供空间，因此，仅环境规制仍然不能解决两者冲突问题，为此需要从环境规制以及技术进步两个方面结合，既能提高产业竞争力又可以实现节能减排。现有文献表明，环境规制或技术进步单方面对环境治理具有一定效果，但其大多忽视了它们之间相互作用关系。环境规制与技术进步交互关系到底是否影响节能减排，其与环境规制的作用之间产生什么内在机制，这些问题都需要进行探究，本章拟尝试对此问题进行回答。具体研究中，本章采用行业进行研究，为减弱行业异质性的影响，本章将行业分成高污染行业与低污染行业，分开进行分析。在方法选择上，本章首先使用三阶段 DEA-Malmquist 方法进行技术进步测算。由于解释变量内生性问题以及可能的遗漏变量问题，本章采用动态面板系统广义矩估计法（SYS-GMM）进行分析。本章研究发现，整体上环境规制和技术进步的交互作用有利于能耗强度的降低，但在不同行业中，环境规制、技术进步以及其交互作用机制并不具有一致的内在作用机制。

第二节　研究设定

本章旨在探究环境规制与技术进步推动能耗强度的内在影响机制，在样本选择上，本章选择行业有关数据进行分析。具体研究中，本章将选择能耗强度（EI）、环境规制（REGU）以及技术进步（TECH）作为论文研究的主要变量。同时，为控制其他变量的影响，本章选择出口密集度（EXP）、所有制结构（OWNIP）、利润率（PRORA）、研发密度（R&D）、外商直接投资控制其他因素影响。技术进步测算时，本章将选择工业总产值（VAL_T）、利润总额（PRO_T）作为产出变量，选取主营业务成本（COST）、费用合计（FEE）、资产总计（ASET）和全部从业人员年平均人数（STAF）作为投入变量，费用合计是指管理费用、营业费用和财务费用的加总。考虑到价格变化因素，本章选取以 2001 年为基期的分行业工业生产者出厂价格指数（PPI）对工业总产值（VAL_T）进行平减，对利润总额、主营业务成本、费用合计、资产总计也用 2001 年为基期的 PPI 进行平减。具体变量的描述如下所述。

（1）能耗强度（*EI*）。使用单位工业产值的能源消耗量来表示，工业总产值使用以 2001 年为基期的分行业 PPI 进行平减，具体公式是：

$$EI = \frac{行业能源消耗总量}{工业总产值(不变价格)}$$

（2）环境规制（*REGU*）。使用行业废水、废气的污染治理设施的当年人均运行费用作为环境规制的衡量指标，构造公式如下：

$$环境规制(REGU) = \frac{年废水治理设施运行费用 + 年废气治理设施运行费用}{平均从业人数}$$

（3）技术进步（*TECH*）使用三阶段 DEA-Malmquist 方法求出，由于计算出的技术进步是基于上年的环比变化值，详细计算过程见下面。三阶段 DEA-Malmquist 方法第二阶段进行相似 SFA 计算，环境变量本章选择企业规模（*SCALE*）、行业发展（*INDUS*）、资产利润率（*ASPRO*）、专利数（*PATN*）。企业规模用行业全部从业人员年平均人数与企业个数的比重来表示；行业发展（*INDUS*）用平减后工业总产值与年均人数的比重表示；资产利润率用利润总额与资产合计的比重表示；专利数选用发明专利申请数与年均人数的比重表示。

（4）其他控制变量。私有制程度比较高的企业生产率较高，能源消耗较低，所有制结构（*OWNIP*）使用大中型工业企业口径下的外商及港澳台商投资企业资产与总资产的比来表示；出口密集度用来反映行业对外开放水平，使用行业出口交货值占工业总产值的比重表示；利润率使用行业利润总额占总资产的比重表示；研发密度使用各行业的研发经费支出占工业总产值的比重衡量；外商直接投资使用大中型工业企业口径下"三资"企业就业比例来测度（傅元海等，2014）。以上数据来源于《中国工业经济统计年鉴》《中国经济普查年鉴》《中国能源统计年鉴》《中国环境统计年鉴》《中国环境年鉴》《中国科技统计年鉴》《中国劳动年鉴》。在整理数据时发现其他采矿业、废弃资源和废旧材料回收加工业和其他制造业数据缺失，本章做了剔除处理，最终确定了 36 个行业作为研究对象。本章实际构建了

2002～2011 年行业面板数据。以上主要变量的描述性统计见表 5 - 1。

表 5 - 1　　　　　　　　　　主要变量的描述性统计

变量	含义	样本	均值	标准差	最小值	最大值
EI	能耗强度	360	1.2006	1.2985	0.0324	7.5193
EI_{t-1}	滞后一阶	324	1.1454	1.3032	0.0324	7.5193
EI_{t-2}	滞后二阶	288	1.2738	1.3273	0.0436	7.5193
$REGU$	环境规制	360	17.7805	28.2281	0.1844	322.7680
$TECH$	技术进步	360	1.2573	0.1729	0.9760	2.3128
$REGU \times TECH$	交叉项	360	24.2397	49.9572	0.2413	683.0739
$OWNIP$	所有制结构	360	0.2931	0.2964	0.0015	4.7052
EXP	出口密集度	360	0.1837	0.1978	0.0000	0.7551
$PRORA$	利润率	360	0.0729	0.0566	-0.1069	0.4402
$R\&D$	研发密度	360	0.0067	0.0047	0.0002	0.0228
FDI	外商直接投资	360	0.4924	0.4659	0.0007	2.9931

资料来源：笔者计算。

在具体的实证分析前，本章将主要关注的变量与能耗强度的变化趋势构造如图 5 - 1 所示。通过图 5 - 1 发现，环境规制、技术进步以及两变量的交叉项与能耗强度变化趋势呈负相关关系。这一发现表明，环境规制、技术进步有可能会推动能耗强度降低。

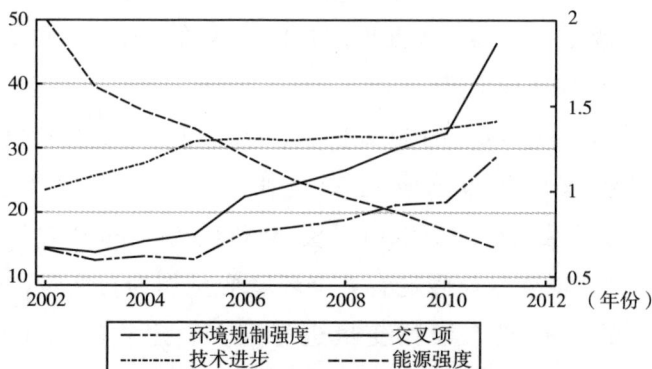

图 5 - 1　主要变量的变化趋势示意图

注：交叉项是指环境规制与技术进步的交叉项，由于各变量的单位不统一且刻度值差异较大，图中将环境规制和交叉项放在左边纵轴，将技术进步与交叉项放在右边纵轴。变量取值为 36 个行业的对应平均值。

第三节　技术进步测算

一、三阶段 DEA-Malmquist 设计

关于技术进步测算，国内有学者使用专利申请授权数量作为代理变量（傅元海等，2014），但是该指标只能是研发创新一部分，理想上只能代表自主创新水平，但其无法包含管理方式的改进、劳动者素质提高以及技术引进消化等技术进步的其他方面。也有学者采用全要素生产率（TFP）作为技术进步的衡量指标（王玉燕等，2014；陈勇等，2007），但是全要素生产率的增加并不一定只是技术进步，还有可能是经济向稳态迈进（Barro，1996）。传统的 DEA 不能解决环境变量及随机效应对样本的影响。弗里德等（Fried et al.，2002）提出了三阶段 DEA 模型，如果将其与 Malmqist 指数结合，建立三阶段 DEA-Malmquist 模型将有效解决传统 DEA 面临的问题。三阶段 DEA 与 Malmqist 指数结合的方法：一是可以实现对全要素生产率的分解，以便于求出技术进步的衡量指标；二是相对其他方法一般局限于单产出的情况下，DEA 处理多输入、多产出问题更具优势；三是其不需要设定具体的函数形式，从而避免了由于主观因素造成的模型设定错误。

第一阶段：通过 DEA 的 BCC 模型，获得投入变量的松弛变量。本章将第一阶段求出的投入松弛变量作为因变量，选择企业规模（$SCALE$）、行业发展（$INDUS$）、资产利润率（$ASPRO$）、专利数（$PATN$）作为环境变量。假定有 k 个环境变量作为自变量，分别对第一阶段求出的 m 个投入松弛变量进行回归，建立的 SFA 回归方程如下：

$$s_{ij} = f^i(z_i, \beta_i) + v_{ij} + u_{ij}, (i = 1, 2, \cdots, n; j = 1, 2, \cdots, m)$$

其中，S_{ij} 表示第 i 个决策单元 DMU 的第 j 种投入松弛变量；β_t 为环境

变量的待估系数；$z_i = (z_{1i}, z_{2i}, \cdots, z_{ki})$ 表示 k 个可观测的环境变量；$f^i(z_t, \beta_i)$ 表示环境变量对投入松弛变量的影响；$v_{ij} + u_{ij}$ 表示混合误差；v_{ij} 服从正态分布，反映随机因素的影响；u_{ij} 服从截断正态分布，反映管理的无效率。

第二阶段：通过建立相似 SFA 模型，可以观测出管理效率、外部环境、随机误差对投入松弛变量的影响。利用相似 SFA 的回归结果对决策单元的投入变量进行调整，使得所有的决策单元调整到相同的环境中，调整方程为：

$$\tilde{x}_{ij} = x_{ij} + \left[\max_i(z_i \hat{\beta}_j) - z_i \hat{\beta}_j \right] + \left[\max_i(\hat{v}_{ij}) - \hat{v}_{ij} \right],$$
$$(i = 1, 2, \cdots, n; j = 1, 2, \cdots, m)$$

其中，x_{ij} 表示第 i 个决策单元的第 j 个投入实际值；$\tilde{x}_{ij}$ 为其调整后的值；$\hat{\beta}_j$ 为环境变量参数的估计值；$\hat{v}_{ij}$ 为随机误差项的估计值。

第三阶段：使用调整后的投入变量 $\tilde{x}_{ij}$ 代替原来的 x_{ij}，重新使用 BCC 模型结合 Malmquist 指数计算行业技术进步。

二、技术进步的测算

DEA 模型要求投入项与产出项之间必须符合"同向性"假设，即投入量的增加，产出项不能减少。为此，本章使用 Spearman 相关性检验结果，见表 5 – 2。表 5 – 2 表明投入量与产出量之间的相关系数为正，且都通过 5% 的显著性检验，充分说明相关变量符合"同向性"假设，具有合理性。

表 5 – 2　　　　　　　　　相关性检验

变量	COST	FEE	ASET	STAF
VAL_T	0.9857	0.9075	0.9473	0.8366
PRO_T	0.8326	0.8292	0.8695	0.7302

注：上述变量均是平减后的不变价格变量，且都通过了 5% 的显著性检验。

第一阶段的回归结果显示主营业务成本、费用合计松弛变量大部分为0[①]，对此本章只对资产总计和全部从业人员年平均人数松弛变量进行第二阶段回归，结果见表5-3。相似SFA回归结果显示，选取的环境变量均通过了显著性检验，可以有效修正投入变量。借助第二阶段相似SFA估计结果修正第一阶段的投入变量，再次求解Malmquist指数，可以获得行业技术进步数值。由于计算出的技术进步是基于上年的环比变化值，本章将其折算成2002年为基期的定比指数。调整前后的行业平均技术进步趋势如图5-2所示。

表5-3 第二阶段相似 SFA 回归结果

环境变量	资产合计			全部从业人员年平均数		
	系数	标准差	t 值	系数	标准差	t 值
常数项	-306.2*	197.24	-1.65	-0.60	2.96	-0.20
SCALE	1097.9***	35.73	30.73	16.29*	10.20	1.66
PATN	-33.2*	17.23	-1.93	-0.57***	0.21	2.67
INDUS	-6.3**	3.00	2.11	-0.27***	0.08	-3.31
REGU	-30.8***	5.59	-5.50	0.09*	0.05	1.79
ASPRO	-5391.3***	13.11	-411.15	-57.09**	26.15	-2.18
σ^2	1.2E+7***	1.00	1.21E+7	4914.93***	1157.29	4.25
γ	0.84***	0.01	68.61	0.96***	0.01	85.71
Log 函数值	-3169.31			-1542.12		
LR 单边检验	324.09***			602.08***		

注：***、**、*分别表示在1%、5%和10%的水平下显著；通过 Frontier 4.1 计算得到。

图5-2发现，调整前后技术进步发生变化，说明三阶段DEA起到调整作用。总体来看，定比技术进步的趋势是上升的，这和中国经济发展情况是相对应的。在对应的2007~2009年，技术进步趋势出现了下降

[①] 回归时发现主营业务成本与费用合计的松弛变量绝大部分为0，而资产合计与全部从业人员年平均数的非0松弛变量较多。如果加入主营业务成本与费用合计变量后，很难使得环境变量都显著，那么修正数据将很难保证可靠，本章仅对资产合计和全部从业人员年平均数变量进行修正。

和停滞，这段时间和美国次贷危机引发的全球经济危机时间是相对应的，中国是出口导向型的经济体，经济危机对中国经济造成了负面影响，沿海地区大量工厂倒闭和农民工返乡，经济形势下滑带动技术进步趋势放缓。还可以发现 2008 年的技术进步有上升趋势，这和中国的实际情况也是相符的。2008 年，中国政府使用了大量的人力和物力用于基础设施建设、淘汰落后产能和采用新技术，并在 2008 年下半年，为了挽救快速下滑的经济形势，国家出台了"四万亿计划"，各地项目纷纷上马，经济形势相对好转。综上，三阶段 DEA-Malmqist 方法计算的行业技术进步符合中国现实。

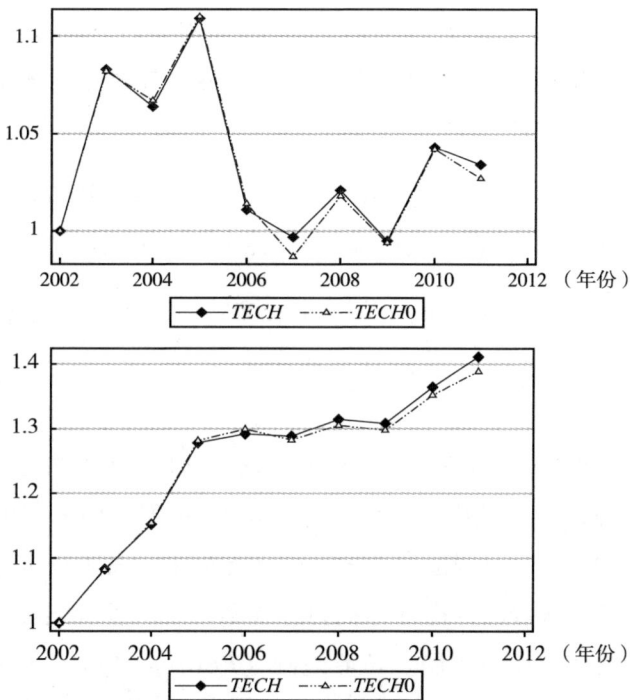

图 5 - 2 行业平均技术进步变化趋势

注：TECH 代表调整后的行业技术进步变化趋势，TECH0 代表调整前的行业技术进步变化趋势；上图为技术进步的环比变化趋势；下图为技术进步的定比变化趋势，折算为 2002 年为基期的定比指数。

第四节　基准分析

一、基本模型

本章主要关注环境规制、技术进步及其共同作用对行业能源消耗的影响，为了剔除其他因素对能源消耗的影响，可以引入部分控制变量以减小其他因素对模型的影响。尽管如此，但是还有一些潜在的变量无法一一量纲，由此会带来内生性问题（肖兴志和韩超，2011），为此，本章引入了被解释变量的滞后项来解决这一问题，模型中引入能耗强度的滞后一期和滞后两期，具体模型为：

$$EI_{it} = \alpha_1 EI_{it-1} + \alpha_2 EI_{it-2} + \beta_1 REGU_{it} + \beta_2 TECH_{it} + \beta_3 REGU_{it} \times TECH_{it}$$
$$+ \gamma_1 OWNIP_{it} + \gamma_2 EXP_{it} + \gamma_3 PRORA_{it} + \gamma_4 R\&D_{it} + \gamma_5 FDI_{it} + \varepsilon_{it}$$

其中，（$i = 1,2,\cdots,36$；$t = 2002,2003,\cdots,2011$）。模型下标 i 和 t 分别代表第 i 个行业第 t 年；ε_{it} 为随机误差项；α、β、γ 分别为相应的相关系数。

作为基准模型，本章首先采用面板数据混合 OLS 方法进行估计，采用逐步回归法分析，结果见表 5-4。从表 5-4 第（1）~（6）列，技术进步的系数均为负，且都通过 1% 的显著性检验，表明技术进步对能源消耗产生显著减排效应，这符合我们的预期，技术进步能够推动资源节约型和环境友好型社会发展。环境规制（REGU）和技术进步交叉项系数为负值，且都通过 1% 的显著性检验，表明环境规制和技术进步共同作用下，对行业减小能源消耗产生了有利影响。对于其他控制变量，大都通过显著性检验。所有制结构、出口密集度利润率（PRORA）研发密度系数均为负，表明其均可以推动能耗强度减小。外商直接投资系数为正值，表明中国有可能成为"污染避难所"。

表 5 - 4　　　　　　　　　　　基准模型估计结果

变量	(1)	(2)	(3)	(4)	(5)	(6)
EI_{t-1}	- 0.157 ***	- 0.178 ***	- 0.224 ***	- 0.180 ***	- 0.142 ***	- 0.142 ***
	(0.047)	(0.045)	(0.044)	(0.044)	(0.044)	(0.044)
EI_{t-2}	- 0.182 ***	- 0.157 ***	- 0.107 **	- 0.0846 **	- 0.0691 *	- 0.0686 *
	(0.045)	(0.043)	(0.042)	(0.041)	(0.040)	(0.040)
REGU	0.0522 ***	0.0453 ***	0.0298 ***	0.0320 ***	0.0303 ***	0.0304 ***
	(0.008)	(0.008)	(0.008)	(0.008)	(0.008)	(0.008)
TECH	- 1.783 ***	- 2.171 ***	- 2.500 ***	- 1.651 ***	- 1.921 ***	- 1.922 ***
	(0.374)	(0.365)	(0.352)	(0.396)	(0.392)	(0.393)
REGU × TECH	- 0.0235 ***	- 0.0200 ***	- 0.0127 ***	- 0.0157 ***	- 0.0149 ***	- 0.0149 ***
	(0.005)	(0.005)	(0.005)	(0.005)	(0.004)	(0.005)
OWNIP		- 0.987 ***	- 0.529 ***	- 0.504 ***	- 0.446 **	- 0.446 **
		(0.186)	(0.196)	(0.190)	(0.186)	(0.186)
EXP			- 1.865 ***	- 1.701 ***	- 1.805 ***	- 1.804 ***
			(0.337)	(0.330)	(0.323)	(0.324)
PRORA				- 7.606 ***	- 6.269 ***	- 6.281 ***
				(1.792)	(1.781)	(1.786)
R&D					- 43.00 ***	- 42.99 ***
					(10.990)	(11.010)
FDI						0.0164
						(0.130)
常数项	3.292 ***	4.143 ***	4.901 ***	4.212 ***	4.742 ***	4.735 ***
	(0.478)	(0.484)	(0.480)	(0.494)	(0.500)	(0.505)
样本数	288	288	288	288	288	288

注：***、**、*分别表示在1%、5%和10%的水平下显著；括号内为 t 统计量。

二、考虑内生性问题的分析

由于内生性问题的干扰，表5－4的基准模型结果并不可靠，为此本章采用动态面板估计系统广义矩估计方法进行分析（Arellano and Bond，

1998，简称 SYS-GMM）。SYS-GMM 估计法在一阶差分广义距（DIFF-GMM）基础上使用了水平方程的矩条件，增加了滞后的差分变量作为水平方程相应变量的工具变量，提高了估计结果的一致性和有效性。由于存在可能的双向因果关系，本章将环境规制、技术进步及其交叉项（$TECH \times REGU$）和能耗强度滞后项（EI_{t-1}）设置为内生变量。利润率与能耗强度（EI）有一定关系，但其不能作为内生变量与严格外生变量处理，本章将其作为一般变量处理，其他控制变量则设置为外生变量。估计结果见表 5-5 第（1）列。

表 5-5　　　　　　　　　考虑内生性的估计结果

模型	全部行业	行业分类		官方分类	
	（1）	（2）	（3）	（4）	（5）
EI_{t-1}	3.61E-11 ** (2.63)	6.53E-11 * (1.95)	-1.23E-10 ** (-2.35)	1.34E-11 ** (2.36)	-5.81E-10 * (-1.90)
EI_{t-2}	-1.6E-11 *** (-2.71)				
$REGU$	1.68E-13 ** (2.18)	3.11E-12 ** (2.2)	-7.82E-12 * (-1.88)	2.61E-13 ** (2.55)	-2.83E-10 (-1.70)
$TECH$	-8.87E-12 ** (-2.11)	-5.4E-11 * (-1.81)	-1.36E-10 * (-2.01)	3.29E-12 (0.55)	-1.67E-09 (-1.65)
$REGU \times TECH$	-8.84E-14 ** (-1.96)	-1.36E-12 ** (-2.14)	5.82E-12 * (1.88)	-1.39E-13 ** (-2.32)	2.08E-10 (1.70)
$OWNIP$	-1.33E-11 ** (-2.32)	3.48E-11 (0.92)	1.42E-11 (0.28)	-1.75E-11 ** (-2.59)	2.12E-10 (0.45)
EXP	5.4E-12 ** (2.31)	7.62E-12 (0.57)	-4.9E-11 (-1.02)	1.47E-11 ** (2.74)	4.03E-10 (1.46)
$PRORA$	-2.15E-11 * (-1.7)	6.02E-11 (0.93)	1.37E-10 (1.42)	1.88E-12 (0.3)	6.34E-09 * (2.04)
$R\&D$	-1.95E-10 ** (-2.37)	1.14E-09 (1.04)	-7.78E-10 (-0.88)	4.9E-11 (0.52)	1.64E-08 * (1.93)
FDI	2.44E-12 ** (2.39)	2.38E-12 (0.37)	-1.76E-11 *** (-3.24)	-2.02E-13 (-0.38)	2.55E-11 (0.29)

模型	全部行业	行业分类		官方分类	
	（1）	（2）	（3）	（4）	（5）
常数项	1.82E－11 ** (2.26)	2.29E－11 (0.51)	1.97E－10 * (2.04)	－1.33E－12 (－0.16)	1.2E－09 (1.29)
Sargan 检验	1.00	0.478	0.991	0.995	0.588
Hansen 检验	1.00	1.00	1.00	1.00	1.00
AR（2）检验	0.980	0.997	0.990	1.000	0.982
样本数	288	108	216	189	135

注：***、**、*分别表示在1%、5%和10%的水平下显著；括号内为 t 统计量；Sargan 检验、Hansen 检验以及 AR（2）检验都是对应的 P 值。

表5－5第（1）列显示，动态面板模型的 AR（2）的 P 值大于5%并且通过 Sargan 检验和 Hansen 检验，表明二阶自相关以及过度识别问题在本模型中并不存在。能耗强度（E_t）滞后项均通过显著性检验，表明动态面板模型具有适用性。同表5－4相比，技术进步符号没有发生变化，且通过显著性检验，表明技术进步能够推动能耗强度降低。同时，环境规制与技术进步交叉项系数符号为负值并通过了显著性检验，说明环境规制与技术进步的共同作用对能源节约有显著的正向影响，表明环境规制可以结合技术进步（包括自主创新、引进外来先进技术和管理水平创新）节约能源消费，进而达到治理环境污染的目的。环境规制与技术进步两者之间具有显著的相互促进作用，这一内在机制也是本章重点的机制之一。

对于其他控制变量，所有制结构、利润率、研发密度系数均为负且通过显著性检验，此结果与表5－4基本一致，也契合经济理论要求的市场化改革、提高研发水平等要求。外商直接投资、出口密集度系数为正值也通过显著性检验（出口密集度与表5－4结果不一致），由此结果推论，扩大开放、吸引外商投资并不能降低能耗强度。

三、行业分类的影响

为了减弱行业异质性给分析带来的干扰，本章将行业分成两类：重污染行业与轻污染行业。本章使用行业工业废水排放量、工业废气排放量和工业固体废物产生量来衡量行业污染程度。由于不同行业的差异较大且同一行业不同污染物的衡量单位不同，不能直接进行加总，采用线性标准化方法使得各类污染物的单位统一，然后计算各类污染物权重，最后加权平均计算出各行业的污染程度。对各类污染物进行线性标准化（蒋伏心等，2013；王杰等，2014），其计算公式为：

$$US_{ij}^s = [UE_{ij} - \min(UE_j)]/[\max(UE_j) - \min(UE_j)]$$

其中，UE_{ij} 表示第 i 个行业第 j 类污染物排放量与行业工业总产值的比重；US_{ij}^s 代表各污染物的标准化值。为各污染物赋权重为 $W_{ij} = (E_{ij}/\sum E_{ij})/(Q_i/\sum Q_i)$。$E_{ij}$ 为行业 i 污染物 j 的排放量；$\sum E_{ij}$ 为每年该污染物所有行业加总；Q_i 为行业 i 的工业总产值，$\sum Q_i$ 为行业工业总产值加总。获得各年度污染物权重后，通过加权平均算出行业平均污染程度 $HW_i = (\sum_{j=1}^{3} W_{ij} \times US_{ij}^s)/3$。通过计算发现污染程度较高的前 12 个行业数值与其他行业相差较大，如图 5 - 3 所示，故将前 12 个行业作为高污染行业，其他行业为轻污染行业，即 HW≥0.4164 行业划为重污染行业，反之，则为轻污染行业。

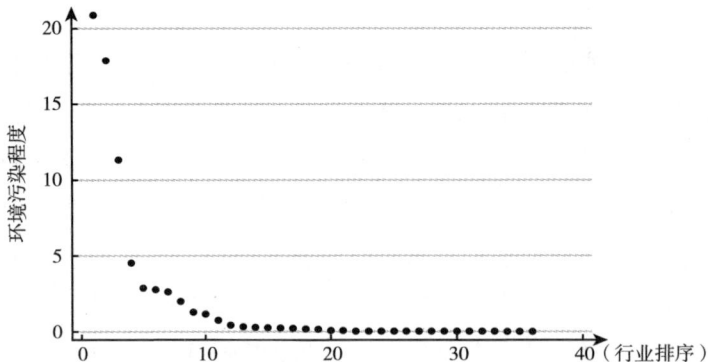

图 5 - 3　行业环境污染程度散点图

根据该行业分类将对前面研究的问题再次深入分析。估计结果见表 5 - 5 第（2）~（3）列，其中第（2）列以重污染行业进行分析，第（3）列以轻污染行业进行分析。回归结果可以看出，技术进步系数均为负数，且通过显著性检验，表明技术进步对重污染行业和轻污染行业对能源消耗都产生了积极的减排效果。对于重污染行业，交叉项系数为负，也通过显著性检验，说明环境规制与技术进步的共同作用对于重污染行业的能耗强度具有积极相互促进作用。然而，在重污染行业，环境规制并没有显示出应有的规制效果（即使考虑技术进步的减排作用，环境规制也没有显示出减排效果）。与重污染行业相比，轻污染行业的环境规制具有显著的积极减排效应，但是其交叉项系数为正，表明两者之间并没有发挥有效的相互促进效应。此结果表明，环境规制与技术进步内在运行机制在重污染行业与轻污染行业间并不尽相同。重污染行业能耗高，是环境规制的重点关注对象，但其运行中规制效果并不明显，轻污染行业的环境规制呈现较好的积极效应。值得注意的是，技术进步对能耗降低的积极效应在重污染行业与轻污染行业都存在。从相互关系来看，重污染行业中环境规制与技术进步在能耗强度降低方面相互促进，但在轻污染行业两者并没有表现出相互促进作用。对于其他控制变量，仅在轻污染行业中外商直接投资通过显著性检验，表明在轻污染行业外商直接投资可能对能耗强度降低具有积极效应。

四、稳健性检验

本章按照原环境保护部公布的《上市公司环境信息披露指南》（2010）的污染行业分类标准并结合《上市公司环保核查行业分类管理名录》（2008）的具体的行业细分进行匹配。依据以上分类，本章再次进行估计，估计结果见表5-5第（4）~（5）列。通过基于本章分类的估计结果与基于官方分类估计结果进行比较发现，对于重污染行业，环境规制与交叉项通过显著性检验，且其系数方向没有变化，技术进步系数方向发生变化，且未通过显著性检验。轻污染行业的环境规制、技术进步与交叉项的系数方向均未发生变化，但其并未通过显著性检验。由此可以推论，本章进行的行业分类更具合理性。

此结果表明，环境规制与技术进步内在运行机制在重污染行业与轻污染行业间并不相同。重污染行业能耗高，是环境规制的重点关注对象，但其运行中规制效果并不明显，轻污染行业的环境规制呈现较好的积极效应。值得注意的是，技术进步对能耗降低的积极效应在重污染行业与轻污染行业间都存在。从相互作用机制来看，重污染行业中环境规制与技术进步在能耗强度降低方面相互促进，但在轻污染行业中两者并没有表现出相互促进作用。

第五节　小结与启示

中国目前正在实施严格的节能减排政策，环境规制成为其重要的工具手段，同时中国仍是世界上最大的发展中国家，摆脱贫困和发展经济任务一段时期内中国仍然无法回避。正因为以上困扰，发展经济和节能减排对中国来讲都不能缺少，如何实现两者的有效兼顾与融合，这是本章研究的一个问题。环境规制一方面可以激励企业自主创新，改进生产工艺继而达到节能减排的效果，企业也可以通过技术进步促进节能减排的实现。本章使用三阶段 DEA-Malmquist 方法测算了技术进步，使用动态面板 SYS-GMM 法来分析了技术进步、环境规制及其交互作用对能源消耗的影响。研究发现技术进步能够促进行业的节能减排，环境规制与技术进步具有明显的交互作用，即环境规制与技术进步的相互影响对于节能减排起到了积极作用。然而，值得注意的是，以上研究结论存在行业异质性，环境规制在重污染行业并没有显示积极的规制效果，但其交互作用显著存在。轻污染行业呈现相反作用机制，环境规制作用机制较为明显，但其交互作用并不存在。根据研究结论，本章认为应当从以下三个方面完善环境规制政策。

第一，根据行业特征适宜完善相应规制政策，有效发挥环境规制的促进作用。高污染行业是国家重点治理行业，以国家出台的清洁生产标准来看，十大污染产业的清洁生产标准数量占到标准总数的 60% 以上

（韩超和胡浩然，2015），国家制定的环境规制政策偏向于高污染行业。从技术进步的传导路径看，重污染行业的环境规制是适宜的，但从其本身作用效果看，表现尚可。轻污染行业企业产生的废物和能耗相对较少，而国家制定的环境规制标准一般是以重污染行业为标准的，环境规制对轻污染行业相对较低，企业相对容易达到治理污染的标准，其直接的规制效果也较好。但是，值得注意，轻污染行业中技术进步与环境规制的相互促进作用并没有显现，反而呈现抑制作用。这一结果说明轻污染行业环境规制并没有与技术进步有效结合，尚未形成合力。重污染行业与轻污染行业表现具有共性特征，即环境规制政策仍然缺乏综合思维，对技术进步关注较少。为此，政府应当对不同污染行业制定适宜的环境规制标准，不仅有效降低轻污染行业的能耗强度，同时也可以最大程度发挥技术进步作用。对重污染行业则应当在进一步加强规制执法的同时，更多关注技术进步作用。

第二，创造独立规制执法的制度环境。虽然环境规制体系已经构建且运行了多年，但是很多时候，环境规制仍然像应急管理，缺乏系统稳定独立的执法环境。为此，需要一方面在规制体系建设方面加强其专业性建设。而另一方面更为重要的是隔断其与地方政府的关系，这是因为地方政府具有其特定的利益诉求，其不仅关注地区环境保护与生态发展，其更为重要的职能是推动经济发展，稳定就业等多个目标，而这些目标有时候会与环境规制要求有所冲突。只有经过以上两个方面的建设，环境规制的执法环境才会比较宽松，才可以独立的作出环境规制决策，从而使其专注规制职能，才能在规制工具选择等方面发挥有效作用。

第三，应当从规制工具选择方面更多采用技术进步友好型的规制工具类型，逐步减少末端治理型的规制工具使用。末端治理以污染后治理为主的典型特征，重在关注结果的消除，其并不直接影响生产过程，也就很难与技术进步相融合。而其他规制工具，如清洁生产等环境规制工具则是内嵌于生产过程中，与技术进步交织一起，可以方便一起推动能耗强度降低。而且，从世界环境规制趋势看，由于末端治理规制工具的缺陷，其在环境治理实践中应用越来越少。

第六章 环境规制与倒逼的 生产率提升效应

在当今环境问题越来越突出的情况下，严格的环境规制势在必行。环境规制方法一般分为污染末端治理方式和清洁生产方式。相对于末端治理方式，清洁生产方式更具有优势，清洁生产可以在生产过程中预防污染物的产生、提高了资源的利用率，使得有害物质的排放减量化，也有研究表明清洁生产比末端治理更具优势，是未来治理环境的重要方式。本章将具体研究清洁生产标准规制对产业全要素生产率的影响。本章将以清洁生产标准规制为例研究环境规制对产业全要素生产率的影响。

第一节 环境规制与波特效应

1978 年以来，中国 GDP 以年均 9.5% 的增长率增长①，在人类经济发展史中创造了奇迹，但是中国环境污染事件不断发生，表明中国的环境状况亟须改善。根据亚洲开发银行和清华大学发布报告称，中国 500 个大型城市中，不足 1% 达到世界卫生组织空气质量标准②，中国环境规划院（2010）测算表明，环境污染与生态破坏的退化成本迅速增加，七

---

① 国家统计局. 波澜壮阔四十载 民族复兴展新篇——改革开放 40 年经济社会发展成就系列报告之一［OL］. http://www.stats.gov.cn/ztjc/ztfx/ggkf40n/201808/t20180827_1619235.html.

② 张庆丰，罗伯特·克鲁克斯. 迈向环境可持续的未来：中华人民共和国国家环境分析［M］. 北京：中国财政经济出版社，2012.

年间，这一数值占 GDP 比例由 3.05% 上升到 3.5%（郑思齐等，2013），如果考虑综合因素，环境污染的经济成本，至少有 8%～15% 的平均年国内生产总值（冉冉，2013）。如何治理环境问题是学术界、政策制定部门以及实施部门面临的一项重大课题。由于环境作为准公共物品具有的非竞争性与非排他性特征，政府积极的环境规制成为现实中各国治理环境的一种必然选择。

从国际形势来看，面临 2008 年金融危机以及全球变暖趋势的加剧，全球很多经济体都推出经济政策以促进经济增长，低碳经济成为各国尤其是发达国家政策的优先选项，以此不仅可以促进环境改善，还可以促进经济恢复增长（Böhringer et al.，2012）。同时，2008 年中国超越了德国成为世界排名第三的经济大国，时隔两年，中国经济总量超越了日本，排名成为世界第二，仅次于美国，中国节能减排政策无疑成为世界各国关注的焦点（李树和陈刚，2013）。作为负责任的大国，时任总理温家宝于 2009 年许诺将在 2020 年单位 GDP 二氧化碳排放比 2005 年下降 40%～45%，并在国家"十二五"规划中作出明确的减排约束目标。如此大幅度的节能减排政策表明了更为严厉的环境政策，政策制定者将不得不考虑严格的环境规制政策将对产业生产率等产业发展的综合影响。严格的环境规制成为中国生态环境治理的重要选择，2006～2007 年集中实施的清洁生产标准就是系列环境规制政策的一种。然而，短期内集中实施清洁生产标准规制，政策制定者不得不考虑其对产业发展的综合影响以及这一影响的动态边际变化。清洁生产标准规制实现了规制工具由末端治理向清洁生产的转变，有利于先进生产技术的应用，推进产品升级与产业机构优化，对于节能减排与产业全要素生产率均将产生直接的影响。

清洁生产方式可以在生产过程中预防污染物的产生，可以起到节约资源和减少有害物质排放的作用，有利于解决目前中国严峻的环境污染情况。清洁生产标准可以看作清洁生产标准规制，在规制的倒逼机制影响下，企业有动力采用更为清洁的生产方式，进而降低生产过程中产生的污染。在当今环境问题日益突出的大背景下，严格的环境规制将成为必然选择，但是环境规制政策却是一把双刃剑。一方面，环境规制的实施对环境治理和保护能够产生促进作用，环境规制的直接效果表现为环境质量的改善；另一方面，环境规制对于规制对象（产业或企业）来讲，却带来了额外的治理环境成本，企业（产业）为了满足规制要求，就要付出额外的环境治理成本，从而可能对企业绩效产生不利影响。那么，环境规制是否在治理环境的同时造成了企业全要素的降低，这是本章研究的目的之一。在对企业环境监管对产业效率影响的研究一般分为古典经济学派和"波特假说"。古典经济学派认为环境规制虽然带来了社会效益，但是同时增加了企业运行成本，降低了企业竞争力，继而会对企业绩效产生不利影响。波特认为，环境规制不仅造成了企业成本的增加，也会产生激励效应和创新效应，长期看合理的环境规制将提高企业竞争力和效率。本章研究的目的即是通过实证的方式判断"波特假说"是否存在。

目前，清洁生产在欧美等发达国家取得了优异的成绩，并且逐渐得到了中国政府的重视和引用。清洁生产标准规制是环境规制的一种方式，为了将环境规制具体化，本章将细化研究清洁生产标准规制对产业全要素生产率产生了怎样的影响，在东、中、西部地区产生的影响效果是否有差异，剖析产生差异的原因是什么。通过实证检验，可以对清洁生产标准规制的效果作出客观判断。在此基础上，本章将根据研究结论对环境规制的制定提出建议，对现有清洁生产标准规制是否因地制宜提出建议。

第二节　清洁生产规制的现实基础、影响全要素生产率（TFP）的微观机制

一、清洁生产规制工具选择及其法律基础

伴随着全球经济的高速发展，世界各地工业化程度加深的同时产生了很多污染，对环境造成了负面影响。为解决环境问题，各国竞相采取措施治理环境。环境治理的方式一般分为两种，末端治理方式和清洁生

产方式。早期主要采用末端治理方式治理环境，末端治理是在生产过程的最后阶段对污染物进行处理，以减少污染物的排放。但是，末端治理是一种被动的方法，末端治理的局限性表现在：第一，末端治理与生产过程完全脱节，不能充分有效地利用资源和能源。生产中产生的污染物并不能得到有效的回收利用，污染排放物的积累不仅增加了对环境的危害，还浪费了资源，使得企业经济效益下降。第二，末端治理的方式需要对后期治理污染进行投资，运行费用高。为了抑制污染物的排放，世界各国出台了许多治理环境的法律、法规和环境标准，为了达到更为严格的排放标准，企业不得不增加治理费用。对企业来说，治污过程只有环境效益而没有经济效益，对企业治理污染的激励效应不高。第三，末端治理方式的技术有限，即使采用先进的治污技术，也不能彻底去除污染，如工业废渣，可以通过填埋的方式处理，但却可能污染地下水，烟气除硫、除尘形成大量的废渣，进而再次危害环境。

所以要真正的治理污染，将污染杜绝于生产之前，世界各国（包括中国）都在大力提倡清洁生产。清洁生产是指将环境污染预防的策略应用于生产过程中，以期减少环境危害的一种污染治理方式。清洁生产是利用先进的生产技术和设备，高效利用并且在生产中使用清洁能源，等等，从而在源头上减少污染。清洁生产满足了人类可持续发展的需要，使得环境效益与经济效益同时达到双赢，激发了企业的主动意识，是一种新颖的环境治理方式。为了有效地推行清洁生产，世界各国纷纷制定相应的法律、法规和标准等进行环境规制。由于各国制定工业发展水平的差异，制定法律、法规等的时间和内容也有一定的差异，但是欧美等国家工业发展水平较为类似，制定相应规制政策的时间和内容也类似，本章将以美国为例进行分析，并且和中国进行比较以发现异同。

美国的环境规制体系建立是以《国家环境政策法》（1969）的颁布和美国国家环境保护局（1970）的成立为标志的。中国的环境规制体系是以 1979 年《中国环境保护法（试行）》的颁布和环境保护局（1982）的成立为标志的。美国的环境规制体系要早于中国，这和中美两国的经济发展进程有关。二战以后，各国经济得以迅速地发展，由于原始西方国家强大的工业基础，加上第三次科技革命的推动作用，美国等国家迅速崛起。随之而来的是环境污染事件频发，如杀虫剂 DDT 污染事件、日本水俣病事件。对于水俣病，有研究认为患者的治疗费用是相应的预防这种危害的支出费用的百倍，如果采用清洁生产方式可以节约相应的机会成本。同样，美国国家环境保护署（EPA）的统计数据显示，美国用于空气、水和土壤等环境污染的控制总费用，从 20 世纪 70 年代初的 260 亿美元增加到 20 世纪 80 年代末的 850 亿美元，占 GNP 的比重从 1% 增加到 2.8%。

20 世纪 70 年代末，民众对于清洁产品和清洁生产方式的呼声越来越高。在美国民众、环保组织和生态学家的大力呼吁下，20 世纪 60 年代，美国上下掀起了一场环保运动。美国等国家政府及一些大型公司开始研究预防环境污染的生产方式，并将清洁生产方式作为优先选择。清洁生产的概念最早来源于 1960 年美国化学行业的污染预防审计。1976 年，欧洲共同体在"非废物技术和非废物生产国际研讨会"首次提出了"消除污染"的概念，清洁生产的概念正式产生。1989 年，在联合国的框架下清洁生产方式得以在全球范围广泛推行，联合国环境部门先后在牛津、首尔、坎特伯雷、蒙特利尔、巴黎、华沙等地举办了多次国际清洁生产高级研讨会，在首尔的国际清洁生产高级研讨会上，有十几个国家的部长和其他高级代表以及九家公司领导人在内共同签署了《国际清洁生产宣言》，从此，清洁生产开始在各国得到重视和推广应用。并且，清洁生产在各国开始得以重视的时间和该国经济发展的阶段有关。

中国的清洁生产规制要晚于美国等国家，这和我国的经济情况有关。较大的经济发展水平差异，使得中美两国的环境规制实施策略表现不同。具体体现在环境法律的出台时间和密集度上，见表 6-1。可以看出，中国最早的环境保护法律出台于 1982 年，而美国最早的环境治理法律是《河流与港口法》颁布于 1899 年，中美两国最早的环境规制法律颁布时间相差 83 年。美国关于清洁生产的法律集中于 20 世纪 60~70 年代，这也与美国空气污染、水污染和固体废弃物污染事件密集发生的时期相符合。2002 年，中国第一部关于清洁生产的法律《中华人民共和国清洁生产促

表 6 - 1   中美两国出台的环境保护法律

美国法律名称	出台时间	中国法律名称	出台时间
鱼类和野生动物的协调法案	1946	中华人民共和国海洋	1982
联邦杀虫剂、杀菌剂和杀鼠剂法	1947	环境保护法	
水污染防治法	1948	中华人民共和国宪法	1982
大气污染防治法	1955	中华人民共和国森林法	1984
清洁空气法案	1963	中华人民共和国矿产资源法	1986
原野行动	1964	中华人民共和国土地管理法	1986
机动车大气污染防治法	1965	中华人民共和国野生动物保护法	1988
水质量法	1965	中华人民共和国标准化法	1988
固体废弃物处理法	1965	中华人民共和国环境保护法	1989
清洁空气法案修正案	1966	中华人民共和国水土保持法	1991
清洁水域恢复法案	1966	中华人民共和国农业法	1993
濒危物种保护法	1966	中华人民共和国煤炭法	1996
空气质量法案	1967	中华人民共和国环境噪声	1996
野外风景河流法案	1968	污染防治法	
国家环境政策法案	1969	中华人民共和国气象法	1999
濒危物种保护法案	1969	中华人民共和国大气污染防治法	2000
清洁空气法案扩展	1970	中华人民共和国渔业法	2000
水质量改进法案	1970	中华人民共和国海域使用管理法	2001
原野行动	1970	中华人民共和国清洁生产促进法	2002
资源回收法	1970	中华人民共和国水法	2002
联邦水污染控制	1972	中华人民共和国环境影响评价法	2002
海洋哺乳动物保护法	1972	中华人民共和国草原法	2002
濒危物种法案	1973	中华人民共和国放射性污染防治法	2003
安全饮用水法案	1974		
有毒物质控制法	1976	中华人民共和国行政许可法	2003
资源保护和回收法	1976	中华人民共和国防沙治沙法	2003
清洁空气法案修正案	1977	中华人民共和国固体废物	2004
清洁水法案	1977	污染环境防治法	
露天采矿控制和填海法	1977	中华人民共和国可再生能源法	2005
濒危物种保护法	1979	中华人民共和国节约能源法	2007
综合环境反应，赔偿和责任法案	1980	中华人民共和国城乡规划法	2007
核废物处置库法	1982	中华人民共和国水污染防治法	2008
危险和固体废物修正法案	1984	中华人民共和国循环经济促进法	2008
水环境质量法	1987	中华人民共和国环境保护法	2014

注：美国的环境保护法仅列出了联邦政府层面的法律，不包括各州的法律，由于美国出台的环境保护法律有几十种，本章仅列出 1946 ~ 1987 年的法律，这一区间包括了美国密集出台关于清洁生产法律的时期；中国环境保护法不包括其后相应法律的重新修正案。

进法》出台。2003 年以后，中国环保部又密集出台了产业清洁生产标准，清洁生产标准的实施要求企业通过现场核查，弄清污染物来源，分析各项污染数据变化，找到污染排放的原因，通过系列措施在生产的中间环节控制污染物的排放。清洁生产法律、标准的颁布时间也与中国环境污染事件频发的时期相符。中美两国环境保护法律集中出台于环境污染事件频发的时间，说明了中美两国清洁生产规制遵循了立法先行的法制原则。

二、环境规制影响全要素生产率的微观机制

从已有文献中可以发现，环境规制并不一定会促进技术创新，继而提高产业生产率，这一积极效应需要建立在良好规制设计基础上，而且即使政策得以良好的设计，这一积极效应也是随着学习效应的增加而不断的补偿遵从成本（Porter and van der Linde，1995）。此外，不同的规制工具的 PH 效应也存在显著差别。从产业链角度，可以将环境规制细分为清洁生产（cleaner production）与末端治理（end-of-pipe）两类规制工具。其中，清洁生产是将综合预防的策略持续地应用于生产过程中，通过提高能源、资源的利用率，减少污染物产生量，最终降低对人类和环境的危害。而末端治理是指生产过程的终端，对产生的污染物进行有效的治理（王明远，2006）。目前国际环境规制实践中，末端治理占据主导地位（Frondel et al.，2007）。环境规制过程中，企业希望以最小的成本进行环境治理，并且通过这一政策可以达到降低成本、提高技术并且在未来获得更好的市场份额等潜在经济利益。理论上一般认为清洁生产比末端治理方式更容易使企业获得以上收益，研究也证实由末端治理向清洁生产规制治理转变是有益的（Rennings et al.，2001；2003），但具体规制工具选择及其评价仍需要考虑具体的环境问题以及规制框架（Frondel et al.，2007）。

那么具体到中国环境问题，环境规制对产业生产率提升到底呈现出什么影响？到底是损害产业发展以求改善环境，还是实现产业发展与环境保护的共赢？国内不少学者注意到这个问题，并进行了多方尝试（陈

坤铭等，2013；陈诗一，2010；傅京燕和李丽莎，2010；张成等，2011；张中元和赵国庆，2012；等等）。从现有研究看，总体上改革开放以来的节能减排政策推动了工业绿色生产率的提高（陈诗一，2010），将产业类型进行细分的研究表明，高污染企业的 PH 效应更为显著（陈坤铭等，2013），分区域研究结果表明 PH 效应在东部地区较为显著而在中西部地区难以获得支持（宋马林和王舒鸿，2013），并有研究将其解释为规制强度的 GDP 门槛效应（沈能和刘凤朝，2012；沈能，2012），但同时也有研究认为，即使在东部地区，当规制强度较弱时，PH 效应也并未显现只有在规制强度不断加大后，PH 效应才逐渐显现出来，环境规制强度与企业生产率之间呈"U"型关系（张成等，2011）。

全要素生产率的增长体现了技术进步、组织效率提升、资源配置优化、生产规模变动以及其他影响 TFP 因素的变化，而带来这些变化的政策不仅有规制政策，还与引进外资政策、产业集聚程度等因素有关。TFP 可以概括为 TFP $= f(P_i, P_{-i})$，其中，P_i 为规制政策，P_{-i} 为其他政策。为获得规制政策的 TFP 影响，可以对其两侧全微分，即 $d(TFP) = f_i \times dP_i + f_{-i} \times dP_{-i}$。$d(TFP)$ 不仅是规制政策作用的结果，同时也受其他政策 P_{-i} 的影响。如果 P_i 与 P_{-i} 的政策影响方向一致，$d(TFP)$ 得到的结果将会放大规制政策 TFP 影响。反之，两者政策影响方向相异时，其他政策影响将抵消规制政策影响，从而低估规制政策影响。再者，如果两者影响的综合作用为 0，那么可能会得到无影响的错误结论。因此，只有剔除其他政策干扰，才能得到真实的规制动态影响。环境规制动态影响可以在两个维度中进行考察，一个维度是假定规制的影响呈现静止状态，考察规制强度变化的影响，以及这些影响在产业以及区域间不同的变动趋势。另一个维度则是本章研究的重点，即从具体的环境规制政策——清洁生产标准规制出发，通过观察其实施的动态变动趋势，获得其边际影响，识别清洁生产标准规制影响 TFP 的具体环节，即研究"U"型曲线的斜率变化。

可以发现，环境规制对 TFP 的影响存在两个方面：累积学习效应带来的技术进步，这一过程是环境规制倒逼机制产生的积极作用；外生环境规制实施带来的挤出效应，挤出效应直接体现为规制遵从所增加的劳动与资本成本。从对 TFP 影响的程度和方向来看，累积学习效应与挤出效应呈现相反的作用方向，环境规制对 TFP 的净影响取决于这两个力量的相互比较。依据不同的规制工具，挤出效应与累积学习效应的表现也存在一定差异，这取决于规制工具选择、设计以及政策的具体实施。对于某些规制工具，规制的外生成本增加即挤出效应可能会不断增加，同时，对于其他规制工具，规制的挤出效应可能仅一次性出现在规制初期并保持稳定，需要通过实证分析才能得以验证。按照传统规制影响 TFP 的"U"型假设，影响曲线的边际斜率为：边际影响为负（绝对值上升）—边际影响为负（绝对值下降）—边际影响为正（绝对值上升）—边际影响为正（绝对值下降）。具体的环境规制政策中，这一影响过程并不一定完整呈现，其与规制工具选择以及其他因素影响有关。产生这一变化的核心即累积学习效应与挤出效应力量对比的动态变化。

企业对外生规制施加的挤出效应是直接的，累积学习效应则与规制政策面临的供求关系以及创新风险有关，本章将其提炼为市场需求、创新氛围、TFP 禀赋以及其他经济发展因素等影响，同时这些因素之间也存在相互影响。如图 6-1 所示，清洁生产标准规制作用机制受创新风险约束，这一约束将直接体现为制度与经济环境变量并作用于企业行为，最终表现为规制影响 TFP 的边际效应。

市场对环境改善的需求可以激励企业接受清洁生产标准规制，并通过内部挖潜、技术引进等方式推动创新，有利于 TFP 提升。清洁生产标准规制对 TFP 的影响基础是通过制定标准迫使企业专研并采用环境友好型技术，并在利润最大化假设下通过技术进步提高 TFP 水平。市场需求旺盛则意味着规制后采用新技术的新产品需求提高，甚至规制可以成为企业新的门槛壁垒，因而其具有更大的动力采用新技术。相反，市场需求较低，创新的机会成本则将提高，在其他条件不变时其在短期内产品的竞争力将会很快丧失，企业缺乏采用新技术、推动创新，提升 TFP 的动力。

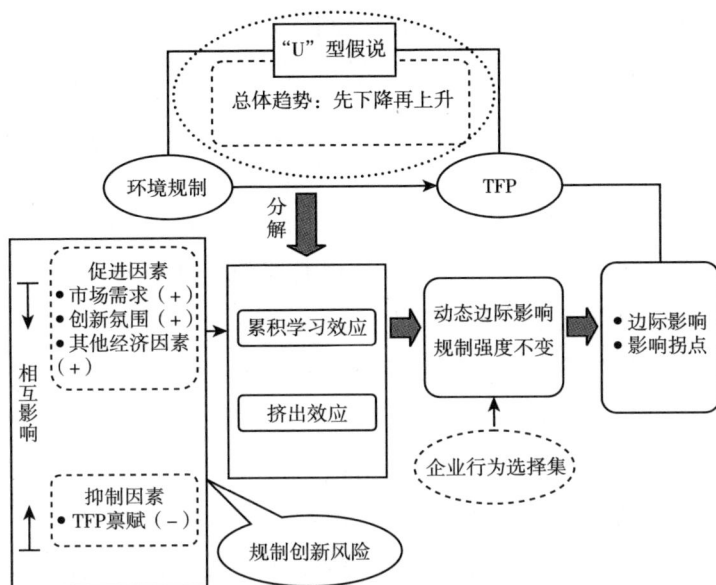

图 6 - 1　环境规制影响 TFP 微观机制分析框架

资料来源：笔者整理。

创新氛围以及自主创新能力降低创新风险，在规制提升 TFP 过程中发挥决定性作用。创新氛围体现为规制实施后，在压力激励下，转变为技术进步以及 TFP 提升的能力。如果外生的给予企业规制政策，企业将在压力下努力采取降低成本的行为。规制实施初期，企业可以通过内部组织管理效率提升、资源配置优化等内部挖潜的方式提升效率，进而提升 TFP。但在规制实施后期，如果缺乏自主创新基础，即便给予其严格的外生规制政策，由于创新能力缺乏，规制只能增加企业成本，难以通过倒逼机制推动其技术创新，进而提升 TFP。在一定条件下，TFP 禀赋可能会形成资源瓶颈，抑制规制进一步提升 TFP。自主创新受限的前提下，较低的 TFP 禀赋则意味着更大的 TFP 提升潜力，即更容易获得规制引致技术进步与 TFP 提升的结果。技术追赶阶段，由于存在可资借鉴的模板，创新风险较低，规制对 TFP 的诱导机制更为明显。但在技术封锁、自主创新乏术的条件下，规制的诱导机制很难发挥。一般而言，TFP 禀赋瓶颈在金砖国家日趋普遍，这是由于金砖国家经过多年的资本积聚、技术引进等途径，已经位于较高的 TFP 水平，外生规制影响的 TFP 提升效应显得尤为困难。其他经济因素可以体现为整体经济实力，可以将其理解为狭义的政府以及市场可以动用的经济资源，例如，动用社会资本、公有资本引导产业发展与技术提升，这是规制提升 TFP 的重要经济基础。规制影响过程中，市场主要发挥作用，但在具体问题的引导方面，政府比市场更能发挥其积极作用。以清洁生产标准为例，政府可以通过贴息补贴、消费端鼓励推广采用等方面在规制实施前期分担部分创新风险，为规制实施以及创新提供部分激励。

综上，规制对 TFP 影响具有非必然性特征，其内在影响机制与多因素具有密不可分的关系。规制影响 TFP 作用机制可以细分为累积学习效应和挤出效应，累积学习效应可能受市场需求、创新氛围、TFP 禀赋以及经济发展环境等创新风险相关因素影响。市场需求旺盛、TFP 禀赋较低、创新氛围、经济发展较为成熟等均是 TFP 提升的积极因素，反之，则可能会抑制规制对 TFP 影响的提升作用。当然，以上因素并不是孤立发挥作用，而是存在相互影响。本章将研究视角聚焦到清洁生产标准规制上，研究其动态边际影响。鉴于区域间经济与制度环境存在巨大差异，本章将通过比较东中西部之间规制动态边际影响差异来阐释上述影响机制。

第三节　清洁生产标准实验：样本分组与基本趋势

一、研究设计与模型选择

本章引用的文献从不同视角分析了环境规制的 PH 效应，为合理评估环境规制的政策影响提供了极富价值的研究基础以及可借鉴的观点，但是仍然存在部分细节需要推敲完善。正如上一节所述，环境规制包含了末端治理与清洁技术等多种政策工具，在具体规制方式选择上还有命令控制型（command and control）、市场型（market-based）以及自愿环境协议（voluntary environmental agreements）等不同的形式。不管是国内还是国外，在实践中各种规制形式并不是孤立存在，往往表现为各种规制工具的混合体（Frondel et al.，2007；王明远，2006）。规制工具在混合模式的约束下，难以获得一个准确的代理变量（proxy variable），从而也难以保证已有环境规制 PH 效应有关结论的正确性。有一类文献将污染治理投资额（pollution abatement costs）作为环境规制的代理变量（Becker，2011；傅京燕和李丽莎，2010；等等），其隐含的假设是"环境规制严格程度与治理投资额成正比"（李钢和李颖，2012），这一假设有一定道理，但仍不能解决由于污染与治理投资额之间的双向因果关系，并且可能由于遗漏变量而产生内生性问题（Copeland and Taylor，2004；Brunnermeier and Levinson，2004）。还有一些文献或者采用治污运营成本（张成等，2011），或者采用绩效的综合指标（陈诗一，2010；朱平芳等，2011）作为环境规制代理变量，这都可能造成生产率影响的高估（李树和陈刚，2013），而且其仍然不能消除内生性疑问。

　　本章以清洁生产标准规制为研究对象，摒弃代理变量法，依托准自然实验进行分析，以此可以剔除其他政策因素干扰，通过政策时间累积研究其动态边际影响，避免了代理变量问题带来的内生性以及估计偏误问题。通过倾向评分匹配（propensity score matching，PSM）与双重差分法（difference in difference，DID）的有效结合，稳健分析清洁生产标准规制对产业 TFP 动态边际影响，避免了其他外生政策影响的干扰，消除了内生性带来的估计偏误。对于清洁生产标准规制对产业 TFP 动态边际影响，本章将在全国整体基础上，分别研究东、中、西部的表现，借此观察动态边际影响在区域的差异以及产生差异的原因。

　　用单差法探究清洁生产标准实施对全要素生产率产生影响是不可靠的，因为这不能识别其他因素对同期全要素生产率的影响。为此有必要剔除清洁生产标准以外其他因素干扰影响。双重差分法为识别其他因素影响提供了良好的理论基础，它将样本分成实验组和参照组，并在两组处于相同趋势的情况下，有效去除不可观测因素的影响，从而得到可靠的政策影响净效应。具体的，本章关注的清洁生产标准实施前后可能造成了同一产业全要素生产率的差异，同时实施与未实施清洁标准的产业间也可能存在全要素生产率差异。本章将实施清洁生产标准的产业设置为实验组，将未实施标准的产业归类为参照组，即将 2006 ~ 2007 年实施清洁生产标准的产业作为实验组，未实施清洁生产标准的产业作为参照组。分别计算实验组和参照组前后生产率的变化值，并且通过比较变化值的差值来确定清洁生产标准实施是否影响全要素生产率。

本章以产业全要素生产率（lnTFP）作为因变量，同时设置虚拟变量 treated 和 t。treated 代表是否实施标准的虚拟变量，如果产业实施了清洁生产标准则为 1，否则为 0；t 代表时间虚拟变量，政策实施以及其后的年份设为 1。2006 年实施清洁生产标准的产业比 2007 年早一年，但出于 DID 实验设计的考虑，本章将 2006 年所有数据剔除，将 2007 作为政策实施第一年，即 2007 年之后的年份 t = 1，否则等于 0。由此可以构建 DID 模型：

$$\ln TFP_{it} = a + bt_{it} + gtreated_{it} + dt_{it} \times treated_{it} + m_{it}$$

其中，i、t 分别代表产业和时期；lnTFP 表示全要素生产率的对数由上文的测度得到；m 为随机误差项。当 treated = 0 时，只有参照组存在于方程中，$\ln TFP_{it} = a + bt_{it} + m_{it}$，得到：

$$\ln TFP_{treated=0} = \begin{cases} \alpha, & \text{当 } t = 0 \\ \alpha + \beta, & \text{当 } t = 1 \end{cases}$$

那么，参照组 2007 年前后全要素生产率变化的单差值是，$diff_1 = \alpha + \beta - \alpha = \beta$。此时的单差并不包括清洁生产标准的政策影响，可以视为其他因素，如经济周期、同期其他政策的综合影响。

当 treated = 1 时，只有实验组存在方程中，$\ln TFP_{it} = \alpha + \beta t_{it} + \gamma treated_{it} + \delta t_{it} \times treated_{it} + \mu_{it}$ 时，

$$\ln TFP_{treated=1} = \begin{cases} \alpha + \gamma, & \text{当 } t = 0 \\ \alpha + \beta + \gamma + \delta, & \text{当 } t = 1 \end{cases}$$

那么，实验组 2007 年前后生产率变化的单差值是，$diff_2 = \beta + \delta$。此时单差不仅体现了清洁生产标准实施的影响 δ，而且还包含其他综合因素的影响 β。因此，清洁生产标准实施前后的全部影响 $diff_2$ 减去其他因素的综合影响 $diff_1$，即：$diff = diff_2 - diff_1 = \beta + \delta - \beta = \delta$，是清洁生产

标准实施影响的净效应。如果从原始方程看，$t \times treated$ 的系数即 δ 就是 DID 估计量，即是清洁生产标准实施的政策效应。

二、中国清洁生产标准实施：样本选择与分组

自 1992 年全球环境首脑会议将清洁生产作为环境治理重要战略以来，清洁生产在实践中得到越来越多国家的重视。2002 年，《中华人民共和国清洁生产促进法》的发布，意味着作为一种新的环境治理方式，清洁生产开始进入政策层面，清洁生产标准规制的大规模实施则是将清洁生产进入实际操作阶段的重要标志。长期以来，环境规制多采用末端治理方式，该治理模式容易产生运行成本高、污染转移等问题。清洁生产标准规制实施将末端控制转为生产过程控制，转变了原有环境规制策略。自 2003 年起，中国陆续颁布了 56 项产业清洁生产标准。其中，2003 年实施产业清洁生产标准 3 个；2006 年实施产业清洁生产标准 10 个；2007 年实施产业清洁生产标准 12 个；2008 年实施清洁生产标准 10 个；2009 年实施清洁生产标准 13 个；2010 年实施清洁生产标准 8 个。从出台标准的产业来看，大多在化工、金属冶炼、造纸等重污染产业。其中，化工类清洁标准为 8 个；金属冶炼类为 13 个。分别占出台清洁生产标准产业总数的 14.3% 和 23.2%，十大污染产业的清洁生产标准数量占标准总数的 60% 以上，由此可知，虽然标准自 2003 年开始得到国家重视，但实际上自 2006 年开始清洁生产标准才在大部分产业展开实施，国家力图通过清洁生产标准实施更为严格的环境规制以促进清洁生产[①]。清洁生产标准的实施将逐步改变以往"先污染，后治理"的末端治理模式，使之转变为前端指导并且可以过程控制的新模式（孙启宏等，2007），这一转变符合全球环境规制模式转变趋势，也与理论研究结论相一致（Frondel et al.，2007；Rennings et al.，2001；2003）。

---

　　① 每个清洁生产标准都是针对具体行业的可量化标准，标准涵盖了生产工艺与装备要求、环境管理要求、污染物产生指标、资源能源利用指标、产品指标等。这些要求和指标是对生产投入、生产产出、环境污染的量化衡量，例如，用电量、废水产生量、耗标准煤量等，通过系统清洁生产规范。

2003 年以来，国家实施的 56 项产业清洁生产标准中，部分标准是对以往标准的修改和完善。以钢铁产业为例，2006 年 10 月国家就实施了编号为 HJ/T189 – 2006 的清洁生产标准，2007 年、2008 年和 2009 年国家分别又实施了 1 个、3 个和 1 个相应的清洁生产标准。对于此类标准，为了方便政策效果评价，本章将其视为政策延续，统计识别中将其认定为清洁生产标准始于 2006 年①。根据这个原则，本章得到 2006 年清洁生产标准实施 29 个；2007 年清洁生产标准实施 15 个；2008 年清洁生产标准实施 2 个；2009 年清洁生产标准实施 5 个；2010 年清洁生产标准实施 1 个。清洁生产标准大多在 2006 ~ 2007 年密集出台，而 2003 年实施的清洁生产标准与 2006 年实施的清洁生产标准的时间跨度较大，不便作出前后时期对比，本章将 2003 年实施清洁生产标准的产业进行剔除，减小样本以保持 DID 研究设计的适用性。

除对 2003 年以及 2006 年连续实施清洁生产标准产业进行处理外，还有一些工作需要处理，其中，一个关键环节就是将清洁生产标准中规定的产业与统计数据中的产业进行匹配。清洁生产标准规定的产业与国家统计局口径的产业分类有所差异，为了实现两者的统一匹配，本章将《国民经济产业分类》（2011）、《中国工业经济统计年鉴》39 个产业分类与《清洁生产标准》第一部分"适用性范围"对应的产业进行匹配②。综合匹配后，本章归纳出了 22 个清洁生产标准实施的产业，按照年度分为 2006 年 8 个、2007 年 8 个、2008 年 2 个、2009 年 3 个、2010 年 1 个。不管是从小类产业还是从大类产业划分，2008 ~ 2010 年实施清洁生产标准的产业数量都较少，不便于进行比较，为了增强研究的稳健性，本章将 2008 ~ 2010 年刚开始实施清洁生产标准的相应产业剔除。

需要说明的是，进行以上数据剔除后，本章的产业研究样本大幅缩减，如果以此进行分析将显著影响估计结果的准确性。为此，本章还将

———————————

① 清洁生产标准规定内容较多，限于篇幅，本章在此对标准的具体内容不作详细论述。若需相关研究可登录环保部网站查看清洁生产标准的详细内容。

② 每一个《清洁生产标准》中都包含前言、适用性范围、规范性引用文件、术语和定义、规范性技术要求、数据采集与计算方法以及标准的实施七部分。

结合地区变量，将产业细分到省级层面，以扩大样本量，同时还可以分析区域发展特征的影响。根据《中国工业经济统计年鉴》，2006 年（含 2006 年）后有 27 个产业有分省数据，2005 年（含 2005 年）前 25 个产业有分省数据，按照 DID 研究设计的要求，本章以 2005 年前的 25 个产业为标准，剔除了 2006 年以后多的 2 个产业。在数据查找过程中，由于有色金属矿采选业、石油和天然气开采业、黑色金属矿采选业数据缺失严重，本章也对其进行删除处理。最终选择的产业样本见表 6-2，并设置产业编号以方便下面分析。

表 6-2　　　　　　　　　　　样本产业的选择

实验组		参照组
2006 年实施清洁生产标准规制的产业	2007 年实施清洁生产标准规制的产业	无标准组
纺织业 黑色金属加工业 化学制造业 交通运输设备业 农副食品加工业 饮料制造业 有色金属加工业	电热生产和供应业① 非金属矿物制品业 化学纤维制造业 金属制品业 食品制造业 造纸及纸制品业 电子设备制造业	通用设备制造业 医药制造业 专用设备制造业 办公用机械制造业

注：表中样本产业将与省级地区进行结合。本章综合考虑最后选择北京、浙江、山西、湖北、广西、新疆、天津、福建、吉林、湖南、重庆、河北、山东、黑龙江、四川、辽宁、广东、安徽、云南、上海、海南、江西、陕西、江苏、河南、甘肃 26 个省区市。

资料来源：根据原中国环保部官方网站有关清洁生产标准内容以及国家统计局《国民经济产业分类》（2011）对照整理。

结合所有处理过程，本章得到 2006 年实施清洁标准的产业有 7 个，2007 年实施清洁标准的产业有 6 个，未实施清洁生产标准的产业有 5 个。基于 DID 研究设计的考虑，本章选择 2006 年和 2007 年实施清洁生产标准的产业作为实验组，没有实施清洁生产标准的产业作为参照组。在地区层面，由于西藏、青海、贵州、内蒙古、宁夏 5 个省级地区数据缺失比较严重，本章对其剔除处理。因此，本章每年得到 468 个截面样本，研究维

① 原环保部并未出台火电产业清洁生产标准，但国家发改委 2007 年试行了《清洁生产评价指标体系》，对应将电力、热力的生产和供应业归为实验组。

度从 2002 ~ 2011 年共 10 年的数据，使研究样本量扩大到 4680 个。

测度全要素生产率时，本章将劳动、资本以及能源消耗引入生产函数中，具体生产函数选择上，延续大多数文献采用的柯布 – 道格拉斯（Cobb-Douglas）生产函数，假定产业 i 的在 t 期的生产函数为：

$$y_{it} = \alpha l_{it} + \beta k_{it} + \gamma e_{it} + \omega_{it} + \delta_{it}$$

其中，y_{it}、k_{it}、l_{it}、e_{it} 分别是产出、资本、劳动、能源消耗量的对数；δ_{it} 代表生产率随机波动的误差项；ω_{it} 代表产业的全要素生产率。投资与生产率相关，投资决策与生产率和资本等存在函数关系（Olley and Pakes，1996）[①]，由此可以构造投资与 ω_{it} 的函数方程：

$$i_{it} = f_t(\omega_{it}, k_{it}, e_{it})$$

其中，i_{it} 为当期投资 I 的对数，投资与生产率、资本、能源消费存在一定关系，企业是在观察到生产率、资本、能源消费后再决定投资规模。生产率 ω_{it} 与投资 i_{it} 之间存在单调关系，更高的生产率将会有更大的投资规模（Olley and Pakes，1996），基于此，ω_{it} 可以表示为：

$$\omega_{it} = f_t^{-1}(i_{it}, k_{it}, e_{it})$$
$$y_{it} = \alpha l_{it} + \beta k_{it} + \gamma e_{it} + f_t^{-1}(i_{it}, k_{it}, e_{it}) + \delta_{it}$$

由此可以定义：

$$\tau_{it}(i_{it}, k_{it}, e_{it}) = \beta k_{it} + \gamma e_{it} + f_t^{-1}(i_{it}, k_{it}, e_{it})$$
$$y_{it} = \alpha l_{it} + \tau_{it}(i_{it}, k_{it}, e_{it}) + \delta_{it}$$

通过对最后生成的公式进行回归可以得到劳动的无偏估计系数 α，是一个半参数函数，它解决了函数的内生性问题。值得注意的是，在标准的 Olley-Pakes 生产率模型中，应当进行生存概率函数处理（张杰等，2009；聂辉华和贾瑞雪，2011），即定义生存概率函数：

$$P_r(x_{it} = 1 \mid J_{it-1}) = \rho_{it-1}\{\omega_{it}(k_{it}, e_{it}), \omega_{it-1}\}$$
$$= \rho_{it-1}(i_{it-1}, k_{it-1}, e_{it-1}) \equiv P_{it-1}$$

---

① 这也是测度全要素生产率过程中产生内生性的主要原因。

其中，ω 表示企业生存的最低技术水平；J_{it-1} 是前一期的全部信息；$x_{it}=1$ 是表示产业还在生存。下面的产业生产率都以全要素生产率的对数（$\ln TFP$）来表示。值得说明的是，本章采取产业进行分析，因此样本选择问题在研究中并不存在。而且，已有研究指出，Olley-Pakes 法的实质是将投资变量作为生产率的工具变量，解决内生性问题（聂辉华和贾瑞雪，2011）。为了与 Olley-Pakes 法相对应，也需要计算生存概率函数，但是直接对 exit（退出）变量赋值为 0，并不能测算出结果。

根据 Olley-Pakes 法全要素生产率测度要求，需要有关变量数据。产出水平，本章使用《中国工业经济统计年鉴》中工业生产总值作为产出，由于工业生产总值是以当年价格计算的，我们用以 2001 年为基期的工业品出厂价格指数（PPI）进行折算。折算后的产出以 Y 表示。资本存量变量，本章使用《中国工业经济统计年鉴》中的固定资产净值来表示，平减指数采用以 2001 年为基期的固定资产投资价格指数（FPI）进行折算，折算后的资本存量以 K 表示。劳动投入本章采用《中国工业经济统计年鉴》中的每年全部从业人员平均人数表示，并用 L 代表。能源消耗总量，单位是万吨标准煤，用 E 代表。

投资水平变量是 Olley-Pakes 法测度全要素生产率的关键变量。本章采用永续盘存法得到投资水平变量（鲁晓东和连玉君，2012），公式表示为：

$$I_t = (K_t - K_{t-1}) + (D_t - D_{t-1})$$

其中，K_t 是使用未平减前的固定资产净值表示；D_t 为累积折旧额，数据来源于《中国工业经济统计年鉴》。为了削弱价格变动的影响，本章以 2001 年为基期的固定资产投资价格指数（FPI）进行折算，折算后的固定资产投资用 I 表示①，详细的描述性统计见表 6-3。

---

① 投资水平的测算结果表明出现了部分负值，本章认为是会计信息失误导致。观察发现，出现负值的样本量很小，本章作剔除处理。

表 6 – 3　　　　　　　　全要素生产率测度有关变量描述性统计

变量	含义	样本量	均值	标准误	最小值	最大值
$\ln Y$	产出	3833	5.27631	1.652851	−3.108992	9.829107
$\ln K$	资本	3833	4.255595	1.539288	−4.640603	8.214764
$\ln L$	劳动	3833	1.694193	1.345439	−4.60517	5.782162
$\ln E$	能源消耗	3833	8.175513	1.335097	5.132381	10.98354
$\ln I$	投资	3833	2.586273	1.832752	−4.878953	7.794767

注：在 4860 个样本基础上，本章剔除了固定资产投资为负值的样本，得到 3833 个样本；以上变量都是用相应变量折算后的对数形式，其中，最小值为负值是正常的，因为产出、资本、投资的单位是亿元，劳动的单位是万人，有些产业的统计数值是小于 1 的，故取对数后为负值。

通过回归可以计算出各产业各年度的 TFP，由于样本量为 3833 个，本章分别求出各产业年度平均 TFP，计算结果见表 6 – 4。

表 6 – 4　　　　　　　　　各产业的年度平均 TFP 分布表

实验组				参照组	
2006 年实施清洁生产标准规制的产业		2007 年实施清洁生产标准规制的产业		无标准组	
纺织业	3.15	电热生产和供应业	3.57	通用设备制造业	3.50
黑色金属加工业	4.17	非金属矿物制品业	3.29	医药制造业	3.25
化学制造业	3.78	化学纤维制造业	3.25	专用设备制造业	3.01
交通运输设备业	3.84	金属制品业	3.54	办公用机械制造业	3.40
农副食品加工业	3.88	食品制造业	3.33		
饮料制造业	3.32	造纸及纸制品业	3.19		
有色金属加工业	4.00	电子设备制造业	3.60		

注：TFP 结果由 Stata 13.0 求出，年度平均值由笔者整理所得。

图 6 – 2 显示，实验组与参照组的 TFP 的对数（以下简称 $\ln TFQ$）一直处于递增趋势，前者初始 $\ln TFQ$ 要高于后者，且实验组的 $\ln TFP$ 一直大于参照组。单从发展趋势看，$\ln TFP$ 一直在上升，说明在粗放发展的过程中，客观上确实带来一系列生产技术、工艺的改进和创新，从而提高产业 TFP。如果不考虑样本选择问题，直接观察清洁生产标准规制前后的 $\ln TFP$ 变化，可能会简单地认为清洁生产标准提升 TFP。从参照组的 $\ln TFP$ 变化看，样本期内其 $\ln TFP$ 也呈现长期上升的趋势，表明不考

虑清洁生产标准规制，$\ln TFP$ 在样本期内也是不断增大，因此，不能直接通过实验组清洁生产标准规制前后的 $\ln TFP$ 直接变化获得 $\ln TFP$ 影响结论。进一步将两组的 $\ln TFP$ 差分来观察其差值的变化趋势，可以发现两者 $\ln TFP$ 差值的大体趋势是降低的，如图 6 - 2 所示，说明组间 $\ln TFP$ 的差距有缩小趋势，间接说明参照组的 $\ln TFP$ 有追赶实验组的趋势。以上分析还需通过实证分析得以佐证。

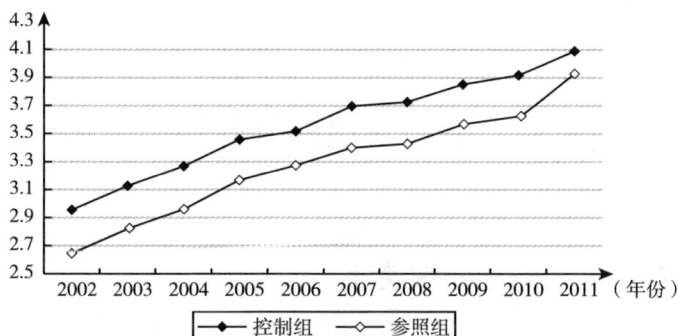

图 6 - 2　实验组与参照组的 $\ln TFP$ 变化趋势

资料来源：笔者计算整理，控制组即实验组。

　　为此，本章将在下面采取 DID 来识别清洁生产标准规制对 $\ln TFP$ 的净影响。单差法不能识别其他因素对同期 $\ln TFP$ 的影响，只有剔除两组中共同其他因素的影响才能得到准确的估计结果。双重差分法为识别其他因素影响提供了良好的理论基础，它将样本分成实验组和参照组，并在两组处于相同趋势的情况下，有效去除不可观测因素的影响，从而得到稳健性的政策影响净效应。具体的，本章将实施清洁生产标准规制的产业设置为实验组，将未实施清洁生产标准规制的产业归类为参照组，即将 2006 ~ 2007 年实施清洁生产标准规制的产业作为实验组，未实施清洁生产标准规制的产业作为参照组。分别计算实验组和参照组前后 TFP 的变化，通过比较变化值的差值来分析清洁生产标准规制对 TFP 的影响。通过图 6 - 2，本章发现实验组和参照组的全要素生产率随时间一直处于递增趋势，实验组的初始全要素生产率要高于参照组，且实验组的全要素生产率一直大于参照组。如果单从发展趋势来看，产业全要素生产率一直在上升，这也说明中国的经济发展过程中，带来了一系列的生产技术、工艺的改进和创新，从而推动了生产率的持续增长。如果不考虑样本选择问题，直接观察清洁生产标准实施前后的生产率变化，将会错误地认为清洁生产标准促进了全要素生产率的提升。这是因为，直接观察变化忽略了清洁生产标准以外的其他因素对产业全要素生产率的影响。从参照组的趋势可以看到，样本期内，参照组也呈现了长期的全要素生产率提升。为此本章采取双重差分法来识别清洁生产标准实施对全要素生产率的影响。

第四节　平均处理结果与动态影响

一、主要变量的描述性统计

$$\ln TFP_{it} = a + bt_{it} + gtreated_{it} + dt_{it} \times treated_{it} + e \times fdigdp_{it}$$
$$+ f \times index_{it} + q \times iegdp_{it} + J \times \ln pgdp_{it} + m_{it}$$

其中，$fdigdp$ 代表了产业所在省实际利用外商直接投资额与 GDP 之比，$index$ 代表市场化指数，$iegdp$ 代表了各省进出口总额与 GDP 之比，$\ln pgdp$ 代表了各省人均 GDP 的对数值（使用 PPI 进行价格平减后再求对数）。

通过引入地区发展变量，可以区别生产率影响在区域间的差异，一定程度上保证随机变量与自变量的独立性。作为被解释变量的产业全要素生产率由上 OP 法计算出来的，用 $\ln TFP$ 来表示。除了表示实验组的 $treated$ 以及表示政策实施期间的 t 外，本章还构造了变量 $trend$ 以反映政策累积效应。在累积学习效应估计中，本章还会设置 2007～2011 年的年度虚拟变量。

以上数据中市场化指数（index）来源于樊纲等（2011）[①]，其他变

①　2010～2011 年没有出台市场化指数，如果剔除 2010～2011 年数据将会损失大量样本，加入解释变量主要是为了稳健性考虑，对文中的政策实验不会产生实质的影响，通过观察发现市场化指数一直处于稳步上升趋势，本章在 2009 年樊纲构造市场化指数基础上乘以前三年变化率的均值求出 2010 年市场化指数，2011 年使用类似方法求出。

量除自行设置外，与地区有关的变量大多来源于《中国统计年鉴》，部分数据来自本书所涉及省的相关年度统计年鉴以及中国资讯行数据库等。详细的变量描述性统计见表 6 - 5。

表 6 - 5　　　　清洁生产标准政策实验相关变量描述性统计

变量	样本量	均值	标准误	最小值	最大值
tfp	3833	3. 5219590	0. 7040282	0. 0477253	5. 849605
treated	3833	0. 7234542	0. 4473482	0	1
trend	3833	1. 3994260	1. 9364570	0	6
t	3833	0. 5272632	0. 4993213	0	1
treated × t	3833	0. 3829898	0. 4861793	0	1
trend × t	3833	1. 3566400	1. 9557660	0	6
fdigdp	3833	37. 5721700	27. 5446500	0. 8132110	119. 915000
index	3833	7. 3098550	1. 9202430	3. 0500000	12. 667900
iegdp	3833	0. 3918763	0. 4323801	0. 0518610	1. 764580
ln*pgdp*	3833	9. 6932550	0. 6561517	8. 4909060	11. 280230

资料来源：由 Stata 软件回归得出。

二、平均处理结果

本章采取逐步估计策略，构建了 7 个模型实证分析清洁生产标准规制对 ln*TFP* 的影响：模型（1）只考虑时间虚拟变量 *t*，是否实施清洁生产标准规制的虚拟变量（*treated*）以及交叉项（*t × treated*）的混合面板数据模型；模型（2）变量设置同模型（1），在估计方法上选择固定效应模型；模型（3）变量设置同模型（1），但是此模型是进行 PSM 后的混合面板数据模型；同模型（2）相比，模型（4）是先进行 PSM，然后在此基础上采用固定效应面板数据模型；同模型（4）相比，模型（5）将 *treated* 替换为 *trend* 变量，同样是先进行 PSM，后进行固定效应面板数据模型分析；模型（6）则分析清洁生产标准规制的动态影响；模型（7）则在模型（6）基础上分析区域间影响差异。

模型（1）不包括任何控制变量，将所有样本视为一个截面，使用 OLS 进行估计，结果显示 DID 变量（$t \times treated$）未通过显著性检验。如果将样本视为面板数据，采用固定效应估计，DID 变量（$t \times treated$）呈现显著性，间接说明清洁生产标准规制影响具有显著的个体效应，为此，本章将个体效应加以考虑并采用面板固定效应估计分析。固定效应分析的实质是通过一阶差分法来消除变量的时间变化因素，由于政策虚拟变量具有时间不变性，回归将无法得出结果，因而进行 DID 的固定效应分析时，需要去掉 $treated$ 变量，但这并不影响估计结果及其有效性（Angrist and Pischke，2010）。基于固定效应的模型（2）估计结果说明，DID 变量通过 10% 的显著性水平检验，清洁生产标准规制实施可能降低 TFP 约 3.7 个百分点。模型（2）具有一定实证意义，但尚未考虑 DID 研究设计中的样本匹配问题。DID 模型准确估计的前提要求两组样本在政策实施之前具有可比性，即较小的异质性，这就需要对参照组的样本与实验组的特征进行匹配，以尽量减小样本异质性的影响。通过 PSM 分析可以得到参照组中有关样本与实验组相似的概率，并通过一定标准筛选出具有一定相似概率的参照组与实验组进行 DID 分析。对于一般的 DID 模型，如果使用 PSM，那么，DID 估计量可以表达为：

$$\text{DID} = (Y_{i2}^T - Y_{i1}^T) - \sum_{j \in C} \omega(i,j)(Y_{j2}^C - Y_{j1}^C)$$

其中，$\omega(i,j)$ 由 PSM 对参照组与实验组匹配得到相似概率并加工得到的是样本权重（Hirano and Imbens and Ridder，2003）。本章选择产出、资本、劳动、能源消耗、投资变量来识别产业特征并进行 PSM 处理，通过 Probit 模型估计倾向得分，PSM 处理将剔除不合理的参照组样本，剩余 3291 个样本，并在此基础上进行 DID 分析，估计结果见表 6 – 6 中的模型（4）。DID 变量仍然通过显著性检验，规制实施平均意义上降低 TFP 约 4.6 个百分点，与模型（2）比较该影响降低了约 0.9 个百分点，比模型（3）多降低约 2.7 个百分点，进一步表明个体效应与样本选择对分析结果具有明显影响。

表 6 - 6　　　　　　　　　　　规制影响的平均处理效应

变量	未进行 PSM		PSM 处理后	
	模型（1）	模型（2）	模型（3）	模型（4）
$t \times treated$	-0.0160	-0.0370*	-0.0185**	-0.0456**
	(0.0533)	(0.0225)	(0.0539)	(0.0227)
$treated$	0.2984***	—	0.3117***	—
	(0.0411)		(0.0416)	
t	0.6570***	0.7141***	0.6670***	0.7227***
	(0.0474)	(0.0199)	(0.0480)	(0.0203)
常数项	2.8860***	3.0980***	2.8730***	3.1000***
	(0.0366)	(0.0069)	(0.0371)	(0.0070)
样本量	3420	3420	3373	3373

注：***、**、*分别表示在1%、5%和10%的水平下显著；括号内为标准误。
资料来源：笔者计算整理。

以上结果表明，如果仅比较平均处理效应而不考虑动态边际影响，清洁生产标准规制给产业施加影响的净效应是降低了 TFP，表明产业实施标准规制后，平均意义上规制影响依然处于"U"型假设左侧区域。规制实施给产业发展带来的挤出效应是必然的，其净效应关键在于累积学习效应的发挥。平均处理效应表明，清洁生产标准规制制定与实施后，平均的累积学习效应仍未超过平均的挤出效应。但这一结论可能具有误导性，不能回答书中关于累积学习效应与挤出效应影响的变动趋势的疑问。规制影响挤出效应大于累积学习效应的结果是否一直保持稳定？还是相对于累积学习效应，挤出效应一直增大并更多的挤出 TFP，抑或累积学习效应逐渐增大并慢慢超过挤出效应？由于不能识别挤出效应与累积学习效应的动态变化，以上种种疑问不能通过表 6 - 6 系列估计得到答案，下面通过动态边际影响回答以上问题。

三、动态边际影响

就清洁生产标准规制而言，随着政策的深入实施，企业（进而产业）的策略性行为会驱使企业在技术采纳、管理方式等方面作出努力提升，这些过程均能产生累积学习效应，不断提升 TFP。平均处理效应远不能真实反映其政策影响内在机制：

$$\ln TFP_{it} = \alpha + \beta t_{it} + \gamma trend_{it} + \delta t_{it} \times trend_{it} + \mu_{it}$$

其中，$trend$ 代表时间维度的政策累积。该变量设置为：参照组对应的该变量值为 0；实验组中 2006 年实施清洁生产标准规制的，2006 年该值设为 1，以后每年加 1；实验组中 2007 年实施清洁生产标准规制的，2007 年该值设为 1，以后每年加 1。$trend$ 变量简单假设政策累积效应呈严格线性关系，这一关系虽不能体现准确的政策累积学习效应，但其仍具有描述意义。回归结果见表 6 - 7 中模型（5）（由于采取固定效应回归，则 $trend$ 变量将会被 "omitted"）。模型（5）结果表明，交叉变量 $t \times trend$ 的回归系数明显大于模型（4）中交叉项系数，且通过 1% 的显著性水平检验。这一比较，示意性表明清洁生产标准规制影响存在动态影响，可以构造下式即模型（6），从而获得每年具体的政策影响的动态变化（陈坤铭等，2013），估计结果见表 6 - 7：

$$\ln TFP_{it} = \alpha + \beta t_{it} + \gamma treated_{it} + \delta t_{it} \times treated_{it} + \sum_{j=2007}^{2011} \lambda t_{it} \times treated_{it} \times yr_j + \mu_{it}$$

其中，yr_j 代表 j 年的虚拟变量，$t \times treated \times yr$ 可以表示为 j 年的边际影响表示为 MU_j。

表 6 - 7　　　　　　　　　　动态边际影响与区域差异

变量	模型（5）	模型（6）	模型（7）		
	全国	全国	东部	中部	西部
$t \times treated$		0. 2887 ***		- 0. 0813 **	
		(0. 0474)		(0. 0352)	
t	0. 5130 ***	0. 4185 ***		0. 7230 ***	
	(0. 0131)	(0. 0346)		(0. 0184)	
$t \times trend$	0. 0628 ***				
	(0. 0036)				

续表

变量	模型（5）	模型（6）	模型（7）		
	全国	全国	东部	中部	西部
常数项	3.1000 ***	3.1215 ***		3.099 ***	
	(0.0067)	(0.0167)		(0.0064)	
*MU*2007		−0.1502 ***	−0.1360 ***	−0.1300 ***	−0.1580 ***
		(0.0505)	(0.0378)	(0.0363)	(0.0421)
*MU*2008		−0.1254 **	−0.0936 **	−0.0851 **	−0.0745 *
		(0.0502)	(0.0377)	(0.0361)	(0.0419)
*MU*2009		omitted	0.0009	omitted	0.0627 *
			(0.0382)		(0.0424)
*MU*2010		0.0682	0.1150 ***	0.1440 ***	0.1100 ***
		(0.0499)	(0.0376)	(0.0358)	(0.0417)
*MU*2011		0.2409 ***	0.2530 ***	0.3270 ***	0.2510 ***
		(0.0511)	(0.0386)	(0.0360)	(0.0428)

注：*** 、** 、* 分别代表在 1% 、5% 和 10% 的水平下显著；括号内为标准误；样本量均是 3373。

资料来源：笔者计算整理。

估计结果显示，MU2007、MU2008、MU2010、MU2011 均通过显著性检验。更为重要的是，其回归系数逐渐增大，由此推断认为清洁生产标准规制将在最初表现为降低 lnTFP，但这一降低效应在逐渐变小，并逐渐显现 lnTFP 提升作用。观察边际影响系数，自 2010 年规制呈现提升 TFP 的积极效应，表明清洁生产标准规制的挤出效应 3 年左右被累积学习效应超过，存在此消彼长关系。估计结果表明，考虑动态边际影响后，清洁生产标准规制的边际影响一直在递增，呈"J"型特征。需要说明的是，规制影响的"J"型特征并未违反"U"型假设（Porter and van der Linde，1995），"U"型假设是对环境规制影响绝对变化趋势的描述，"J"型特征则是对规制边际影响的概括。从图形上看"U"型假设体现为绝对曲线，"J"型特征体现的是斜率变化趋势且是斜率曲线的一部分。区别于末端治理型规制，清洁生产标准规制从源头进行污染控制，提高资源利用率，对生产全过程进行监控，是对末端治理型规制的根本变革。

随着社会发展，规制要求不断提升，末端治理型规制所需成本更是不断增加，其最终影响往往仅具有环境效益而缺乏经济效益。规制实施后，企业要重新审视其生产流程，并倒逼其推动企业技术创新，企业便可以通过规制的信号作用更方便地获得潜在的技术创新。此外，由于清洁生产标准规制进行全生产过程监控，可以将规制实施前不良产出及时变废为宝，减小处置成本的同时提升资源利用率。再来观察挤出效应，清洁生产标准规制要求企业增加更具环保的设备，同时要求在污染物分析，清洁生产审核等方面增加投入，而且其技术创新也需要投入要素成本。"J"型特征表明累积学习效应与以上所列成本带来的挤出效应的动态比较在逐渐变大。累积学习效应比挤出效应增加地更快，同时也间接说明挤出效应并未随着规制实施而急剧增加，呈现一次总量特征。估计结果说明，清洁生产标准规制具有累积学习效应得以迅速发挥的政策特征，符合良好设计环境规制政策的标准，即清洁生产标准规制设计与实施符合产业发展趋势要求。这一结论也佐证了上文关于清洁生产标准规制影响机制的先验判断：清洁生产标准规制由于更多依靠新技术采用，更易诱发技术进步，有利于累积学习效应发挥作用。

四、动态影响在区域间的差异

鉴于区域间在经济、社会等方面存在的巨大差异，关于全国层面得到的动态边际影响"J"型特征是否在各区域依然成立？为此，本章设置东、中、西部虚拟变量，并将其分别与 $t \times treated \times yr$ 相乘，以体现各区域的动态边际影响差异，估计结果见表6-7模型（7）。模型通过秩条件指数检验，本章消除了完全共线性疑虑。估计结果发现，无论东部、中部还是西部地区，规制的动态边际影响趋势与全国层面类似，再次佐证了"J"型特征结论，强化了清洁生产标准规制挤出效应的一次总量特征的判断，同时其累积学习效应是立即显现，再次表明清洁生产标准规制符合良好设计的规制工具判断。

将区域的平均处理效应与边际效应结合，即可获得每年具体影响。

通过图6-3各地区动态边际影响趋势图发现，政策实施的样本期内东部
地区清洁生产标准规制边际影响在规制实施初期略低于中部，但高于西
部，其累积学习效应超过挤出效应的时间点也最迟，西部最早达到拐点
出现。从中部与西部的比较中发现，虽然在规制实施前期中部地区边际
影响弱于西部地区，其达到拐点的时间也迟于西部，但随着规制实施的
深入，中部地区的边际影响愈加增强，并在样本期后期显著强于西部地
区。东部与西部比较，东部虽然达到拐点迟于西部，但其边际影响稳定
并在后期与西部持平并有超过西部趋势。对以上结论一个很自然的疑问
是东中西部的样本产业的选择是否存在显著差异？如果存在，那么样本
选择差异是否是产生以上结论的最终原因？为此，本章分别计算了各区
域的产业分布频数比例并绘制图6-4，纵向虚线将图6-4分成三个区
间，左侧第一个区间是2007年实施规制的产业，第二个区间是2006年
实施规制的产业，最右边则是未实施规制的产业。图6-4显示样本期内
各区域产业分布保持基本一致。具体来看，2007年实施规制产业中电热
生产和供应业与造纸及纸制品业存在较大差异，前者东部最低，西部最
高造纸及纸制品业存在较大差异，后者则是东部所占比例最高；2006年
实施规制的产业中，有色金属冶炼及压延加工业存在较大差异，东部所
占比例最低，西部最高。虽然存在三个差异，但这一差异并不会给规制

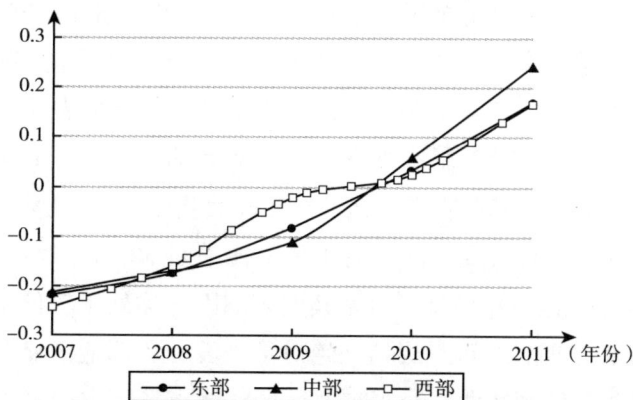

图6-3　区域间清洁生产标准规制动态影响趋势

注：中部2009年边际影响由前后年平均得到。

资料来源：笔者计算整理。

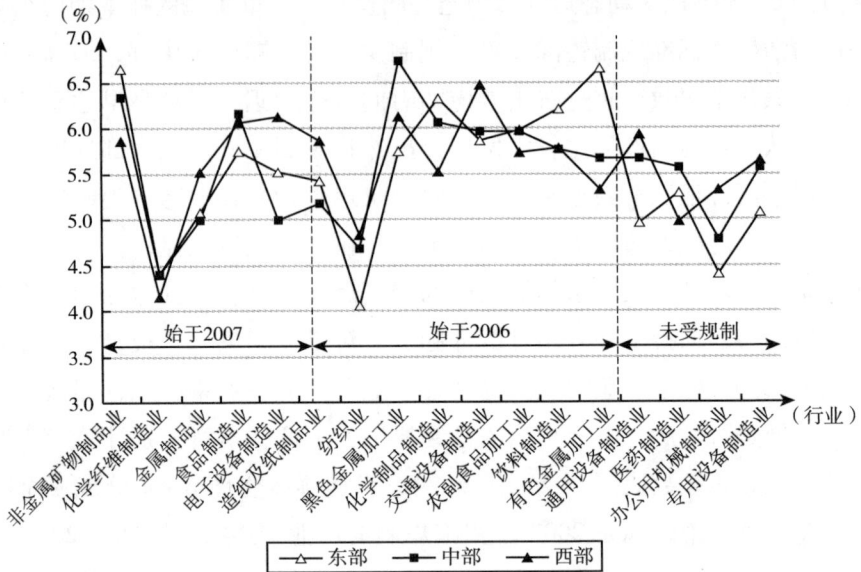

图 6-4 区域间样本产业频数分布差异

资料来源：笔者计算整理。

TFP 动态影响分析带来根本影响。通过 KW（Kruskal-Wallis）检验，本章对区域间产业频数进行了差异性检验，检验结果 p 值为 0.9742，说明区域间产业样本呈现一致的频数分布。以上表明，研究结论并非建立在区域间样本产业分布显著差异基础上，样本分布并未扭曲研究结论。

以上回归结果表明，清洁生产标准规制对 TFP 的动态边际影响也与规制实施所处的现实背景有关，佐证了关于微观机制的有关论述。本章以纺织业、各种类型设备制造业等 18 个产业为研究样本，此类产业均为传统制造业，其发展基础在东中西部存在较大差异。东部地区市场需求、TFP 禀赋、创新能力以及经济发展水平都比中西部较高，西部地区则显著体现为的较低的 TFP 禀赋，但是其他影响因素均处于较低水平。中部地区介于东部与西部之间。从 TFP 绝对量来看，东部地区显著高于中西部地区。对于传统制造业，尽管东部地区整体市场需求较高、发展环境成熟，规制实施初期具有较高的边际影响，但限于较高的 TFP 禀赋，通过规制提升 TFP 的瓶颈更为明显，达到规制影响拐点的时间也较长。西部处于接续东部产业转移阶段，产业转移与发展的主体即本章的样本产业，其 TFP 禀赋非常低，同时其面临的清洁生产标准规制压力也最大。另外，正由于其 TFP 禀赋较低，规制实施对其提升才能更为迅速，即更早到达规制影响变化的拐点。然而受制于创新能力、市场需求以及其他经济发展因素等，TFP 提升的后劲相对不足，到边际影响后期为中部所超越，甚至有被东部超越趋势。中部地区在正处于关键的产业转型阶段，对规制的市场需求更大，由于 TFP 禀赋相对较低，但其仍高于西部，因而其达到规制影响变化拐点的时间介于西部与东部之间。中部在创新能力与其他经济发展因素等方面比西部具有显著优势，直接推动中部在后期边际影响方面超过西部。区域间规制影响差异表明，即使是良好政策工具的清洁生产标准规制，其边际影响也存在显著的区域差异。

五、稳健性检验

本章以 2007 年作为清洁生产标准规制的始点，如果改变政策时点，改变样本分组，以上结论是否仍然存在？如果改变政策时点，或者改变样本分组，研究结论不再存在，那么，本章研究设计是稳健的。为消除政策始点的人为设置疑问，本章将政策始点推后两年，由 2007 年延后到 2009 年，再次进行 DID 分析。表 6 – 8 第（1）列按照新的政策始点，采取混合面板数据分析，第（2）列采取固定效应分析，第（3）列则采用固定效应分析动态影响。表 6 – 8 表明，政策始点改变后，在混合面板与固定效应模型中 DID 的政策交互项并没有通过显著性检验。考虑动态影响后，交互项由于共线问题被 "omitted"，动态影响系数较前面分析变大，这是由于政策始点推后将忽视规制实施早期显著较大的负向影响，放大清洁生产标准规制对 TFP 的积极提升作用。该结论不但不能推翻前面关于政策始点的判断，反而可以增强对政策始点比 2009 年更向前的判断。

关于样本分组，本章将本应属于实验组的 2006 年清洁生产标准规制实施的产业强硬划入参照组，分析这一微小的样本组变化对研究结论的影响，详细检验结果见表 6 – 8 第（4）~（6）列。研究表明，在混合面板模型与不考虑动态影响的模型中，交叉项未通过显著性检验。将平均处理效应分解后，交叉项也未通过显著性检验，但其由上面的负值变成正值，表明前面研究结论必须基于特定的研究设计才能得到。虽然累积学习效应逐渐明显，但其明显小于上面的估计结果，说明由于参照组被"污染"累积学习效应被削弱，间接说明清洁生产标准对 TFP 的累积学习效应是显著存在且不断增强，强化了 DID 分组合理性判断[①]。综合以上检验，有充分理由认为，包括政策实验始点、样本分组等在内的研究设计是合理的，得到的研究结论稳健可靠。

表 6 - 8 稳健性检验

变量名称	政策始点推后两年			将 2006 政策实施产业划入参照组		
	（1）	（2）	（3）	（4）	（5）	（6）
	混合面板	固定效应	累积效应	混合面板	固定效应	累积效应
$t \times treated$	- 0. 0143 （0. 0562）	- 0. 0322 （0. 0277）	omitted	0. 0273 （0. 0424）	0. 0270 （0. 0184）	0. 0550 （0. 0557）
t	0. 5530 *** （0. 0501）	0. 5909 *** （0. 0246）	0. 3271 *** （0. 0442）	0. 5790 *** （0. 0265）	0. 6117 *** （0. 0115）	0. 6481 *** （0. 0235）
$treated$	0. 2863 *** （0. 0309）	omitted		0. 1704 *** （0. 0305）		
$t \times treated \times$ yr2007			omitted			- 0. 4289 *** （0. 0736）
$t \times treated \times$ yr2008			omitted			- 0. 3878 *** （0. 0726）
$t \times treated \times$ yr2009			0. 1692 *** （0. 0569）			- 0. 2724 *** （0. 0753）
$t \times treated \times$ yr2010			0. 2374 *** （0. 0553）			- 0. 1789 *** （0. 0726）
$t \times treated \times$ yr2011			0. 4101 *** （0. 0566）			omitted
常数项	3. 1065 *** （0. 0274）	3. 3257 *** （0. 0062）	3. 3324 *** （0. 01271）	3. 2692 *** （0. 0192）	3. 1843 *** （0. 0065）	3. 20 *** （0. 0149）
样本量	3786	3786	3786	3786	3786	3786

注：*** 代表在 1% 的水平下显著；括号内为标准误。
资料来源：笔者计算整理。

[①] 严格讲，应当将样本组随机打乱、随机分组，然后验证其 DID 政策影响。本章通过一个微小的样本分组变化不仅可以观察到研究结论是依赖于特定政策设计，而非一般"普适结论"。而且，通过这一微小变化可以观察参照组与实验组之间变化影响的细节，进而强化前面的分析结论。

第五节　小结与启示

环境污染不仅给中国经济与社会发展带来极大的综合成本，在国内以及国际社会的压力下，中国不得不实行严格的环境规制政策。严格的环境规制可能会对环境改善产生积极影响，但也会对产业发展产生深远影响。传统认为环境规制作用下，企业将增加环境污染控制的投入，这对企业生产而言是额外投入，减少在生产中有关劳动及资本等要素投入，会降低产业竞争力。对于不同政策工具，PH 效应可能产生不同影响。本章将清洁生产标准实施视为一项准自然实验，结合 PSM 方法消除 DID 的共同支撑问题，研究清洁生产标准实施对全要素生产率的影响。研究发现，清洁生产标准实施平均意义上对全要素生产率提升具有负向影响，但其影响的动态边际却呈现显著积极的 PH 效应，从中可以发现清洁生产标准具有一定程度弱 PH 效应，从长期看可以期待环境规制的良好 PH 效应。

环境规制对 TFP 的影响可以分解为累积学习效应与挤出效应，两种效应作用机制在不同的规制类型中表现并不一致。环境规制类型可以分为清洁生产与末端治理，其中清洁生产标准规制是清洁生产的核心。本章研究了清洁生产标准规制对 TFP 的动态边际影响，并通过区域差异分析了影响的内在机制。研究表明，清洁生产标准规制的边际影响处于单调递增呈现"J"型特征。挤出效应则表现出一次总量特征，并未在规制实施后继续加强。以上发现表明，除了碳税、可交易的碳排放许可证等经济工具外，由于清洁生产标准规制要求生产过程中全程进行污染物分析，及时进行清洁生产审核等，其更能体现规制的信号机制与倒逼机制，推动累积学习效应作用，符合良好设计的规制政策特征。进一步研究表明，规制实施过程中受市场需求、TFP 禀赋、创新能力等因素影响，清洁生产标准规制的动态边际影响存在显著的区域差异。

一、加强清洁生产标准审核和实施

通过实施补贴政策与加强清洁生产审核，并且加快清洁生产标准规制的实施。清洁生产标准规制可以成为实现节能减排与产业转型的两者目标的可行选择，政府应当进一步以外在引导与内部加强两种思路推动清洁生产标准规制实施。为此，政府可以：首先，探索规制实施的激励补贴政策，通过财政补贴等形式给予对其由于规制实施产生的成本增加进行部分奖励补偿，引导更多产业加快推广实施清洁生产标准规制。其次，强化环境规制部门清洁生产审核责任，以清洁生产审核为核心，引导企业推进技术创新。清洁生产审核是调节清洁生产标准的关键环节，也是清洁生产标准规定的重要内容。清洁生产审核，可以识别生产过程中的污染来源，是技术改进与创新的重要基础。对于清洁生产审核，政府应当自己组建或者通过第三方平台实施统一的清洁生产审核，共享有关数据信息，通过政府资金与社会资本合作加强共性技术研究，引导企业采取更为先进的生产工艺与技术方式。

二、实施区域差异化的规制政策

结合区域发展特征，优化调整清洁生产标准规制，实施区域差别化的规制政策。首先，由于东部地区的 TFP 禀赋较高，东部地区 TFP 提升瓶颈的核心在于自主创新能力的缺乏，即使给予其外生清洁生产标准规制刺激，其 TFP 提升效应也相对较弱。东部地区可以将预期的规制与市场型规制工具有效结合，推动其持续加强清洁生产工作。预期的规制在当期不会实施，但其作为一种信号可以有效影响企业的行为选择。其次，西部地区各方面基础都比较薄弱，但在清洁生产标准规制冲击下，很快就能显示出规制影响拐点，因此，在西部，未来应该全面提高其经济发展水平、夯实资本禀赋、加大技术引进与自主创新提高。最后，中部地区是未来清洁生产标准规制政策全面推行的重点区域，关于清洁生产标准规制的系列政策可以在中部全面覆盖。

三、优化设计环境规制政策

进行环境规制政策优化设计，为获得双赢结果创造良好的规制实施环境。随着经济与社会的发展，环境规制的作用层次将更细致，实施范围也会更广泛。在实施的内部环境的调节，只有通过严格的环境管制政策可以达到提高全要素生产率的作用，这是由于信号的调节机制和强制机制必须建立在严格的环保法规基础上。规制政策实施过程中应该设定严格的程序，且不给企业留下任何可能偏离程序的可能。但在技术创新方面，规制则应当将目标设定为污染控制，而非具体的技术锁定，给予企业充分的创新思考空间，推动技术进步。此外，在外部环境方面，经济发展推动了TFP禀赋逐步提高，也是规制实施对全要素生产率影响的现实瓶颈，解决这一瓶颈的唯一途径是提高自主创新能力。因此，未来可以在规制政策优化设计与提高自主创新能力两方面为实现节能减排与产业转型创造条件。

第七章　环境规制与产品再配置
作用下的高质量发展

　　环境规制影响产业发展已经得到大量研究证明，但其是否会改变企业产品组合行为，而这又如何影响产品质量依然未知，这是探究环境规制影响资源再配置的重要途径。本章将依托两控区研究环境规制，通过产品转换对产品质量提升的影响机制。

第一节　产品层面资源再配置与环境规制实施

　　早期进行环境规制对产业发展的研究，更多关注环境规制遵从成本对生产性投资的挤出效应，其直接结论是降低企（产）业竞争力（Christainsen and Haveman，1981）。但此类研究忽视了规制对产业发展的倒逼作用以及由此产生的创新产出等积极影响。后续有研究认为良好设计的环境规制可能会提高而不是降低产业竞争力，弥补了以上规制对生产率分析中的缺陷，此后关于具体规制提高技术创新进而影响生产率的研究开始涌现（Berman and Bui，2001；Jaffe and Palmer，1997）。尽管已有文献对环境规制的影响进行了系统的研究，但以上研究尚未考虑企业的异质性问题，因而只能给出整体的研究结论。在异质性企业约束下，环境规制不仅会影响新企业的设立（List et al.，2003），还会影响就业与工资（Gray et al.，2014）、产业规模和结构组成（Becker and Henderson，2000），规制遵从成本在企业间的分布差异，还可能产生非对称影响

（Tombe and Winter，2015）。但是，以上研究仍未打开环境规制对企业不同产品组合影响的黑箱。在当前全球经济中，多产品企业普遍存在，其内部经常会发生产品转换（Bernard et al.，2010），研究发现美国有一半以上的制造业企业会改变其产品组合，并且平均每五年会同时增加或减少至少一种产品（Bernard et al.，2010；Aw and Lee，2009）。

　　企业在产品生产中会面临环境规制遵从成本，同一产业具有同样最终用途的产品可能会在生产中采用不同的原材料和技术，而不同原材料产生的污染也可能不同，即使不考虑原材料污染差异，不同产品生产也可能产生不同污染排放（Bernard et al.，2010），因而在进行产品组合决策时制造业企业会同时考虑这些成本（Joshi et al.，2001）[①]。理论上，受企业环境规制遵从成本约束与利润最大化驱动，环境规制政策可能会诱致企业调整生产行为，进行内部产品再配置。从产品需求层面来看，面临环境规制时多产品企业更可能放弃那些产生大量污染的产品，转而生产那些低污染密集度产品。从产品的要素投入层面来看，其更可能采取更环保的要素投入，改变产品组合（Elrod and Malik，2017）。同时，环境规制与企业产品组合行为关系又具有相对复杂的关系，对于不同类型的企业来说，存续时间、企业规模、生产率以及经营环境等方面存在的异质性，会使得环境规制带来的成本变化效应对不同企业产品组合行为可能不同（Bernard et al.，2010；Aw and Lee，2009）。再者，企业内部产品间的再配置活动与产品质量密切相关，产品转换行为将显著提升产品质量（Manova and Yu，2017）的研究，因此，环境规制引致的产品转换可能也会对产品质量提升带来影响。为此，本章依托1998年开始实施的两控区（酸雨控制区和二氧化硫控制区，简称"两控区"）政策，基于2000~2006年中国工业企业数据库和中国海关数据库的匹配识别出企业的产品以及企业层面的综合信息，在探究两控区政策如何诱致中国制造业出口企业进行产品组合再配置决策的基础上，进一步探析诱致的产品转换在产品质量提升中的作用，以此揭示基于中国背景的环境规制

---

　　① 2017年9月18日，上海界龙金属拉丝有限公司发布"紧急求助函"，本章不对这次事件做主观评价，但环境规制对企业产品选择可能的影响可在该事件中"管中窥豹"。

对企业内产品组合行为的资源再配置行为及其对产品质量提升的影响①。

第二节 政策背景与特征事实

1987 年，中国颁布了以针对工业和燃煤污染为主的《大气污染防治法》，旨在采用浓度控制的方式控制酸雨和抑制二氧化硫污染，从法制层面为进行二氧化硫规制提供了制度保障。为进一步控制污染，1998 年，通过划分酸雨控制区和二氧化硫污染控制区，中国首次实行差别化污染规制并进行属地管理。随着两控区的划分，在地方层面"两控区"175个城市制定了地方二氧化硫污染防治规划，同时原国家煤炭工业局和国家电力公司也分别制定了"两控区"二氧化硫污染防治规划。两控区是基于 1995 年的二氧化硫排放和当地降水 pH 值进行的选定，覆盖了 175 个地级市、国土面积的 11.4%，总人口（1995 年）的 40.6%，GDP（1995年）的 62.4%以及二氧化硫总排放（1995 年）的 58.9%（Hao et al.，2001）。2000 年，国家"十五"规划明确提出，2005 年"两控区"二氧化硫排放量比 2000 年减少 20%，同时修订《大气污染防治法》，对"两控区"实行二氧化硫排放总量控制等，实现了污染控制由浓度控制到总量控制的转变。由于二氧化硫在两控区政策实施前并未受到明确的规制，因此这个政策目标在当时看来还是很难实现的。两控区的实施主要通过禁止高硫锅炉的采用，限制并逐步取缔现有高硫锅炉，同时除了供热需求外，禁止新建火电厂并加大现有火电厂的脱硫工作。此外加大对重点产业生产过程中的二氧化硫排放，加大清洁生产审查并加强排污费征收与支出工作。从两控区的实施效果来看，2000 年，102 个两控区内的城市达到了国家二级标准，84.3%重污染企业达到国家二氧化硫排放标准。到 2010 年，94.9%的两控区城市达到国家二级标准的二氧化硫浓度，未

---

① 理论上讲，环境规制影响企业内产品转换与产品的污染密集程度有关，但是限于数据披露，本章暂无法识别产品层面污染密集度差异。通过双重差分法的研究设计以及依托两控区政策的政策实施逻辑，结论稳健性依然存在。

见城市超过国家三级标准（Cai et al.，2016），2005 年二氧化硫排放超过 100 吨的企业中，有71% 的企业在 2000 年达到标准（Tanaka，2015）。尽管由于高速的经济增长动因，2000～2005 年阶段降低 10% 的目标未能实现，但其对污染排放依然产生了积极的政策效果。

　　尽管两控区政策采取了区域导向型政策（Place-Based Policy），但其实施方式不是"撒胡椒面"式的覆盖到方方面面，而是对采用煤炭或者其他主要产生二氧化硫的原材料的产业，或者生产过程产生大量二氧化硫的产业采取重点控制。由于规制政策的加强原有燃料使用得到极大限制，企业被逼采用如低硫煤或固硫型煤等相对清洁的原材料，但在中国能源结构约束下，新的原材料价格势必相对较高，据 2003 年世界银行报告，低硫或固硫型煤价格比普通煤炭价格高 50% 左右（Hao et al.，2001）。同时，为了降低二氧化硫排放，重点受影响产业内企业将购买高昂的脱硫装置。环境规制对多产品企业的行为决策也会产生影响，这是因为两个方面的原因：环境规制加强可能会产生"产品剔除"效应。这是由于环境规制将会增加企业生产成本和调整成本，压缩了企业的利润空间，使原本具有比较优势的产品不再具有竞争力，从而使得这些产品会退出市场；环境规制会刺激企业增加新产品，产生"产品创造"效应。环境规制的加强会刺激企业使用更加先进的生产技术，改善生产过程并生产更为"清洁"的产品，或者选择更为清洁的生产过程生产产品，进而增强企业的产品竞争力。

　　环境规制对多产品企业行为选择，具有两个方向即增加产品和剔除产品，而将这两个行为结合一起则是产品转换。正如前面提到的，产品转换行为已经成为继产业间、企业间之后考察资源再配置行为的重要视角（Bernard et al.，2011；Mayer et al.，2014）。为了探析两控区政策影响产品转换的事实，本章绘制了两控区与非两控区的产品转换率、产品创造率以及产品剔除率的比较示意图，如图 7-1、图 7-3 和图 7-5 所示。通过两控区与非两控区的直接比较可以发现，从产品转换率与产品创造率来看，两控区与非两控区并没有显著差异，通过产品剔除率看非两控区显著高于两控区。进一步来看，本章结合两控区政策的重点产业控制措施（政策文件中要求：防治化工、冶金、有色、建材等行业，生产过程排放的二氧化硫污染），在区分两控区城市和非两控区城市的基础上，又进一步区分了直接受政策影响的两位数产业和非直接受政策影响的产业。本章认为，两控区政策的实施将显著影响重点产业的产品转换行为，为了对以上判断给出一个示意性的说明，本章比较了两控区内的重点影响产业和非两控区内重点影响产业产品转换差异。

　　为此，本章进一步绘制了图7-2、图7-4和图7-6，以进一步观察重点产业在两控区内和非两控区内的产品转换差异。观察可知，两控区内的重点产业与非两控区的重点产业的产品转换率有显著差异：图7-2中，两控区内重点产业产品转换率均值高于非两控区内重点产业；图7-4中，除2002年之外，其他年份中两控区内重点产业的产品创造率也相对较高；图7-6中，两控区内重点产业的非两控区内重点产业的产品剔除率之间存在差异，但不具有稳定的变动关系。如果对比两控区与非两控区内之间在整体产业和重点产业上关系上的差异（具体指图7-1与图7-2对比，图7-3与图7-4对比，图7-5与图7-6对比）可以推论出，两控区政策对产品转换的作用主要通过重点产业这个渠道传导。细分来看：产品创造方面，整体产业的两控区与非两控区比较未见明显差异，但重点产业的比较后，显示两控区的产品创造更为明显；产品剔除方面，两控区内产品剔除率整体偏低，重点产业方面两控区与非两控区基本一致，间接说明两控区内非重点产业产品剔除率较大，但这仍然需要进一步分析。

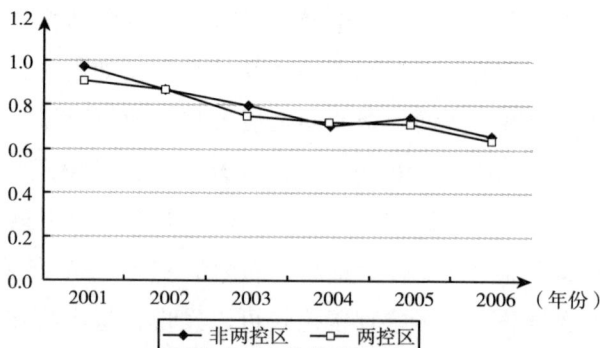

图7-1　两控区与非两控区内产品转换率

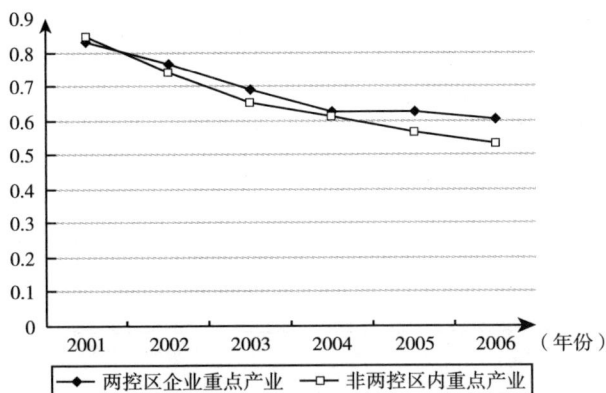

图 7-2　两控区与非两控区内重点产品的产品转换率

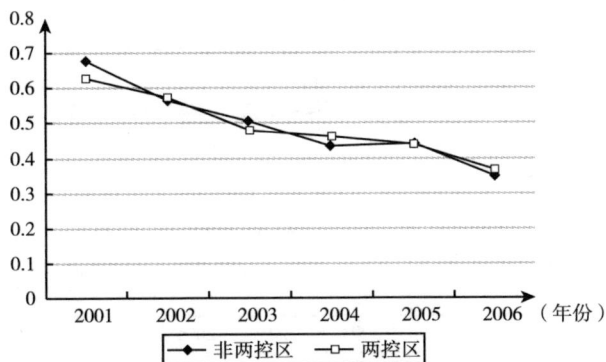

图 7-3　两控区与非两控区内产品创造率

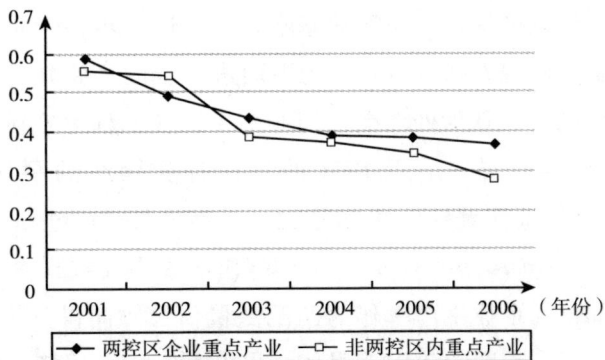

图 7-4　两控区与非两控区内重点产业的产品创造率

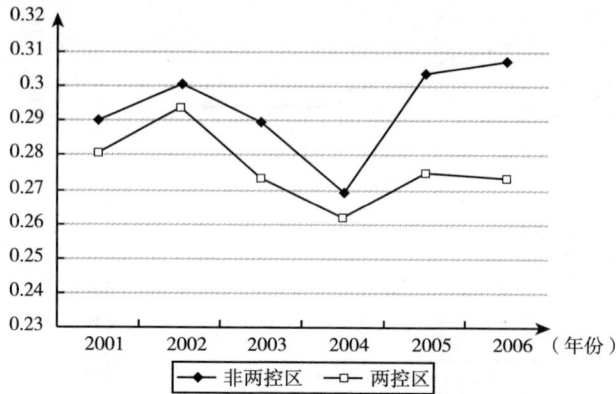

图7-5　两控区与非控区内产品剔除率

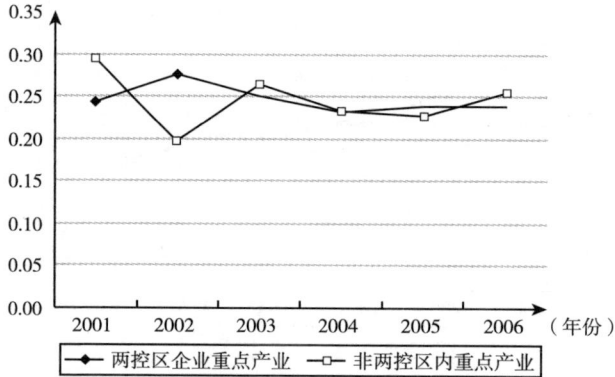

图7-6　两控区与非控区内重点产业的产品剔除率

　　为了更谨慎的确认以上观察的基本结论，进一步将企业特征考虑进来，借助匹配方法观察基本事实，为下面进一步的经验分析提供事实基础。对比两控区（默认为处理组）与非两控区（默认为控制组）在重点产业上产品转换差异，采用 PSM 的方法计算两组的平均处理效应（ATT）值，以保证实证结论更加稳健。根据现有的一些研究（Bernard et al.，2011；Bernard and Okubo，2016），本章主要选择企业规模、年龄、资本劳动比和企业生产率作为匹配变量估计倾向得分，采用 1 对 1 最邻近匹配，匹配精度为 0.01，具体结果见表7-1，可知，两控区重点产业总的产品转换率的均值为 0.7339，非两控区中产业的产品转换率均值为 0.6507，平均处理效应等于 0.0832，并在 5% 的水平上通过显著性检验；两控区内产品创造率为 0.4816，在 10% 的统计性水平上显著高于非控区内企业的均值 0.4078；而两控区与非两控区内在重点产业方面的产品剔除率没有显著差异。以上基于匹配的基本结论与图示基本保持一致。

表 7 - 1　　　　两控区与非控区内重点产业产品选择行为差异

分类	样本	处理组	控制组	ATT	标准差	T 值
总的产品转换率（total）	匹配后	0.7339	0.6507	0.0832	0.0404	2.06 **
产品创造率（add）	匹配后	0.4816	0.4078	0.0738	0.0382	1.93 *
产品剔除率（drop）	匹配后	0.2523	0.2429	0.0094	0.0144	0.65

注：** 、* 分别表示在 5% 和 10% 的水平下显著；括号内为稳健标准误。

此外，针对不同产业（重点目标产业和非重点目标产业），本章也进行了初步的检验，为此分成两组：一是处理组，即重点受两控区政策影响的产业内的企业，记为 $Ti = 1$；另一类是控制组，即不重点受两控区政策影响的产业内的企业，记为 $Ti = 0$。通过 PSM 方法采用 1 对 1 最邻近匹配精度为 0.01，计算了两类产业（不分两控区和非两控区，单观察产业差异）的 ATT 值。具体结果见表 7 - 2，可知，重点受两控区政策影响的产业内企业总的产品转换率的均值为 0.6803，非两控区内企业的产品转换率均值为 0.7926，ATT 平均处理效应等于 - 0.1123，并在 1% 的水平上通过显著性检验。重点受两控区政策影响的产业内企业的产品创造和剔除率的均值分别为 0.4356、0.2447，也在 1% 的水平上显著低于非控产业内企业的均值 0.5059 和 0.2867。基本的统计显示，重点受影响的产业总体上在产品转换趋势上低于非重点受影响的产业，说明受政策影响的产业本身的产品并不具备自身的高转换行为趋向。

表 7 - 2　　重点受影响的产业和非重点受影响产业间产品选择行为差异

分类	样本	处理组	控制组	ATT	标准差	T 值
总的产品转换率（total）	匹配后	0.6803	0.7926	- 0.1123	0.0141	- 7.96 ***
产品创造率（add）	匹配后	0.4356	0.5059	- 0.0703	0.0134	- 5.25 ***
产品剔除率（drop）	匹配后	0.2447	0.2867	- 0.0420	0.0043	- 9.78 ***

注：*** 表示在 1% 的水平下显著；括号内为稳健标准误。

第三节　变量选择与研究设计

为了获得产品以及企业层面经营活动等有关数据信息，根据企业名称、电话号码、邮政编码等信息，本章将中国工业企业数据与海关数据库进行匹配合并，从而得到了企业—产品层面数据。中国海关数据库全面记录了企业 HS 八位码产品层面和出口国家的信息，中国工业企业数据库则提供了企业的所有经营活动变量，包括企业代码、企业规模、年龄、资本劳动比率等丰富的变量信息。但是，由于两套数据库所用企业代码不同，无法简单合并。两套数据库合并中发现，2007年之后中国工业企业数据库存在一些数据缺失，无法测算关键的全要素生产率信息，而企业的生产率在产品转换中具有重要的作用（Bernard et al.，2010；Iacovone and Javorcik，2010；等等），因而受数据所限只能到 2006 年。同时，由于 2006 年后中国实施的国家"十一五规划"采取了新的污染控制措施，将政策目标由浓度标准调整为总量标准，而这将显著干扰两控区政策的实施。虽然本章研究的样本期间，相对于当前年份而言有一定的时间差，但是环境规制政策使得实施机制依然未发生根本变动，其反映的内在规律是一致的。基于以上几个方面的考虑，本章基于合并匹配的 2000～2006 年出口工业企业的数据进行分析①，研究环境规制对企业产品转换行为的影响，以揭示规制约束下的产品层面资源优化配置行为。

本章选择的主要变量包括产品转换层面的变量、环境规制政策的识别变量、企业层面的有关特征变量等。关于产品转换行为的刻画，本章将产品转换行为分为三种情况，以探析总产品转换的同时分析其具体转

---

① 不可否认，出口企业和普通的工业企业可能存在一定差异，并且也存在生产率差异，但是受限于一般工业企业产品层面数据信息的缺失，本章期望通过基于出口企业产品决策行为的发现揭示一般的结论。再者，已有很多文献基于出口企业的产品层面信息研究产品转换行为（Melitz et al.，2014；Mayer et al.，2016）。基于以上两点考虑，本章的结论可能有所偏差，但其依然对揭示环境规制对一般企业产品转换的影响具有启发意义。

换类别：总的产品转换率，由当年企业同时增加和减少产品类型数量除以上一年企业产品类型数量；产品创造率，由当年企业增加的产品类型数量除以上一年企业产品类型数量；产品剔除率，由企业当年减少的产品数量除以上一年企业产品类型数量。产品转换率实际体现为产品创造变动和产品剔除变动的总效应，产品创造率可以看作企业的产品创造过程，而产品剔除率则是企业在经营行为中放弃的产品类型比例。具体定义如下：

$$total_{it} = \frac{addproduct_{it} + dropproduct_{it}}{product_{it-1}}, add_{it} = \frac{addproduct_{it}}{product_{it-1}},$$

$$drop_{it} = \frac{dropproduct_{it}}{product_{it-1}}。$$

其中，$total_{it}$ 是企业 i 在 t 期总产品转换率；add_{it} 是企业 i 在 t 期产品创造率；$drop_{it}$ 是企业 i 在 t 期产品剔除率。$addproduct_{it}$ 是企业 i 在 t 期增加的产品类型数量，$dropproduct_{it}$ 是企业 i 在 t 期减少的产品类型数量，$product_{it-1}$ 是企业前一期产品类型数量。

为了尽可能控制其他可能影响产品转换的因素，本章还选取了系列企业特征加以控制。结合现有研究产品转换行为的文献（Bernard and Okubo，2016；易靖韬和蒙双，2017），本章加入的其他企业特征变量 X 主要包括企业规模、年龄、资本密集度，生产率等。企业规模：为了全面衡量企业规模，分别采用企业产出 lnV，使用企业工业增加值的对数来表示；员工人数 lnL，使用企业员工人数的对数来表示；资本存量 $stock\_kl$，以资本存量的规模来表示。企业年龄 age，即企业生产经营的时间，企业年龄 = 当年年份 − 企业成立年份 + 1 计算得到；资本密集度 $stock\_kl$，用资本存量与从业人数平均数之比来表示。此外，本章还控制了企业层面的全要素生产率（TFP）以控制企业间生产率差异。本章使用了半参数的 LP 方法来估计企业的 TFP。表 7 − 3 给出了以上主要变量的描述性统计。

为了识别环境规制，本章首先将城市区分为两类，设置两控区的二元虚拟变量 tcz，如果企业位于两控区的城市内则 $tcz = 1$，如果企业在

表 7 – 3   各变量的描述统计性

变量	观测值	平均值	标准误	最小值	最大值
total	65776	0.7651	0.9469	0	93
add	65776	0.4879	0.9138	0	93
drop	65776	0.2772	0.2488	0	1
stock_kl	65776	3.8249	1.2637	− 4.8236	10.1467
TFP	65776	5.5913	1.1074	− 4.0578	11.6288
ln*V*	65776	9.2821	1.4710	− 0.0991	16.7892
ln*L*	65776	8.2677	1.3053	0.6764	15.4576
age	65776	10.7542	5.0760	1	29

非两控区城市则 $tcz = 0$。同时基于上一节的描述，两控区政策的产业政策指向是针对具体产业，为此本章在识别城市层面的同时将产业分为两类，一类是重点受两控区政策影响的产业，虚拟变量 $ic = 1$；另一类是非两控区政策重点影响的产业，令 $ic = 0$。依托环境规制的两控区政策，本章采用双重差分方法考察环境规制对企业内部产品再配置的影响，即可通过以下估计方程得出：

$$g_{it} = \alpha + \beta_1 ic_{it} + \beta_2 tcz_{it} + \delta ic_{it} \times tcz_{it} + \gamma X_{it} + \varepsilon_{it}$$

式中，g_{it} 是企业 i 在 t 期的产品转换率（包括 *total*，*add* 与 *drop*）；ε_{it} 是随机扰动项。通过这一方程，在比较两控区与非两控区内重点影响的产业内的企业的产品转换率基础上，还可以消除两控区与非两控区内在的产品转换率差异（通过比较两控区与非两控区内非重点影响产业内企业产品转换率的差异实现），从而估计出两控区政策对产品转换影响的净效应。此处，还可以有另外一个解释，即上式可以在比较两控区城市内部重点影响的产业和非重点影响的产业间产品转换差异的基础上，进一步剔除两类产业之间的内在差异（通过比较非两控区内受政策重点影响的产业和非重点影响的产业间产品转换差异来实现），图 7 – 7 显示两控区与非控区内非重点产业产品转换率变动趋势并未产生明显变化，通过以上的处理可以近似得到两控区政策净影响，通过公式表示，对于两控区城市即 $tcz=1$，在 $ic=1$ 和 $ic=0$ 之间产品转换率差异为 $\delta+\beta_2+\beta_1-\beta_2$ $=\delta+\beta_1$；对于非两控区城市即 $tcz=0$，在 $ic=1$ 和 $ic=0$ 之间的产品转换率差异为 β_1，通过两式的差分得到处理效应，即为方程（1）中交叉项的估计系数。如果 $\delta>0$ 则意味着环境规制导致两控区内受政策重点影响的产业内企业的产品转换率相对高于未受两控区政策影响的企业，即环境规制提高了企业产品转化率。控制变量 X 包括企业工业增加值（$\ln V$）、企业员工人数（$\ln L$）、企业年龄（age）、资本密集度（$stock\_kl$）特征，以消除企业特征的影响，同时控制年度固定效应、两位数行业固定效应以及城市固定效应[①]。

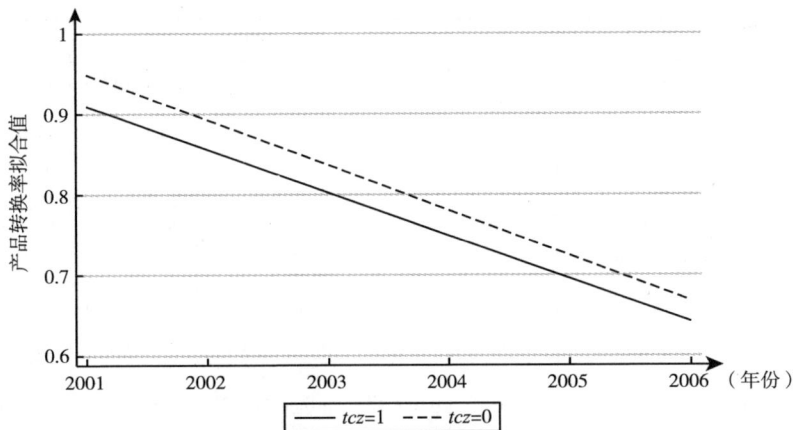

图 7-7 两控区与非控区内非重点产业产品转换率变动趋势

---

① 理论上，考虑出口企业产品行为选择还需要考虑进口国的环境规制，但是由于几个因素，本章认为忽略这一影响不会产生根本问题：国内环境规制政策主要影响该国进行生产并且排放污染的企业以及产品，国外的环境规制也会关注进口产品的污染问题，但其主要关注产品的降解、回收以及处理的环境问题，而非进行生产过程的环境问题，因而进口国环境规制政策方向与中国国内的环境规制在对待进口产品的政策方向并不一致，其相关的可能性非常小，因而即使将其放到残差项也不影响估计结果的稳健性；两控区政策是城市—产业的交互项，每个企业（产业）—地区面临着更好的环境规制（具体而言是限制 SO_2 的排放）。除非国外对进口产品的环境规制恰好也是针对二氧化硫，恰好是同时针对两控区地区和重点影响产业的产品实施差别化的环境规制，否则不能预期其他有特别的规制政策，现有进行两控区政策的研究也是采取双重差分法的思路未考虑进口国的环境规制影响（Hering and Poncet，2014；Cai et al.，2016）。

第四节　能否导致产品转换

一、对产品转换的总体影响

本章将两控区虚拟变量 tcz 与重点影响产业虚拟变量 ic 的交互项定义为 co，即 $co = tcz \times ic$ 。详细的估计结果汇总见表 7 - 4。

表 7 -4　　　　　　　　　　　环境规制与产品转换：总体影响

变量	(1)	(2)	(3)	(4)	(5)	(6)
	total	add	drop	ln_total	ln_add	ln_drop
co	0.06230 *	0.04556	0.01674	0.05076	0.01442	0.03897
	(0.03757)	(0.03531)	(0.01245)	(0.03410)	(0.04989)	(0.02837)
ic	- 0.21468 ***	- 0.15875 ***	- 0.05593 *	- 0.05900	0.19337 **	0.04285
	(0.07180)	(0.05902)	(0.03210)	(0.08377)	(0.08446)	(0.04776)
tcz	0.16401 ***	0.36527 ***	- 0.20125 ***	- 0.12642 ***	- 0.73904 ***	0.07585
	(0.03293)	(0.03148)	(0.00971)	(0.03264)	(0.04844)	(2277)
lnV	0.03722 ***	0.03095 ***	0.00627 ***	0.02428 ***	0.01360 ***	- 0.00960 ***
	(0.00413)	(0.00403)	(0.00111)	(0.00308)	(0.00465)	(0.00266)
lnL	0.00591	- 0.00038	0.00629 ***	- 0.02240 ***	- 0.04456 ***	- 0.03015 ***
	(0.00472)	(0.00460)	(0.00125)	(0.00352)	(0.00525)	(0.00303)
age	- 0.00590 ***	- 0.00539 ***	- 0.00051 **	- 0.00432 ***	- 0.00485 ***	- 0.00002
	(0.00093)	(0.00091)	(0.00022)	(0.00059)	(0.00090)	(0.00050)
stock_kl	0.00462	- 0.00010	0.00472 ***	0.01478 ***	0.01664 ***	0.02711 ***
	(0.00323)	(0.00310)	(0.00095)	(0.00269)	(0.00404)	(0.00231)
Observations	65776	65776	65776	54354	45249	44150
R-squared	0.05405	0.03212	0.07706	0.11379	0.07422	0.11355

注：*** 、** 、* 分别表示在 1%、5% 和 10% 的水平下显著；括号内为稳健标准误。以上估计均控制城市固定效应、行业固定效应以及年度固定效应。

资料来源：笔者通过 Stata13.1 计算整理。

表 7 - 4 第（1）和第（4）列给出了以总产品转换率的水平变量和对数形式作为被解释变量的估计结果。结果可知，虽然在两控区（$tcz=1$）总产品转换率的对数形式较低，但两控区的城市在总产品转换率水平值上更高，这反映了两控区内产品转换率较高，但两控区内产品转换并没有显著的加速转换行为。ic 的系数显示，受政策重点影响的产业相对非重点影响产业具有更低的产品转换率，这一结果也符合上一节反映的特征事实。然而观察交互项 co 的系数，可以发现两控区政策显著提高了受政策重点影响的产业内企业的产品转换率（co 对 $total$ 的估计系数通过10%的显著性水平检验），而且其在时间趋势上有存在转换行为加速的趋势（co 对 ln_$total$ 的估计系数 t 值接近 1.5，接近通过10%的显著性水平检验）。检验结果表明环境规制的加强提高了企业的运营成本，企业将被动进行产品层面的资源再配置，通过新产品研发或剔除旧的不符合要求以及规制压力下相对不具有竞争优势的产品，以更大可能促进企业整体的发展。

除了核心政策变量外，其他企业层面变量的估计结果显示：企业增加值越高产品转换率越高，且产品转换率的增长越显著（ln$V$ 对 $total$ 和 ln_$total$ 的估计系数为正，均通过1%的显著性水平检验）；企业员工人数越多企业产品转换率的增长越慢，或者说企业员工人数对产品转换率影响的弹性越小（ln$L$ 对 ln_$total$ 的估计系数为负且通过1%的显著性水平检验）；企业年龄越长不仅产品转换率越低且其产品转换率的增长也更慢（age 对 $total$ 和 ln_$total$ 的估计系数为正，且均通过1%的显著性水平检验）；资本存量越高产品转换率的增长越高（$stock\_kl$ 对 ln_$total$ 的估计系数为正，且通过1%的显著性水平检验）。结合现有文献可知，年龄和企业规模等变量应该与企业的产品转换（尤其是产品剔除行为）具有显著的正相关关系（Bernard et al.，2010）但也有研究发现在大萧条时期企业年龄和规模与产品转换呈现负向关系（Bernard and Okubo，2016）。企业年龄、规模等特征与产品转换行为的关系同经济与制度环境密切相关，在本章研究背景下，企业年龄与总的产品转换率呈负向关系，而以企业员工人数或者增加值代表的企业规模则与总的产品转换率呈正向关系。

产生以上结果的可能解释是：企业年龄越大则企业更可能集中核心产品，因而产品转换率可能更小一些；企业规模（企业员工人数或增加值）越大，则企业实力可能更有能力和实力进行产品转换，因而产品转换行为可能较为突出。

产品转换行为是对产品创造和产品剔除行为的加总，那么很自然的是两控区政策对总体产品转换行为的影响到底是来自产品创造？还是来自产品剔除？还是两者都有？表 7 - 4 中第（2）~（3）列，第（5）~（6）列分别给出两控区政策对产品创造率、产品剔除率的水平变量和对数形式变量的影响。第（2）列和第（5）列报告的是两控区政策对产品创造行为影响的估计结果，第（3）列和第（6）列是两控区政策对产品剔除行为影响的估计结果，表明两控区政策对重点影响产业的系数而言，均未通过显著性检验。但是，综合总体的产品转换率的显著性结果可以推断，两控区对重点影响产业的产品创造或者产品剔除行为存在"结构性"问题，即政策影响可能存在显著的异质性，将在下一部分详细分析。

二、基于内在因素和外在因素的结构异质性影响分析

两控区政策对产品转换整体上具有显著性影响，但在产品创造率和产品剔除率上却未通过显著性检验，两者对比表明规制的影响可能并非全局性，那么影响机制中的结构性问题就显得非常重要。换言之，具有什么特征的企业更会对两控区政策敏感，或者具有什么特征的企业在面对两控区政策时更容易作出调整？结合现有关于产品转换的已有研究（Bernard et al. , 2010；Bernard and Okubo, 2016；Mayer et al. , 2014）、两控区政策的有关研究（Hering and Poncet, 2014；Cai et al. , 2016；Tanaka, 2015）以及两控区政策内涵，本章通过内在因素和外在因素两个方面分析影响中可能存在的结构性问题，内在因素考虑企业年龄（体现企业发展阶段及成熟程度）、企业规模、企业生产率进行分析，外在因素本章选择企业所有制体现企业在规制遵从等方面因素，综合探析两控

区政策对产品转换的结构性影响。

1. 内在因素一：企业年龄差异。由于不同成长阶段的企业在生产能力以及应对消费需求转变上存在较大的差距，企业生产成本也会随着企业生命周期的增加而减少（Timoshenko，2015）。为此，本章使用企业存续时间作为企业年龄的代理变量，年龄较长的企业表示老企业，年龄较短的则表示新企业。表7-5报告了不同年龄的企业在面临两控区政策约束下进行产品转换行为的差异。为了识别这一影响，本章构造变量 co_age 代表两控区城市、重点产业和企业年龄的交互项，即 $co\_age = tcz \times ic \times age$，并观察该变量的系数方向与显著性。由表7-5的回归结果可知，列（3）中交叉项 co_age 的系数在5%的水平上显著为负，说明两控区内，生存期限越久的企业其在面临两控区政策时具有更低的产品转换率，反之则具有更高的转换率。这是因为存续时间越长的企业更加成熟和规范，企业与消费者之间存在稳定的合作关系，对消费者偏好具有完备的信息（Eslava et al.，2015）。相反，存续时间短的新企业则由于刚刚进入市场，对市场中消费者的了解程度有限，市场份额相对较小，尚未形成满足消费者偏好的固定产品组合，因此产品转换率较高。第（1）~（2）列中企业年龄的系数也显著为负，表明新出口企业相对于老出口企业更会进行产品创造和剔除，而随着在市场上持续时间的增加，产品转换

表7-5　　　　　　　　　　　产品转换率影响与企业年龄

变量	(1)	(2)	(3)	(4)	(5)	(6)
	total	add	drop	ln_total	ln_add	ln_drop
co_age	− 0.00218	− 0.00080	− 0.00138 **	− 0.00099	− 0.00056	− 0.00164
	(0.00180)	(0.00171)	(0.00060)	(0.00161)	(0.00241)	(0.00144)
age	− 0.00561 ***	− 0.00529 ***	− 0.00032	− 0.00420 ***	− 0.00479 ***	0.00017
	(0.00102)	(0.00100)	(0.00023)	(0.00063)	(0.00095)	(0.00053)
Observations	65776	65776	65776	54354	45249	44150
R-squared	0.05406	0.03212	0.07714	0.11380	0.07422	0.11358

注：*** 、** 分别表示在1%和5%的水平下显著；括号内为稳健标准误。以上估计均包含控制企业特征，并控制城市固定效应、行业固定效应以及年度固定效应。

资料来源：笔者通过Stata13.1计算整理。

率会下降。同时，表 7-5 中两控区城市与控制产业的交互项 co 的回归系数与表 7-2 中基准结果的符号相一致。而且，考虑企业年龄差异的结构影响可知，两控区政策对产品转换率正向显著影响更主要的是体现在产品剔除率上（co 对 $total$、$drop$ 以及 $\ln\_drop$ 的影响均为正向，且均通过显著性检验）。

2. 内在因素二：企业规模差异。由于规模经济的存在，企业固定成本会随着企业规模的增加而被分摊，使得长期平均成本曲线处于下降阶段（Bernard，2010），因环境规制所增加的减排成本在规模经济下也会相应被摊薄。同时，环境约束下进入壁垒的提升以及平均成本效应的存在，增强了大规模企业的优势地位，而使得小规模企业的生存较为困难（Helland and Matsuno，2003）。相对于大规模企业来说，环境成本上升给小规模企业带来的负担相对较大，利润空间被较大程度挤压。再者，小规模企业可以更加灵活地调整经营方式，因而在面对环境规制约束时，小规模企业为保持市场竞争力，会展开研发创新活动，发挥范围经济作用，进而提高产品转换率。具体而言，两控区政策实施约束下，小规模企业由于比较劣势更可能也更愿意进行产品转换。本章选择了三类指标来体现企业规模：增加值（$scale\_v$）、资本存量（$scale\_k$）、企业员工人数（$scale\_l$）。其中，co_scale_v、co_scale_k、co_scale_l 分别表示两控区城市、控制产业和企业规模三类指标的交互项，即 $co\_scale\_v = tcz \times ic \times scale\_v$；$co\_scale\_k = tcz \times ic \times scale\_k$；$co\_scale\_l = tcz \times ic \times scale\_l$。

表 7-6 中，A 部分是以工业增加值作为企业规模的代理变量，第（4）列中 co_scale_v 的系数在 1% 的水平上显著为负。说明两控区政策冲击下，规模越大企业越不愿意变动产品组合，即产品总体转换率的增速越小。B 部分是以企业资本存量作为代理变量，第（3）列和第（6）列中 co_scale_k 的系数显著为负，即企业规模越大，产品剔除率及其增速越低。C 部分是以企业员工人数作为代理变量，第（4）~（6）列中 co_scale_l 的系数在统计上均显著为负。这说明对于规模较大的企业来说，环境规制不论是对产品创造率还是剔除率抑或总体转换率的增速都产生了负向影响。即环境规制对大规模企业产品转换的影响不大，大企业更

容易分摊成本，更加注重规模经济，从而具有稳定的产品组合。而小规模企业，由于成本和市场势力的劣势，为达到规制标准，会更多地依靠创新活动不断改变产品组合，增加污染排放量少的新产品，范围经济占主导地位。这就使得环境规制的产品创造效应大于了成本增加效应，最终提高了小规模企业的产品转换率。总体来看，A、B、C 部分各列结果保持基本一致，说明该回归结果并不依赖于具体企业规模的代理变量选择，结论是基本稳健的。再者，考虑企业规模差异的结构影响后，两控区政策对产品转换率正向显著影响，即体现为产品创造也体现为产品剔除（*co* 对 *total*、*add*、*drop* 以及 ln_*drop* 的影响均为正向，且均通过显著性检验）。

表 7-6　　　　　　　　　　　　产品转换率影响与企业规模

变量	(1)	(2)	(3)	(4)	(5)	(6)
	total	*add*	*drop*	ln_*total*	ln_*add*	ln_*drop*
A. 以工业增加值作为企业规模的代理变量						
co_scale_v	− 0.01100	− 0.00839	− 0.00261	− 0.01773 ***	− 0.01486	− 0.00781
	(0.00732)	(0.00691)	(0.00230)	(0.00632)	(0.00923)	(0.00546)
B. 以企业资本存量作为企业规模的代理变量						
co_scale_k	− 0.01002	− 0.00618	− 0.00384 *	− 0.00903	− 0.00852	− 0.00977 **
	(0.00639)	(0.00597)	(0.00208)	(0.00562)	(0.00814)	(0.00478)
C. 以企业员工人数作为企业规模的代理变量						
co_scale_l	− 0.01707 *	− 0.01654 *	− 0.00054	− 0.02384 ***	− 0.03652 ***	− 0.01563 **
	(0.00899)	(0.00856)	(0.00283)	(0.00759)	(0.01129)	(0.00666)

注：***、**、* 分别表示在 1%、5% 和 10% 的水平下显著；括号内为稳健标准误；以上估计均包含控制企业特征，并控制城市固定效应、行业固定效应以及年度固定效应。

资料来源：笔者通过 Stata13.1 计算整理。

　　3. 内在因素三：企业生产率差异。一般来说，高生产率企业更倾向选择集中于核心产品的生产，而放弃那些非核心的边缘产品（Mayer et al.，2014）。同时，高生产率的企业由于创新能力较强，也有可能更容易进行多产品生产，因而更可能增加产品类型（Bernard and Okubo，2016）。当环境规制带来的企业成本大于创新收益时候，高生产率企业则缺乏产品创造的动力，因而降低了企业的产品转换率。反之，当环境规制产生的创新成本小于创新收益时，企业会倾向于创造新的产品，从而提高产品转换率。环境规制对于企业产品转换的影响取决于企业创新能力的大小。基于此，本章探究了两控区政策对不同生产率企业产品转换的影响。表 7 – 7 报告了两控区政策约束下不同生产率企业产品转换差异。co_tfp 表示两控区城市、控制产业和生产率的交互项，即 $co\_tfp = tcz \times ic \times tfp$。由表 7 – 7 的回归结果可知第（1）~（3）列中，co_tfp 系数不显著，而第（4）列中该项的系数在 1% 的水平上显著为负。这表明对于 TFP 较高的企业来说，两控区政策对于总体产品转换率影响不明显，但其显著降低了高生产率企业的产品转换率的增速。此外，在第（1）列中，$stock\_LP\_\ln TFP$ 前的回归系数在 10% 的水平上显著为正，即高生产率的企业具有较高的产品转换率，而在第（4）~（6）列中，$stock\_LP\_\ln TFP$ 前的回归系数在 1% 的水平上显著为正，即高生产率的企业产品转换率的增速较高。表 7 – 8 给出了以 25、50、75 分位数为门槛来识别的生产率差异在环境规制影响产品转换中的影响。co_high25、co_high50、co_high75 表示两控区城市、控制产业和 25、50、75 分位数生产率的交互项。其中，A、B、C 部分第（1）~（3）列中，co_high25、co_high50、co_high75 的系数在统计上不显著，而第（4）列中这些交叉项的系数显著为负，与表 7 – 7 部分结果保持一致。

表 7 –7　　　　　　　　　产品转换率影响与企业生产率

变量	（1）	（2）	（3）	（4）	（5）	（6）
	$total$	add	$drop$	$\ln\_total$	$\ln\_add$	$\ln\_drop$
co	0. 12406 *	0. 09384	0. 03022	0. 20238 ***	0. 13101	0. 08113
	(0. 06533)	(0. 06146)	(0. 02207)	(0. 06073)	(0. 08979)	(0. 05228)
co_tfp	− 0. 01080	− 0. 00845	− 0. 00236	− 0. 02602 ***	− 0. 01988	− 0. 00705
	(0. 00981)	(0. 00929)	(0. 00317)	(0. 00880)	(0. 01293)	(0. 00765)
$stock\_LP\_\ln TFP$	0. 03099 *	0. 02510	0. 00589	0. 08575 ***	0. 13050 ***	0. 07631 ***
	(0. 01679)	(0. 01635)	(0. 00442)	(0. 01227)	(0. 01819)	(0. 01060)

注：***、* 分别表示在 1% 和 10% 的水平下显著；括号内为稳健标准误；以上估计均包含控制企业特征，并控制城市固定效应、行业固定效应以及年度固定效应。

资料来源：笔者通过 Stata13. 1 计算整理。

表 7 – 8   产品转换率影响与企业生产率：生产率离散差异的分析

变量	（1） total	（2） add	（3） drop	（4） ln_total	（5） ln_add	（6） ln_drop
A. 以 25 分位为门槛识别高生产率企业						
co	0.07138 * (0.03998)	0.05751 (0.03745)	0.01387 (0.01372)	0.08998 ** (0.03778)	0.05627 (0.05598)	0.06137 * (0.03179)
ic	− 0.21507 *** (0.07181)	− 0.15821 *** (0.05904)	− 0.05686 * (0.03213)	− 0.05981 (0.08333)	0.19557 ** (0.08447)	0.04389 (0.04771)
tcz	0.10068 ** (0.04660)	− 0.34960 *** (0.04482)	0.45028 *** (0.01348)	− 0.12367 *** (0.03265)	− 0.74315 *** (0.04851)	0.08342 (1258)
co_high25	− 0.01247 (0.02202)	− 0.01607 (0.02084)	0.00360 (0.00767)	− 0.05153 ** (0.02184)	− 0.05299 (0.03328)	− 0.02920 (0.01901)
TFP25h	− 0.00871 (0.01138)	0.00050 (0.01105)	− 0.00922 *** (0.00313)	− 0.00569 (0.00895)	0.03243 ** (0.01343)	− 0.01044 (0.00782)
B. 以中位数为门槛识别高生产率企业						
co	0.07290 * (0.03818)	0.05804 (0.03584)	0.01486 (0.01287)	0.08196 ** (0.03537)	0.04626 (0.05203)	0.04077 (0.02965)
ic	− 0.21106 *** (0.07179)	− 0.15517 *** (0.05907)	− 0.05588 * (0.03211)	− 0.06035 (0.08350)	0.19638 ** (0.08451)	0.04341 (0.04775)
tcz	0.15818 *** (0.03318)	0.35933 *** (0.03174)	− 0.20115 *** (0.00975)	− 0.12550 *** (0.03266)	− 0.73948 *** (0.04846)	0.08179 (3575)
co_high50	− 0.02126 (0.02018)	− 0.02505 (0.01927)	0.00380 (0.00661)	− 0.05915 *** (0.01883)	− 0.05783 ** (0.02805)	− 0.00319 (0.01642)
TFP50h	0.01987 (0.01237)	0.01965 (0.01212)	0.00022 (0.00295)	0.01747 ** (0.00832)	0.03055 ** (0.01236)	0.00495 (0.00720)
C. 以 75 分位为门槛识别高生产率企业						
co	0.06545 * (0.03771)	0.04712 (0.03543)	0.01834 (0.01259)	0.06288 * (0.03451)	0.01957 (0.05061)	0.04230 (0.02880)
ic	− 0.21256 *** (0.07173)	− 0.15838 *** (0.05901)	− 0.05418 * (0.03202)	− 0.05712 (0.08377)	0.19363 ** (0.08453)	0.04491 (0.04772)
tcz	0.16302 *** (0.03290)	0.36495 *** (0.03146)	− 0.20193 *** (0.00971)	− 0.12019 *** (0.03269)	− 0.73887 *** (0.04852)	0.08241 (3662)

续表

变量	(1)	(2)	(3)	(4)	(5)	(6)
	total	*add*	*drop*	ln_*total*	ln_*add*	ln_*drop*
C. 以 75 分位为门槛识别高生产率企业						
co_high75	− 0.01320	− 0.00638	− 0.00682	− 0.04500 **	− 0.01842	− 0.01141
	(0.02473)	(0.02375)	(0.00766)	(0.02141)	(0.03108)	(0.01868)
TFP75h	0.01484	0.00278	0.01206 ***	0.02245 **	− 0.00245	0.01688 **
	(0.01237)	(0.01212)	(0.00312)	(0.00875)	(0.01300)	(0.00759)

以上回归分析结果说明，在两控区政策压力下，高生产率的企业产品转换率的增速降低，即转换的意向有所降低，其更可能集中于现有产品的内在创新以提高竞争优势。此外，两控区城市虚拟变量 *tcz*、控制产业虚拟变量 *ic* 以及两者的交互项 *co* 的系数符号与前面保持一致，说明本章的结果是稳健的。环境规制加强和大萧条都是对企业经营产生的负向冲击，因而在面临负向冲击时，企业可以从产品层面扩展边际增加产品的类型（如环境友好型的新产品）或者产品层面集约边际改进既有产品（通过进行现有产品生产过程的环境友好型改革、内生创新降低成本等方式实现），由于高生产率企业具有强大的内生创新能力，因而对通过产品层面扩展边际进行资源优化配置的方式依赖更弱，也就具有更小的产品转换率。

4. 外在因素四：所有制差异。企业在面临环境规制加强时，一方面需要根据自身经营能力等因素去应对规制遵从成本增加；另一方面企业还可以利用自己的"游说"能力去降低规制实施给企业带来的压力。为此，本章引入企业所有制差异，以国有资本比例（*state_ratio*）作为所有制差异的代理变量，分析两控区政策对产品转换行为的影响，结果如表 7 - 9 所示。在表 7 - 9 中，*co_state* 表示两控区城市、控制产业和国有资本比例的交互项，即 *co_state = tcz × ic × state*。第（1）~（3）列中 *co_state* 的回归系数在统计上显著为负，即国有资本比重越高的企业，环境规制对企业产品总转换率，创造率以及剔除率的影响均越小。第（4）~（6）列是以相应转换行为变量的增速作为被解释变量，*co_state* 的回归系数仍然在 1% 的水平上显著为负。表 7-9 的结果说明国资比例高的企业可能受到的规制偏向较为显著，导致其在两控区政策实施后的产品转换行为较弱。如果从资源配置视角看，所有制差异引致的产品层面资源的错配，不利于经济长期健康发展。

表 7-9　　　　　　　　　　产品转换率影响与所有制差异

	(1)	(2)	(3)	(4)	(5)	(6)
	total	add	drop	ln_total	ln_add	ln_drop
co	0.08190 **	0.05768 *	0.02422 *	0.06485 *	0.03796	0.05284 *
	(0.03567)	(0.03281)	(0.01297)	(0.03541)	(0.05218)	(0.02940)
co_state	-0.18589 ***	-0.13827 **	-0.04762 ***	-0.12360 ***	-0.19090 ***	-0.13605 ***
	(0.05997)	(0.05707)	(0.01649)	(0.04291)	(0.06133)	(0.03934)
state_ratio	0.08310 **	0.05272 *	0.03037 ***	0.09646 ***	0.11477 ***	0.14197 ***
	(0.03291)	(0.03198)	(0.00736)	(0.01961)	(0.02948)	(0.01590)

注：*** 、** 、* 分别表示在 1% 、5% 和 10% 的水平下显著；括号内为稳健标准误；以上估计均包含控制企业特征，并控制城市固定效应、行业固定效应以及年度固定效应。

资料来源：笔者通过 Stata13.1 计算整理。

第五节　影响产品转换的稳健性检验

一、进一步剔除政策影响下企业内生行为选择

由于数据所限，本章无法直接识别两控区内部样本在没有政策实施时的情况，只能从城市—行业维度进行研究。然而，两控区政策实施后进入的企业在选择进入市场时就已经考虑了两控区政策的影响。对于政策影响前已经进入的企业而言，企业行为存在一个显著的再调整与适应过程，而这种调整也可能会持续到本样本期内，因而其与政

策实施后进入的企业可能存在显著差异。本章进一步将企业分成两组，一组是政策实施后进入的企业即 1998 年后进入的企业，另一组是 1998 年前进入的企业。构建了规制实施年份的虚拟变量 post，若为 1998 年后进入的企业 post = 1；反之，post = 0。co_post 表示两控区城市、控制产业和规制实施年份的交互项，即 $co\_post = tcz \times ic \times post$。具体结果见表 7 - 10。第（1）~（6）列中规制年份虚拟变量 post 的系数均在 1% 的水平上显著为正，说明政策实施前后进入的企业在产品转换率方面存在显著差异。在第（1）、第（3）、第（4）和第（5）列中，交互项 co_post 的系数在 1% 的水平上显著为负，说明政策实施后进入的企业，环境规制对企业产品转换的影响较小。政策实施后进入的企业进入市场时便会选择符合环境规制标准的产品，因而其规制约束对生产经营的动态影响较弱，产品转换率较低。与此同时，本章剔除 1998 年后的样本，在此基础上观察两控区政策的影响，结果见表 7 - 11。第（1）和第（4）列的交叉项系 co_high50、co_scale_l、co_state、co_age 的系数均显著为负，与前述基于企业特征分析结果相一致。存续时间长、规模大、生产率高、国有资本比例高的企业，环境规制对产品转换的影响越小。

表 7 - 10　　政策约束下企业行为选择：进一步考虑政策实施的动态影响

变量	(1)	(2)	(3)	(4)	(5)	(6)
	ln_total	ln_add	ln_drop	total	add	drop
co	0.05816 *	0.01777	0.04757 *	0.06756 *	0.05056	0.01699
	(0.03426)	(0.05001)	(0.02848)	(0.03779)	(0.03553)	(0.01251)
co_post	− 0.08302 ***	− 0.06332	− 0.08083 ***	− 0.07951 **	− 0.07398 **	− 0.00553
	(0.02731)	(0.04105)	(0.02393)	(0.03189)	(0.03131)	(0.00953)
post	0.07480 ***	0.08604 ***	0.04152 ***	0.10348 ***	0.09387 ***	0.00961 ***
	(0.00940)	(0.01416)	(0.00795)	(0.01814)	(0.01803)	(0.00343)

注：***、**、* 分别表示在 1%、5% 和 10% 的水平下显著；括号内为稳健标准误；以上估计均包含控制企业特征，并控制城市固定效应、行业固定效应以及年度固定效应。

资料来源：笔者通过 Stata13.1 计算整理。

表 7 – 11　　两控区政策对产品转换影响的结构性：剔除进入企业样本

变量	(1) ln_total	(2) ln_add	(3) ln_drop	(4) total	(5) add	(6) drop
co_high50	− 0. 05522 *** (0. 0203)	− 0. 04052 (0. 0302)	− 0. 00692 (0. 0177)	− 0. 02159 ** (0. 0093)	− 0. 00749 (0. 0136)	− 0. 00429 (0. 0082)
co_scale_l	− 0. 02848 *** (0. 00810)	− 0. 04113 *** (0. 01213)	− 0. 01768 ** (0. 00716)	− 0. 02233 ** (0. 00960)	− 0. 02160 ** (0. 00911)	− 0. 00073 (0. 00302)
co_state	− 0. 14717 *** (0. 04513)	− 0. 19676 *** (0. 06466)	− 0. 14975 *** (0. 04129)	− 0. 20930 *** (0. 06526)	− 0. 15629 ** (0. 06218)	− 0. 05302 *** (0. 01739)
co_age	− 0. 00422 ** (0. 00177)	− 0. 00357 (0. 00266)	− 0. 00472 *** (0. 00159)	− 0. 00643 *** (0. 00187)	− 0. 00440 ** (0. 00175)	− 0. 00203 *** (0. 00067)

注：***、**、* 分别表示在1%、5%和10%的水平下显著；括号内为稳健标准误；以上估计均包含控制企业特征，并控制城市固定效应、行业固定效应以及年度固定效应；以上估计每一个统计量均对应一个估计方程。

资料来源：笔者通过 Stata13. 1 计算整理。

二、加工贸易类型企业是否会影响基本结论

有研究发现，外资企业在中国进行了大量的加工贸易活动，然后将其出口到所在的发达国家，从而构建了以外资企业为主导的国际生产网络体系（Manova and Zhang，2009）。与一般贸易的区别在于，加工贸易除了受环境规制约束外，还可能受出口国家客户订单的影响（钱学锋等，2013）。那么，加工贸易企业的存在是否会根本影响本章的基本结论？由于采用双重差分的识别思路，因此如果加工贸易订单的影响是全局性的，那么加工贸易企业的存在也不会根本影响基本结论。再者，即使存在干扰，只要企业受环境规制约束，那么其在选择订单时仍然会考虑政策的影响，本章认为加工贸易企业的存在不会产生严重影响。相反，剔除加工贸易的企业可能会导致样本缺失，代表性不足等问题①。尽管如此，

---

① 据测算，两控区内加工贸易企业占比为42%，而非两控区内加工贸易企业占比为24%，因而删除加工贸易企业的样本数据，势必会影响整体结论的稳健性。

本章还是检验了剔除加工贸易企业样本后，两控区政策对产品转换行为的影响，结果见表 7 - 12。表中两控区政策 *co* 的系数虽然未通过显著性检验，但其呈现的相关关系依然为正向影响。再者，考虑两控区政策前后企业面临的环境规制约束差异后，发现第（1）~（2）列中 *co_post* 的回归系数在 10% 的水平上显著为负，两控区政策对一般贸易企业而言，对于政策实施前进入的企业具有较高的产品转换率，而这一影响具有平均意义上的产品创造效应。

表 7 - 12　　　　　　　　　　　剔除出口加工贸易后政策基本影响

变量	（1）	（2）	（3）	（4）	（5）	（6）
	total	add	drop	ln_total	ln_add	ln_drop
co	0.02523	0.02656	- 0.00133	0.03310	0.00160	0.00509
	(0.04408)	(0.04161)	(0.01426)	(0.03765)	(0.05750)	(0.03170)
ic	0.02122	0.04344	- 0.02222	0.04968	0.01770	0.07968
	(0.09517)	(0.08917)	(0.02989)	(0.07645)	(0.13427)	(0.06101)
tcz	0.17953 ***	- 0.29576 ***	0.47529 ***	- 0.07792 **	- 0.71832 ***	- 0.60367 ***
	(0.06004)	(0.05850)	(0.01583)	(0.03799)	(0.05715)	(0.03762)
co_post	- 0.07117 *	- 0.06965 *	- 0.00152	- 0.06179 **	- 0.03658	- 0.05386 **
	(0.03897)	(0.03839)	(0.01091)	(0.03023)	(0.04567)	(0.02658)
post	0.09150 ***	0.08712 ***	0.00439	0.03896 ***	0.04901 ***	0.01933 **
	(0.02523)	(0.02522)	(0.00417)	(0.01100)	(0.01677)	(0.00912)
Observations	38876	38876	38876	33650	28546	27944
R-squared	0.04292	0.03018	0.05374	0.07458	0.05607	0.06084

注：***、**、*分别表示在1%、5%和10%的水平下显著；括号内为稳健标准误；以上估计控制企业特征变量、城市固定效应、行业固定效应以及年度固定效应。

资料来源：笔者通过 Stata13.1 计算整理。

三、剔除企业进入退出对政策影响估计的干扰

伴随着某个企业产品的减少可能是该企业退出市场，反之，某种产品的增加也可能是有新企业的进入（Brandt et al.，2012）。因此，在考

察企业内部产品再配置行为时，企业进入退出可能会带来干扰。基于样本期内始终存在的连续型企业的平衡数据，本章进行了再验证，见表 7 - 13，第（1）、第（2）、第（4）、第（6）列中 *co_post* 的系数在 1% 的统计性水平上显著为负，这与前面回归结果保持一致。同样，政策交互项 *co* 的系数与产品转换率之间依然呈现正向相关关系。因此，剔除进入退出后，两控区政策对产品转换行为具有的显著影响具有稳健一致性。

表 7 - 13　　　　　　　　剔除企业进入退出可能的影响

变量	(1) total	(2) add	(3) drop	(4) ln_total	(5) ln_add	(6) ln_drop
co	0.04041 (0.06288)	0.05373 (0.05908)	− 0.01332 (0.01973)	0.03616 (0.05529)	− 0.00601 (0.07982)	0.01513 (0.04491)
co_post	− 0.11335 ** (0.04401)	− 0.11796 *** (0.04346)	0.00461 (0.01424)	− 0.14982 *** (0.04073)	− 0.11253 * (0.06295)	− 0.10253 *** (0.03663)
post	0.13352 *** (0.02728)	0.12923 *** (0.02728)	0.00428 (0.00537)	0.09113 *** (0.01481)	0.12416 *** (0.02235)	0.04483 *** (0.01249)
ic	− 0.27008 *** (0.07609)	− 0.16081 ** (0.07063)	− 0.10927 *** (0.02921)	− 0.11052 (0.08615)	0.07996 (0.12152)	− 0.02368 (0.07485)
tcz	0.38656 *** (0.10385)	0.37498 *** (0.09682)	0.01158 (0.08936)	0.11224 (0.20567)	0.08721 (0.26180)	− 0.14322 *** (0.03843)
Observations	32347	32347	32347	27052	22695	22056
R-squared	0.06218	0.03844	0.07981	0.11841	0.08054	0.11644

注：***、**、* 分别表示在 1%、5% 和 10% 的水平下显著；括号内为稳健标准误；以上估计控制企业特征变量、城市固定效应、行业固定效应以及年度固定效应。

资料来源：笔者通过 Stata13.1 计算整理。

四、是否存在随机因素影响基本结论

尽管已经进行了各种方式的稳健性检验，但是仍有可能由于遗漏变量、随机因素等影响基本结论。为此，本章采用反事实的方法进行检验，参照现有研究的做法（Ferrara et al.，2012；Li and Lu，2016）将城市进行随机分组。随机的选取 158 个城市并将其命名为 $tcz\_false = 1$，其他的城市为 $tcz\_false = 0$，并采取构造的 tcz_false 与重点受政策影响的产业进行交互得到 co_false，估计 co_false 对产品转换行为的影响。为了尽可能地使得分组更为随机，将以上过程循环 500 次，即进行 500 次随机分组，并基于方程（1）进行 500 次估计。如图 7 - 8 所示，它给出了 500 次随机分组下为两控区政策对总的产品转换率的估计系数的分布图。从中可以很明显发现，随机分组的估计系数分布均接近于 0，且本章基准估计中得到的估计结果落在分布图的最右侧的零星区域，综合来看，不存在随机因素对估计结果产生影响，进一步佐证了基本结论的稳健性。

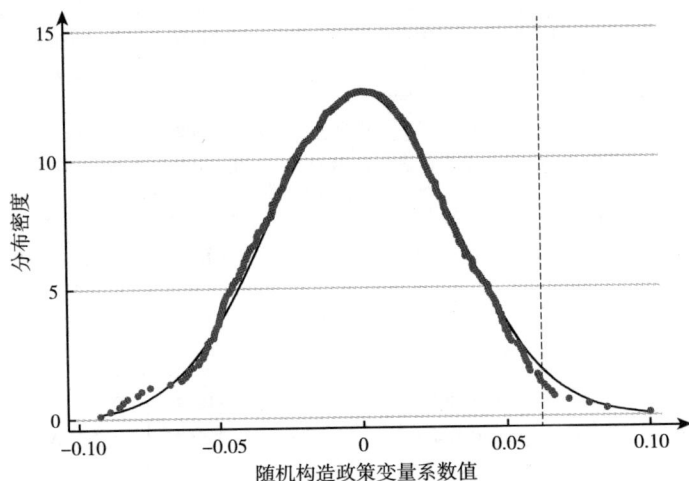

图 7 - 8　对产品转换率影响的随机分组估计

注：该图基于对两控区城市进行 500 次随机分组并基于表 7 - 1 第（1）列重新进行估计得到政策系数分布，竖线为表 7 - 1 第（1）列 co 的估计系数值。

资料来源：笔者绘制。

第六节　能否通过影响产品转换提升产品质量

通过上面可知，环境规制将显著提升企业产品转换率，那么很自然的疑问就是这一转换最终对产品质量提升产生何种作用？为了探究这一影响，本章基于施炳展（2013）方法测算了产品质量。本章考虑了产品价格、产品数量以及产品出口国随时间变动的固定效应等可能对产品质量的影响。同时，为了使产品质量在不同产品间可比，对估计得到的产品质量进行了标准化。进一步使用企业某一产品的出口额占当年企业总产品出口额的比重作为权重将产品质量加总到企业层面以进行经验分析。具体而言，企业层面产品质量表示为：$quality_{it} = v_{imth} \times r / \sum\limits_{imth \in \Omega} v_{imth} - quality_{imth}$。其中，$i$ 代表企业；t 表示年份；m 表示出口目的地国家；h 表示产品；Ω 表示为企业出口的产品束；$r - quality_{imth}$ 是企业 i 在 t 年出口到 m 国的 h 产品的标准化质量；v_{imth} 表示企业 i 在 t 年出口到 m 国的 h 产品的出口额；$quality_{it}$ 表示企业 i 在 t 年出口产品的整体质量。为了综合得到环境规制通过产品转换对产品质量的影响，可以构造以下方程：

$$quality_{it} = \alpha + \beta_1 ic_{it} + \beta_2 tcz_{it} + \delta ic_{it} \times tcz_{it} + \gamma X_{it} + \varepsilon_{it}$$

该方程得到环境规制对产品质量的综合影响，但这一影响未考虑企业产品转换差异。为此，本章进一步加入产品转换指标（total 或 add 或 drop）以及产品转换指标与 co 的交互项（coswitch = ic × tcz × g），以此得到不同产品转换约束下规制对产品质量的影响：

$$quality_{it} = \alpha + \beta_1 ic_{it} + \beta_2 tcz_{it} + \delta ic_{it} \times tcz_{it} + \eta ic_{it} \times tcz_{it} \times g_{it} + \gamma X_{it} + \varepsilon_{it}$$

具体研究中，本章不仅给出了以两控区政策代表的环境规制对水平层面产品质量的影响，还估计了其对产品质量增长率的影响。见表 7 – 13，第（1）列给出了政策对产品质量影响的估计结果，第（2）~（7）列给出了不同产品转换下政策对产品质量及其增长率的影响。无论是否考虑产品转换差异，政策 co 的系数显著为负，表明政策自身对整体的产品质量并未产生产品质量提升效应，相反却降低了产品质量。结果还表明，无论是总的产品转换率（total）、产品创造率（add）还是产品剔除率（drop），产品转换对产品质量及其增速的影响总是正向的。结合产品转换行为后发现产品转换越高的企业，两控区政策实施对其产品质量提升作用越显著，而这一影响对产品转换率（total）、产品创造率（add）均成立，且均通过显著性检验。有研究认为，产品转换行为是"破坏性创新"的一种（Choi and Hahn, 2013), 进一步结合前述政策整体具有的产品转换率提升的研究结论, 可以推断那些在两控区政策实施下产生显著产品转换行为的企业将具有更高的产品质量。尽管两控区政策本身可能由于成本施加无法提升整体产品质量, 但其可通过提高产品转换率, 提升那些受政策约束而采取产品转换行为的企业的产品质量。而且, 通过表 7-14 可知, 两控区政策通过影响企业产品转换行为, 不仅相对地提升产品质量还相对地提升了其增速。在不同产品转换类别中, 相对产品剔除率, 两控区政策通过产品创造率对产品质量增速的影响更显著。但从产品质量增长来看, 两控区政策通过产品剔除率的影响比通过产品创造率的影响大 (通过比较 *coadd* 和 *codrop* 对 *quality* 系数可以给出示意性结论)。

表 7-14　　　　　　　　两控区政策与产品质量

变量	(1) quality	(2) quality	(3) quality	(4) quality	(5) ln_quality	(6) ln_quality	(7) ln_quality
co	-0.75306 *** (0.18662)	-0.92636 *** (0.18277)	-0.85185 *** (0.18414)	-0.86762 *** (0.18056)	-0.16017 *** (0.03842)	-0.12524 *** (0.03626)	-0.07193 ** (0.03655)
coswitch		0.19841 ** (0.07964)			0.13687 *** (0.02820)		
coadd			0.16514 ** (0.08103)			0.14234 *** (0.02920)	
codrop				0.41807 * (0.22279)			0.05171 (0.04095)
total		0.57589 *** (0.03415)			0.17088 *** (0.02383)		
add			0.55995 *** (0.03401)			0.16122 *** (0.02341)	
drop				0.62838 *** (0.07933)			0.25865 *** (0.01506)
Observations	65775	65775	65775	65775	65775	65775	65775
R-squared	0.16122	0.16608	0.16555	0.16166	0.30155	0.29702	0.27480

注: *** 、 ** 、 * 分别表示在 1%、5% 和 10% 的水平下显著; 括号内为稳健标准误; 以上估计控制企业特征变量、城市固定效应、行业固定效应以及年度固定效应。

资料来源: 笔者通过 Stata13.1 计算整理。

为了进一步说明表 7 - 14 的结论，本章通过考察不同国有资本比例企业受两控区政策影响的产品质量提升行为。为此，本章将不同产品转换约束下规制对产品质量影响的方程（3）中的产品转换指标与 co 的交互项替换为国有资本比例 $state\_ratio$ 与 co 的交互项进行估计，实证结果见表 7 - 15，其中第（1）列是以产品质量作为因变量，第（2）列则以产品质量增长率作为被解释变量。同表 7 - 14 一致，无论是对产品质量还是产品质量的增长率 co 的系数显著为负表明两控区政策整体抑制了产品质量提升。co_state 对产品质量的影响系数为负值且通过 1% 的显著性检验，但其对产品质量增长率的影响系数为正，未通过显著性检验。尽管从 $state\_ratio$ 的单项看，国有资本越高的企业产品质量并不表现为显著较低，但对于国有资本比例越高的企业而言两控区政策的影响导致产品质量相对较差。同时结合上面的结论，即国有资本比例越高的企业，受两控区政策影响后的产品转换行为越弱，由此可以进一步推断两控区通过影响产品转换行为相对地提升了产品质量。

表 7 - 15　　　　　　　所有制差异、环境规制与产品质量

变量	（1） *quality*	（2） ln_*quality*
co_state	- 1. 5460 *** (0. 551)	- 0. 0018 (0. 0508)
co	- 0. 6727 *** (0. 1964)	- 0. 0699 * (0. 0372)
state_ratio	0. 6171 * (0. 3563)	- 0. 1569 *** (0. 0252)
Observations	62832	62832
R-squared	0. 1659	0. 273

　　注：***、* 分别表示在 1% 和 10% 的水平下显著；括号内为稳健标准误；以上估计控制企业特征变量、城市固定效应、行业固定效应以及年度固定效应。

　　资料来源：笔者通过 Stata13. 1 计算整理。

第七节　小结与启示

本章依托两控区政策，以 2000~2006 年中国工业企业数据库与中国海关统计数据库合并匹配的出口工业企业为样本，通过识别两控区城市和重点受政策影响产业，研究发现两控区政策的实施显著提高了中国出口企业的产品转换率。考虑到环境规制与企业产品组合行为关系之间具有相对复杂性，本章又从企业特征层面基于企业生命周期、企业规模、生产率和所有制特征进一步分析发现，对存续时间越长、规模越大和高生产率的企业来说，受环境规制影响的对产品转换的影响较小。同时还发现，国有资本越高的企业，对两控区政策反应越不敏感，产品转换率相对较低，可能产生错配行为；由于产品转换行为可以视为企业在产品层面"破坏性创新"，依托产品转换可以在环境规制约束下相对的提升产品质量。在探究企业产品组合行为受环境规制影响的基础上，进一步分析环境规制约束下产品质量升级中产品转换行为作用，研究发现，尽管环境规制整体上会产品质量提升，但对于有产品转换行为的企业而言具有相对较高的产品质量，环境规制诱致的产品转换行为发挥了"破坏性创新"的积极作用。

党的十九大报告指出，要不断加强环境规制建设，同时还要求不断提升中国产业在全球价值链中的地位，如何实现两者的有机结合应该成为未来工作中的重点，而本章的研究结论可对此提供一个直接的经验证据。中国在环境规制的选择上要考虑不同类型企业的差异性，不能搞一刀切的模式。根据本章研究，环境规制可以充分诱致企业进行产品转换，则那些可以采取产品转换的企业则将会具有相对较高的产品质量。环境规制政策制定与实施时，需要采取可以诱致企业采取产品转换等产品间再配置行为的政策，以发挥其在促进企业产品质量提升的推动作用，同时还需要考虑企业的内在经营能力，加大对国有企业的改革力度。对于存续时间短的那些年轻企业应加强规制的实施强度，让其更快地了解市场信息和环境标准与要求，从成立之初就尽量减少高污染型产品的生产，优化企业产品组合。对小规模企业来说，经营方式更加灵活但对规制成本的分摊效应较弱，在环境规制的实施中应适当给予一定金融资金支持。创新能力弱的企业应当通过环境标准的提高激发企业进行技术改进和研发创新活动，帮助其尽快实现从生产能耗高的污染型产品转向能耗低的绿色环保型产品，改善产品质量。加快国有企业改革，转变国有企业内部的僵化体制，鼓励国有企业尽快进行人员重组和技术改造，合理发挥环境规制对产业升级的促进作用，有效带动国有企业内部实现产品优化配置。通过以上措施的综合实施，实现环境友好和产品质量提升的"双赢"发展之路。

第八章　环境规制对产业内资源错配的纠正

国家"十一五"规划将主要污染物减排目标确立为约束性指标，并将其完成情况与地方政府官员的绩效评价相挂钩，本章将其简称为约束性污染控制，以区别以往的污染控制方式。那么，需要思考的是类似环境规制是否会影响企业间的资源再配置问题，本章依托中国首次约束性污染控制计划，将尝试对其进行回答。

第一节　环境规制与企业间资源再配置

2006 年以来，随着国家"十一五"规划（以下简称"规划"）的全面实施，将主要污染物减排目标确立为约束性指标，并将其完成情况与地方政府官员的政绩相挂钩，环境规制首次实行污染"行政首长负责制"（以下将国家"十一五"规划的污染控制方式简称"约束性污染控制"），并取得显著的污染治理效果，如图 8 - 1 所示。此外，采取约束性污染控制的环境规制良好作用效果建立在其对企业（乃至产业）行为选择的基础上，那么在治理污染的同时，其对产业发展产生什么影响以及影响机制是什么？这是规制影响分析中不容忽视的关键问题，以此才可以识别政策的资源再配置效应并为后续政策制定提供经验支持。环境规制的直接影响是企业满足规制要求所带来的遵从成本，在生产技术、资源约束不变的条件下将会降低生产中有关劳动以及资本等要素投入，降低产业竞争力（Gray，1987；Gollop and Roberts，1983；Boyd and McClel-land，1999；等等），但是此类研究忽视了规制对产业发展的倒逼作用以及由此产生的创新产出等积极影响。波特（Porter，1991）以及随后的大量研究注意到在动态情形下规制对企业行为影响的资源效率优化及创新问题，发现良好设计的环境规制可能会提高而不是降低产业竞争力（Porter and Van Der Linde，1995；Jaffe and Palmer，1997；Berman and Bui，2001；Hamamoto，2006；Lanoie et al.，2008；等等）。但是，以上研究仅考虑了规制对企业自身资源配置的影响，忽视了规制在企业间关系层面的影响，更忽视了企业间普遍存在的异质性问题。事实上，规制遵从在企业的资源配置中不仅是一项要素投入，还可能形成规制"壁垒"影响企业间相对势力，进而影响行业的平均生产率水平。具体到约束性污染控制，"规划"要求"主要污染物总量控制指标纳入本地区经济社会发展'十一五'规划和年度计划，分解落实到基层和重点排污单位"，这一政策导向表明约束性污染控制的影响对于不同企业而言存在显著的作用差异，其资源再配置效应值得关注。为此，本章依托中国首次约束性污染控制，分析环境规制的资源再配置效应及其作用机制。

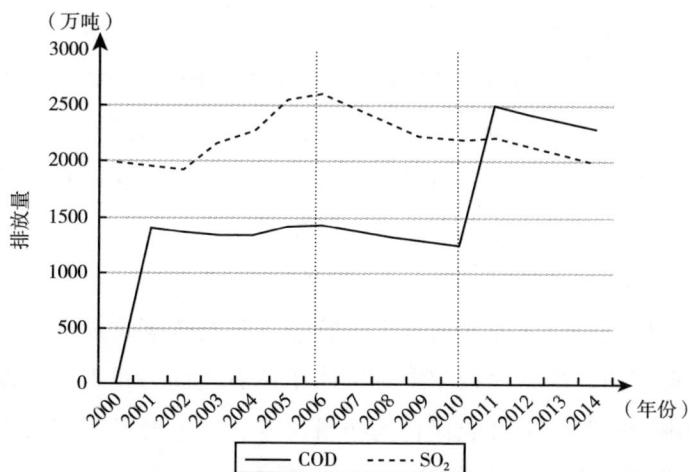

图8-1　中国主要污染物总量变动趋势

资料来源：笔者绘制。

规制是政府通过制定标准等方式，解决经济主体行为过程中产生的负外部性等市场不完全问题（Crafts，2006）。现有文献关于环境规制实施对企业生产率以及产业发展的影响机制讨论颇丰，具体表现在诸多学者研究认为，环境规制的直接影响是企业满足规制要求所带来的遵从成本，在生产技术、资源约束不变的条件下将会降低生产中有关劳动以及资本等要素投入，减缓企业生产率增长并降低产业竞争力。规制的生产率影响分解为测度效应（measurement effect）和真实效应（real effect），分析发现美国 20 世纪 70 年代的 OSHA 与 EPA 每年降低制造业企业生产率约0.44 个百分点（Gray，1987）；以二氧化硫排放限制的电力行业为例，得出受限公用事业的平均生产率增长率每年下降 0.59 个百分点的相近结论（Gollop and Roberts，1983）；将环境绩效纳入生产力衡量标准，在得出环境约束使生产减少 9% 的基础上，分解测算出损失的 1/4 由污染减排的资本约束所致（Boyd and McClelland，1999）。从结论来看，以上的文献大多认为规制之所以降低生产率源于规制遵从成本的增加导致生产型要素投入不足即挤出效应，其忽视了规制影响下对生产过程（production process）的可能影响（Becker，2011），同时，样本选择及测量误差等也会影响结果的稳健性（Berman and Bui，2001）。如果考虑规制对生产过程的影响，严格且适宜的规制并不必然降低生产率，甚至可以引导技术创新等提升生产率。考虑规制对生产过程的影响，后续又有文献提出假说认为，良好设计的环境规制可能会提高而不是降低产业竞争力（Porter，1991；Porter and Van Der Linde，1995）。此后，关于具体规制提高技术创新进而影响生产率的研究开始涌现（Jaffe and Palmer，1997；Hamamoto，2006；Berman and Bui，2001）。

理论上讲，由于环境规制的"波特假说"与规制遵从导致的挤出效应呈现相反方向，规制政策净影响取决于两者之间力量对比。此外，具体研究中由于规制指标可能存在的测量误差、样本选择等因素也会影响规制资源再配置效应结论稳健性，以上两个方面是目前经验研究结论莫衷一是的重要原因。尽管以上相关研究对于认识规制的生产率影响以及作用机制具有重要意义，但是仍有一些问题值得商榷。以上研究只是关注到规制对企业自身的生产率影响，其既定假设是规制对所有企业的影响是对称的，那么规制只能通过影响企业内部的生产要素重组及内部技术创新等途径影响生产率，即规制不具有资源再配置效应。第一，仅仅将规制遵从视为一项要素投入，忽略了规制影响下的要素市场扭曲问题，而这一扭曲将会显著影响行业生产率水平，即规制的资源再配置效应。相对于要素市场同质企业的最优均衡，异质性企业约束下要素扭曲作用将会降低生产率较高企业的要素资源使用进而降低其产量（Restuccia and Rogerson，2008；Hsieh and Klenow，2009；Brandt et al.，2012），而环境规制在面对企业异质性时仍可能引致资源的再配置，甚至扭曲资源再配置，降低资源再配置效率。第二，现有研究关于环境规制对产业发展影响的研究大多是以加总的地区或者产业为研究对象，基于企业间在投入、产出和生产率水平等方面存在显著的差异（Hopenhayn，1992；Baily et al.，1992；等等），规制的影响很容易产生非对称性，而规制非对称性则可能产生规制的资源再配置效应（Tombe and Winter，2015），探究基于企业层面行为选择的环境规制如何导致资源再配置效应显得非常有必要。

　　作为进行环境规制资源再配置影响的文献开创性，现有研究发现，基于污染强度而设定的规制标准实施将会在企业间产生明显的非对称影响（Tombe and Winter，2015），这一非对称作用的规制影响将会在要素市场均衡中形成一个"楔子"可能引致资源错配，其对本书具有重要启示意义，但其仍然无法直接解释中国的环境规制实施影响：规制实施背景与中国存在显著差异。本章研究的首次约束性污染控制要求对重点行业以及重点排污单位进行监控，其实质是对污染程度较高的部门进行更为严格的规制。但污染程度较高的部门往往是当地 GDP、就业以及税收的主要贡献者，因而在约束性污染控制实施前重点污染单位在环境规制方面受到地方政府默许或者保护（Jia and Nie，2017；等等）①。规制无约束假设的基期是无扭曲的要素市场均衡状态，而本章的研究基期（实施约束性污染控制前）存在显著非对称规制问题，同时约束性污染控制后又实施了另一项非对称规制政策。在以上研究基础上，本章依托首次约束性污染控制分析环境规制如何影响资源再配置效率，并揭示其内在影响机制。

---

　　①　限于数据获得问题，本章无法量化哪些企业受到地方政府的影响。

第二节　研究策略、变量选择与数据说明

一、研究策略

自 20 世纪 70 年代以来，中国在环境规制方面进行了不懈努力：1987 年颁布针对工业和燃煤污染为主的《大气污染防治法》，旨在采用浓度控制的方式控制酸雨和抑制二氧化硫污染、消烟除尘和进行工业点源污染治理；1998 年通过划分酸雨控制区和二氧化硫污染控制区首次实现了差别化规制并进行属地管理；2005 年国家 "十一五" 规划转变了整体的政策思路，明确提出在 "十一五" 期末全国主要污染物（SO_2 和 COD）排放总量减少 10% 作为约束性指标，并强调将 "约束性指标" 纳入目标考核作为政治晋升的重要指标。从实施效果来看，两控区政策虽然取得一定成效但收效甚微，如图 8 - 1 所示，而首次约束性污染控制显著缓解了污染排放问题。对比约束性污染控制实施前后的规制效果，SO_2 总量变动趋势图以 2006 年为界形成鲜明拐点，COD 总量变动趋势虽不是很明显，但其在 2006 年仍然有一个相对微弱的拐点，如图 8 - 1 所示，超额完成了规划目标，但其对产业的影响，尤其是对资源再配置的影响不能忽视。

图 8 -2 绘制了约束性污染控制与资源配置的趋势图，横轴为约束性污染控制，纵轴为以行业内 TFP 以及以 TFP 标准差度量资源错配的平均值。如图 8 -2 所示，随着约束性污染控制的提高，资源错配具有降低而 TFP 具有提升的趋势。分行业观察，可以发现污染行业约束性污染控制 TFP 提升趋势相对更为明显。约束性污染控制在不同地区间规制约束为本章进行环境规制识别提供了方便。同时约束性污染控制从 2006 年才开始实施，则极大地方便了在时间维度上进行的环境规制识别。此外，污染行业是约束性污染控制的直接约束对象，而非污染行业相对而言受环境规制影响较小。如构造模型：

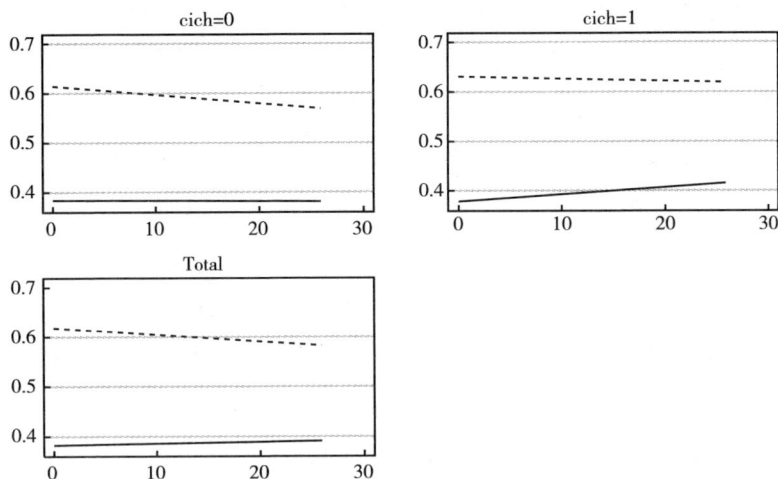

图 8 − 2　分行业资源错配和企业生产率变化趋势

注：实线为 lntfp_op、虚线为 mistfp_sd 拟合趋势；横轴为规制指标，纵轴是资源错配指标。

资料来源：笔者利用 Stata 软件绘制。

$$mis_{it} = \mu_i + \beta regu_{it} + \theta Z_{it} + \varepsilon_{it}$$

其中，mis 是资源错配水平；$regu$ 即环境规制指标；Z_{it} 则为其他可能影响 mis 的变量（包括地区固定效应、行业固定效应、时间固定效应以及地区与时间联合固定效应）。

由于 $regu$ 在地区层面存在显著差异，且在约束性污染控制实施前后存在时间层面变动。那么很自然的，$regu$ 测度的是相对规制强度较低的地区，规制强度较高地区实施约束性污染控制带来的资源再配置效应。本章经计算发现约束性污染控制实施前后，污染行业与非污染产业存在显著的 TFP 差异，从侧面说明约束性污染控制将直接影响污染行业。通过构造污染行业的对照组，可以较为稳健的分析规制对污染行业资源再配置的影响。以上模型无法体现约束性控制中对重点行业（污染行业）带来的影响，因而存在显著缺陷。为此可以对其进行调整，得到：

$$mis_{it} = \mu_i + \eta regu_{it} \times cich + \rho cich + \lambda regu_{it} + \theta Z_{it} + \varepsilon_{it}$$

此模型与初始模型显著区别在于引入污染行业虚拟变量（$cich$），但是其表达的含义却与初识模型存在显著差异。此处 η 的系数测度是相对非污染行业而言，污染行业的行业资源配置水平在不同规制强度影响的变动情况，因此，η 的估计体现了双重差分的思想。污染行业的划分依据环保部颁布的"上市公司环保核查行业分类管理名录"进行确定，并使用虚拟变量进行识别，$cich = 1$ 则为污染行业，否则等于 0 代表非污染行业。由于约束性污染控制的非对称性特征，本章将以修正后的模型为基础进行基准分析。此外，国家"十一五"规划不仅规定了污染控制约束目标，同时也规定了能耗降低的约束目标。观察发现，"十一五"规划对全国各省的能耗降低目标中有 20 个省区市保持一致（均将约束目标设置为 20%），其余省区市除吉林设置为 30%、山西与内蒙古设置为 25%，西藏与海南设置为 12% 外，大多省区市的能耗降低目标非常接近 20%，大部分样本的能耗降低目标不存在变动。为了尽可能消除节能控制目标可能产生的干扰，本章剔除了能耗控制目标不是 20% 的相关样本，即仅保留 20 个省级地区样本进行分析。

二、资源再配置水平的测度：资源错配的生产率分布法

在分析资源再配置的同时，本章也考察约束性污染控制对平均意义上企业生产率的影响，以此来分析规制对行业 TFP 的影响。如何识别稳健可靠的 TFP 是目前进行 TFP 测度时不能忽略的问题，这是因为企业进行要素投入决策往往跟 TFP 有关，因而要素投入是内生的（Griliches and Mairesse，1995）。OLS 估计则要求要素投入是外生变量，即使控制个体的固定效应也不能解决要素投入的内生性问题，这是因为时间可变的生产率冲击依然会影响要素投入决策（Aghion et al.，2015），因而使用 OLS 进行要素投入系数估计是有偏差的，以此为基础测算 TFP 是不恰当的。为此，本章基于的半参数估计法（OP 法）进行 TFP 测度。由于 OP 法使用投资作为 TFP 冲击的代理变量，但投资与 TFP 之间可能不具有单调性，因而受到部分学者批评（Levinsohn and Petrin，2003）。为了尽量减弱这一影响，本章删除了投资为非正值和缺失值的样本。OP 法测算 TFP 不仅解决了要素投入的内生问题，也可以解决样本选择问题，即考

虑企业的进入退出问题。

关于资源再配置水平，近年来学界大多采用资源错配（resource mis-allocation）的概念进行描述，在要素投入存在扭曲的前提下，通过企业利润最大化测度资源误置程度，是测度资源误置的重要方法（Hsieh and Klenow，2009；Aoki，2012）。但是，他们对要素投入存在扭曲的前提假设忽略了其他因素带来的资源错配影响。此外，还有一类文献使用生产率离散度来刻画资源错配程度（聂辉华和贾瑞雪，2011；Asker et al.，2014；等等）。TFP 离散度测算资源错配的方法更为全面、准确①，因而本章以 TFP 离散度为基础测度资源错配作为资源再配置水平的代理变量。基准分析中，本章以行业内 TFP 的四分位距来测度资源配置水平（Lashitew，2015），并使用 TFP 的 90% 分位与 10% 分位之比以及行业内 TFP 的标准差作为稳健性检验，以期得到约束性污染控制资源再配置影响地更为稳健的结论。

三、数据来源与处理

选择以 1998～2007 年②"中国工业企业数据库"中的制造业部分为基础进行分析。该数据库涵盖了全部国有工业企业以及规模以上（主营业务收入在 500 万元及其以上）非国有工业企业。该数据库存在样本重合等诸多问题（聂辉华等，2012），需要对其进行处理。本章在系列文献（Brandt et al.，2012；杨汝岱，2015）的基础上对该数据库的进行处理。首先，以"法人代码"进行匹配，若有匹配不上或"法人代码"重复，则进而用"企业名称"匹配。若"企业名称"匹配不上或重复，则使用"法人代表姓名 + 地区（县）"进行匹配；依次类推采用"地区（县）+ 行业类别（三位数行业）+ 电话号码""开工年份 + 地区（县）+ 行业类别（四位数行业）+ 邮政编码 + 主要产品 1""法人代

① 当然，由于没有考虑行业等个体特征，也存在一定不足（钱学锋和蔡庸强，2014）。

② 本章研究的问题具有特殊性，其实施影响区间恰好在 2006～2010 年，但是由于 2008～2010 年的数据中缺乏增加值等核心变量，没法进行分析。作为对规制政策平均净政策影响的探索性研究，本章认为 2006～2007 年仍然可以观察到规制政策最资源再配置的影响。

码 + 登记注册类型 + 国有控股情况"共 11 个基准变量进行匹配得到非平衡面板数据集。其次，对形成的非平衡面板数据集进行进一步处理，删除工业增加值、固定资产合计、中间投入为负以及劳动力（从业人数）小于等于 8 人的观察值。为了消除价格影响，本章以 1998 年为基期，利用工业生产者出厂价格指数及固定资产投资价格指数分别对工业增加值和固定资产合计、本年折旧、中间投入、固定资产净值平均余额进行价格平减。最后，由于处理后数据仍然存在部分缺失值，使用固定资产合计、固定资产净值、本年折旧等变量，通过永续盘存法计算企业层面的投资和资本存量。同时，根据工业增加值 = 工业总产值 – 中间投入 + 增值税的公式进行补齐。通过样本匹配、删除无效变量、价格平减等处理过程，最终得到 1998 ~ 2007 年的中国制造业企业数据库，以此为基础进行分析。

第三节 基准分析

资源再配置效率分析存在两个维度：一是细分到企业的 TFP；二是资源错配程度为代表的资源再配置水平。为了揭示环境规制对资源再配置的影响，本章分别分析环境规制对 TFP 以及资源错配的影响。

一、约束性污染控制与 TFP

在约束性污染控制中，"十一五"规划分别规定了二氧化硫（SO_2）和化学需氧物（COD）的约束性控制目标（COD 污染控制表示为 *reguc*，SO_2 污染控制表示为 *regus*）。检验表明，两个控制目标变量的相关性系数 0.97，同时将两者同时放入方程估计 ln*TFP* 时 VIF 检验分别达到 30 多，表明两者存在较为严重的共线问题。为了稳健性考虑，本章分别采取两污染物控制目标作为环境规制的设定基础，同时还对 SO_2 和 COD 控制目标进行加总（表示为 *regu_sum*）以体现两者的综合影响，表 8 – 1 给出了估计结果。第（1）~（3）列给出了环境规制对 lnTFP 影响的估计结果，第（4）~（6）列则给出了环境规制对资源错配影响的估计结果。为了尽可能控制其他变量带来的影响，本章还控制了省级固定效应、年度固定效应、四位数行业固定效应以及省级地区与年度的联合固定效应，因而可以一定程度消除地区、时间、行业以及地区随时间变动的影响因素的可能干扰，得到稳健性的环境规制影响结论。

表 8 - 1　　基准估计 I ：环境规制对资源错配与 TFP 的直接影响

变量	lnTFP			资源错配		
	（1）	（2）	（3）	（4）	（5）	（6）
reguc	0. 008 *** (0. 0006)			0. 0001 (0. 0006)		
regus		0. 0233 *** (0. 0003)			0. 0029 *** (0. 0005)	
regu_sum			0. 0092 *** (0. 0002)			0. 0027 *** (0. 0003)
reguc_h	0. 0012 (0. 0009)			- 0. 0037 * (0. 0020)		
regus_h		0. 0012 * (0. 0007)			- 0. 0041 ** (0. 0019)	
regu_h			0. 0006 (0. 0004)			- 0. 0021 * (0. 0010)
控制年度	是	是	是	是	是	是
控制省级	是	是	是	是	是	是
控制行业	是	是	是	是	是	是
控制省级 与年度联合	是	是	是	是	是	是
样本量	435830	435830	435830	50704	50704	50704
R^2	0. 0774	0. 0774	0. 0774	0. 1237	0. 1237	0. 1237

　　注：*** 、 ** 、 * 分别表示在1%、5%和10%的水平下显著；括号内为稳健标准误，聚类到省级地区层面；如非特别说明，本章以下表格将省略报告年度、省级、行业以及省级与年度联合等控制固定效应。

　　资料来源：笔者计算整理。

表 8 – 1 以对数形式的 TFP 为被解释变量分析了以污染物控制目标为基础识别的环境规制对产业发展的影响。从整体的估计结果来看，约束性污染控制（*reguc*、*regus* 或加总的 *regu_sum*，为了表达方便以下均以变量字母名进行描述）均通过显著性检验，其对 TFP 存在显著影响。具体来看，对于全部行业而言，*reguc*、*regus* 或加总的 *regu_sum* 对 TFP 的影响均具有积极影响，均通过 1% 的显著性检验，因而，从直接影响来看，首次约束性污染控制产生了积极提升 TFP 的作用，从具体数值看提升约束性污染控制目标 1 个百分点，其可提升 ln*TFP* 约 0.02 ~ 0.09 个百分点。结合"十一五"规划"主要污染物总量控制指标纳入本地区经济社会发展'十一五'规划和年度计划，分解落实到基层和重点排污单位"的具体要求，约束性污染控制的直接影响可能与行业具有相关关系。基于首次约束性污染控制实施的特征，本章还引入污染行业虚拟变量 *cich*，并构造环境规制与污染行业虚拟变量的交互项（分别以 *reguc_h*、*regus_h* 与 *regu_h* 代表 COD 污染控制、SO_2 污染控制以及综合污染控制与污染行业虚拟变量的交互项），以此探析环境规制对污染行业 TFP 的影响。表 8 – 1 第（1）~（3）列表明仅有 *regus_h* 通过 10% 的显著性检验，但查询 *reguc_h*、*regu_h* 的 P 值可知，其均在 10% 附近，基本可以认为其具有显著影响。因而以污染控制目标为基础识别的环境规制对污染行业 TFP 影响也具有积极影响，同时相对非污染行业而言其提升作用更大，其原因在于环境规制对污染行业内部产生了显著的"去错配"效应。

二、约束性污染控制与资源再配置

作为外生的环境规制政策，约束性污染控制可能带来要素的相对价格变化，进而产生资源再配置效应。为此，本章估计了基于 TFP 对数的行业内资源错配对约束性污染控制的反应方程，见表 8 – 1 第（4）~（6）列。可以发现，不考虑行业差异时，*reguc*、*regus* 及 *regu_sum* 对整体行业资源错配具有显著的提升错配（降低资源配置效率）的作用，其均通过 1% 的显著性检验。进一步结合首次约束污染控制实施特征发现，

无论是 *reguc_h*、*regus_h* 还是 *regu_h*，约束性污染控制与污染行业交互项均通过 10% 的显著性检验（其中 *regus_h* 通过 5% 的显著性检验），且其系数均呈现负值。估计结果表明，约束性污染控制对于整体的资源再配置具有不利影响，其提升了错配水平。但是，相对而言约束性污染控制对污染行业资源错配程度具有显著降低作用。约束性污染控制首先会对重点行业、重点企业（简称"重点单位"）进行监控，因而将会引导重点单位增加相关投资，将相关外部性内部化，而这一措施具有显著"要素扭曲"效应，进而降低污染行业的资源错配程度。

三、约束性污染控制在错配影响中的调节作用

根据有关研究，资源错配程度加深将会导致 TFP 降低，那么约束性污染控制对污染行业资源错配的降低作用将有可能提升相应的 TFP 水平。通过将资源错配引入 TFP 决定方程中，可以将资源错配影响 TFP 的机制揭示出来，估计结果见表 8 - 2。为了识别约束性污染控制的调节作用，本章按照年度将行业分成高错配产业（如果年度内行业错配高于平均值则定义为高错配产业 *mis_high* = 1，否则定义为低错配产业 *mis_high* = 0）和低错配产业并将其与约束性污染控制指标 *reguc*、*regus* 及 *regu_sum* 相乘得到 *reguc_mis_high*、*regus_mis_high* 与 *regu_mis_high*。表 8 - 2 可见，如果不考虑资源错配与其他变量的交互影响，资源错配 *mistfp_iqr* 将显著降低 TFP，这一结论佐证了目前有关资源错配对 TFP 影响的有关研究结论（Hsieh and Klenow，2009；Lashitew，2012；Restuccia and Rogerson，2008；韩剑和郑秋玲，2014）。从整体来看，*regus*、*reguc* 与 *regu_sum* 对 TFP 的影响通过 1% 的显著性检验，且其影响方向与表 8 - 1 保持一致为正向作用，表明约束性污染控制对企业而言产生了积极的 TFP 提升作用。同时，通过观察约束性污染控制与高错配行业的交互项系数，可知其均未通过显著性检验，即约束性污染控制并不会对一般产业产生调节作用。进一步结合重点污染行业，本章在约束性污染控制与高错配行业的交互项基础上再与污染行

业交互，即观察约束性污染控制是否对污染产业中高错配行业具有显著调节作用。表 8－2 中规制与污染行业交互项为正值（均通过 1% 的显著性检验），通过表 8－1 可知，污染行业本身的错配程度较高、且 *reguc_h*、*regus_h* 与 *regu_h* 显著为正值，同时表 8－2 中 *mistfp_iqr* 又显著为负值，综合以上几个系数特征，可以推断认为污染行业中约束性污染控制发挥了显著的积极调节作用，有利于污染行业"去错配"与 TFP 提升。值得注意的是，表 8－1 中整体上约束性污染控制提高了资源错配水平，但表 8－2 却显示约束性污染控制提升了 TFP 水平，直觉看与资源错配的经典文献不符。产生这一现象的原因在于，约束性污染控制不仅提升资源再配置效率，还会直接影响企业内部管理水平，进而影响企业内部效率，因而如本章在综述中所述，存在内部技术提升和外部资源再配置提升两方面效应。

表 8－2 　　　　　　基准估计 Ⅱ：环境规制影响的调节作用

被解释变量 lnTFP	COD 污染控制		SO₂ 污染控制		综合控制	
	（1）	（2）	（3）	（4）	（5）	（6）
规制	0. 0097 ***	0. 0085 ***	0. 0245 ***	0. 0236 ***	0. 0067 ***	0. 0061 ***
	（0. 0004）	（0. 0006）	（0. 0007）	（0. 0003）	（0. 0005）	（0. 0005）
规制与高错配产业交互项	− 0. 0016		− 0. 0010		− 0. 0006	
	（0. 0010）		（0. 0010）		（0. 0005）	
规制与污染行业交互项		0. 0028 ***		0. 0028 ***		0. 0014 ***
		（0. 0008）		（0. 0007）		（0. 0004）
规制、污染行业与高错配产业交互项		− 0. 0037 ***		− 0. 0034 ***		− 0. 0017 ***
		（0. 0010）		（0. 0009）		（0. 0005）
资源错配指数	− 0. 0490 *	− 0. 0501 *	− 0. 0499 *	− 0. 0499 *	− 0. 0494 *	− 0. 0499 *
	（0. 0257）	（0. 0255）	（0. 0258）	（0. 0255）	（0. 0257）	（0. 0255）
样本量	435830	435830	435830	435830	435830	435830
R^2	0. 0782	0. 0782	0. 0781	0. 0782	0. 0782	0. 0782

注：*** 、* 分别表示在 1% 和 10% 的水平下显著；括号内为稳健标准误，聚类到省级地区层面。

资料来源：笔者计算整理。

第四节　规制如何影响资源再配置

以中国首次约束性污染控制为基础的环境规制会影响资源错配与TFP，尤其会对重点单位具有显著影响。然而，以上分析仍未回答约束性污染控制如何影响企业行为（尤其是微观层面决定资源再配置的要素层面流动问题），同时也无法回答其是否对产业层面已有的政策扶持扭曲产业的进一步影响①。

一、约束性污染控制影响资源再配置的微观机制：要素流动考察

根据资源错配理论关于资源优化再配置的基本观点，良好政策应当降低低生产率企业的资源流入，同时促进高生产率企业资源流入。为了验证这一影响机制，本章探析约束性污染控制对劳动与资本流动的影响，同时验证这一流动与企业生产率间具有的内在关系。表 8 – 3 给出了估计结果，其中，第（1）~（3）列为约束性污染控制对劳动变动的影响，第（4）~（6）列为约束性污染控制对资本变动（以资本增加的对数代表）的影响②。从中发现，无论是对资本变动还是对劳动变动，以 $\ln TFP$ 的滞后项（$L.\ln tfp$）的系数在 1% 的水平上显著为正，表明高生产率的企业更容易获得要素资源，这一结果符合基本的要素配置规律，即要素总是流向生产率高的企业。

---

①　由于无法识别出到底哪个企业受到政企合谋等制度的扭曲影响，因此，本章只能揭示资源再配置效应"是什么"以及"如何发生"，并一定程度回答"为什么"的问题，但仍旧无法给出全面"为什么"的答案，这也是本章的遗憾之处。尽管如此，本章认为从科学的角度进行本章的研究仍具有理论价值。

②　由于进行资本变动估计时关键系数的标准误没有显示，因此，本章在估计约束性污染控制对资本流动影响时，采取资本变动的对数形式进行估计，这样做的一个弊端就是将会删除资本变动小于等于 0 的样本，可能会存在一定影响。但是，作为探索性研究，本章认为这一处理仍可以一定程度说明约束性污染控制对资本变动的影响。

具体到约束性污染控制对劳动变动影响，表 8 – 3 显示 *reguc* 和 *regus* 分别通过 5% 和 1% 的显著性检验且为正向影响。但约束性污染控制对资本变动的影响呈现非一致性，*reguc* 通过 1% 的显著性检验其影响为负向，*regus* 通过 1% 的显著性检验但其影响为正向。以上表明，约束性污染控制显著增加劳动要素投入，但对资本投入增速的影响存在差异，SO_2 污染控制显著促进资本投入增速提高，但 COD 污染控制却抑制资本投入增速提高[1]。对于重点关注的污染产业中约束性污染控制对资源再配置的影响，可以观察约束性污染控制、污染行业与 lnTFP 的交互项（*reguc_h_tfp*、*regus_h_tfp* 与 *regu_h_tfp*）的系数，可知其对劳动变动的影响并不显著，表明其并未对劳动要素的资源再配置产生优化作用，但对资本变动（资本投入增速）影响中 *reguc_h_tfp* 通过 1% 的显著性检验，且其系数为正值，表明 TFP 越高的企业获得资本资源越多，即污染行业中约束性污染控制促进了资本要素向高生产率企业流动。同时，*regus_h_tfp* 与 *regu_h_tfp* 虽然未通过显著性检验，但其系数也为正值，具有与 *reguc_h_tfp* 相近的作用机制。

表 8 – 3   环境规制影响资源错配的微观基础：要素变动的视角

变量	劳动变动			资本变动		
	（1）	（2）	（3）	（4）	（5）	（6）
reguc	1. 5115 ** (0. 6436)			– 0. 0260 *** (0. 0033)		
reguc_h_tfp	0. 2416 (0. 5901)			0. 0048 *** (0. 0017)		
regus		3. 7173 *** (0. 1394)			0. 0083 *** (0. 0019)	
regus_h_tfp		0. 3027 (0. 5625)			0. 0018 (0. 0031)	
regu_sum			– 0. 0746 （ – – ）			– 0. 0046 *** (0. 0008)

---

[1] SO_2 污染控制 COD 污染控制的影响差异并非本章关注的重点，其影响机制差异的背后逻辑有待未来分析。

变量	劳动变动			资本变动		
	（1）	（2）	（3）	（4）	（5）	（6）
regu_h_tfp			0.1433			0.0010
			（0.2960）			（0.0017）
L. lntfp	16.0354***	15.8493***	15.9208***	0.2872***	0.2885***	0.2882***
	（3.1570）	（3.1891）	（3.1862）	（0.0088）	（0.0548）	（0.0549）
样本量	148396	148396	148396	110742	110742	110742
R^2	0.0166	0.0166	0.0166	0.0995	0.0992	0.0994

注：***、** 分别表示在1%和5%的水平下显著；括号内为稳健标准误，聚类到省级地区层面；"－－"代表估计未显示具体数值。

资料来源：笔者计算整理。

本章认为，以上发现与资源错配理论内涵的观点是一致的：以上发现的要素流向 TFP 较高的企业符合最基本的资源优化配置规律；对污染行业而言，约束性污染控制促进资本向高生产率企业流动，这一结论也与表 8-1 中发现的约束性污染控制对污染行业具有相对的"去错配"效应是紧密对应的，符合有关理论逻辑，其背后动因是首次约束性污染控制实施时对重点污染行业和单位特别监控；以上发现在污染行业中，约束性污染控制并不会促进劳动要素向高生产率企业流动符合基本事实，这是因为约束污染控制对企业的影响主要是增加污染预防与末端治理等方面的资本投入，因而对污染行业而言，约束性污染控制产生的"去错配"效应并不会直接作用于劳动要素层面。

二、约束性污染控制的资源再配置效应：市场份额考察

通过约束性污染控制影响资源错配的微观机制可知，要素显著向高生产率企业流动，但这只是从要素的视角进行考虑，仍不能确定其是否提高高生产率企业的市场份额。根据资源再配置的理论，政策实施的优化结果应该使高生产率企业获得更高的市场份额，以此才能取得更好的资源再配置效应（Hopenhayn, 1992；Aghion et al., 2015；等等）。为此，本章将某年度某地区某行业视为一个市场，以企业增加值与行业加

总增加值的比值来衡量企业市场份额，记为变量 $share_{ijt}$（i、j、t 分别代表地区、行业与年份）。同时，为了具体分析约束性污染控制对重点污染行业内高生产率企业（以是否高于行业平均生产率作区分）的资源再配置效应，本章构造了约束性污染控制、污染行业以及高生产率三者的联合交互项，分别记为 $reguc\_h\_Htfp$、$regus\_h\_Htfp$、$regu\_h\_Htfp$。表 8 – 4 给出了环境规制对高生产率企业绩效的资源再配置效应估计结果，从中可知不同规制指标下 $L.\ lntfp$ 均通过 5% 的显著性检验，符合基本的经济运行规律。

表 8 – 4　　环境规制资源再配置：高生产率企业市场份额是否提高

被解释变量	(1) share	(2) share	(3) share
reguc	0. 0026 *** (0. 0005)		
regus		− 0. 0083 *** (0. 0005)	
regu_sum			− 0. 0001 (0. 0002)
reguc_h_Htfp	0. 0010 ** (0. 0004)		
reguc_h_Htfp		0. 0008 ** (0. 0003)	
regu_h_Htfp			0. 0004 ** (0. 0002)
L. lntfp	0. 0094 ** (0. 0040)	0. 0095 ** (0. 0040)	0. 0094 ** (0. 0040)
样本量	81890	81890	81890
R^2	0. 4704	0. 4704	0. 4704

注：***、** 分别表示在 1% 和 5% 的水平下显著；括号内为稳健标准误，聚类到省级地区层面。

资料来源：笔者计算整理。

从表 8 - 4 结果可以看出，*reguc* 和 *regus* 对市场份额的影响均通过 1% 的显著性检验，但其影响方向不一致：*reguc* 有提高市场份额的倾向，而 *regus* 有降低市场份额的倾向，这一差异可能跟两者作用对象差异有关，但此并不是本章重点关注的内容。对于约束性污染控制的资源再配置而言，*reguc_h_Htfp*、*reguc_h_Htfp* 以及 *regu_h_Htfp* 才是体现资源再配置的核心指标，通过表 8 - 4 可知以上三个变量均通过 5% 的显著性检验，其系数为正值表明约束性污染控制可以显著促进污染行业内高生产率企业市场份额的提升，再次表明其"去错配"效应产生了积极的资源优化再配置效果。同时，表 8 - 4 的结论也对表 8 - 3 进行了回应，增强了表 8 - 3 结果的稳健性。

三、约束性污染控制能否缓解政府扶持带来的资源再配置扭曲

以上分析可知，约束性污染控制对资源再配置具有显著影响，鉴于本章是基于制造业企业样本进行的分析，而制造业又受到补贴等政策扶持的显著影响，现有不少研究发现其对资源再配置产生了不利影响（蒋为和张龙鹏，2015；等等），那么，约束性污染控制的环境规制对于政策扶持扭曲资源配置过程是否会产生影响？为此，本章从补贴的视角以小窥大地观察政府扶持政策的影响，具体而言以行业内加总的补贴占加总的增加值比例为行业补贴程度变量 *sub_degr*$_{ijt}$（i、j、t 分别代表地区、行业与年份），同时在分析对 TFP 影响时本章以企业获得补贴与增加值之比构造企业的补贴程度变量 *sub_degr_firm*。为了分析约束性污染控制与规制在资源再配置中的关系，本章还构造补贴与约束性污染控制的交互项，分别表示为 *reguc_sub*、*regus_sub* 与 *regu_sub*，对应企业补贴程度时加 "*_firm*" 后缀。表 8 - 5 第（1）~（3）列给出了对 TFP 影响的估计结果，第（4）~（6）则给出了对资源错配影响的估计结果。

通过表 8 - 5 可知，行业补贴程度变量 *sub_degr* 对资源错配的影响在 COD 污染控制、SO$_2$ 污染控制和综合污染控制方程中均通过 5% 的显著性检验，其影响系数均为正值，即补贴与资源错配间具有稳健的正向关

系，这一结论与现有关于补贴对资源再配置影响的有关结论是一致的。同时，sub_degr 对 TFP 影响中除在 COD 污染控制中未通过显著性检验外，其在 SO_2 污染控制和综合污染控制方程均通过 10% 的显著性检验，其系数稳健为负值表示补贴不利于 TFP 提升，结合其对资源错配的影响方向可知这一结论与现有关于资源错配与 TFP 关系的研究结论保持一致。结合约束性污染控制的影响，可以发现表 8 - 5 与表 8 - 1 存在显著差异：$reguc$、$regus$ 和 $regu\_sum$ 对资源错配的影响系数均由正值转为负值，其背后逻辑可能是约束性污染控制可能对补贴实施产生影响，规制实施"去错配"效应可能部分消除补贴的扭曲影响[①]。通过表 8 - 5 第（1）~（3）列可知，$reguc\_sub$、$regus\_sub$ 与 $regu\_sub$ 对 TFP 影响均通过 5% 的显著性检验，其影响系数一致的呈现负值，因而约束性污染控制缓解了补贴引致的资源错配问题，有利于 TFP 的提升。

表 8 - 5　　　　　环境规制在政策扶持扭曲资源配置中的调节作用

变量	lnTFP			资源错配		
	（1）	（2）	（3）	（4）	（5）	（6）
$reguc$	0.0096 ***			- 0.0247 ***		
	(0.0002)			(0.0012)		
$reguc\_sub$ ($\_firm$)	- 0.0120 **			- 0.0049		
	(0.0045)			(0.0178)		
sub_deg ($\_firm$)	- 0.0091	- 0.0092 *	- 0.0092 *	0.1462 **	0.1431 **	0.1446 **
	(0.0053)	(0.0053)	(0.0053)	(0.0641)	(0.0620)	(0.0630)
$regus$		0.0240 ***			- 0.0031 ***	
		(0.0002)			(0.0009)	
$regus\_sub$ ($\_firm$)		- 0.0083 **			- 0.0018	
		(0.0033)			(0.0126)	

---

① 当然这只是个推测，其具体影响机制本章仍未得知，希望未来可以更深入的揭示该问题产生的逻辑。

变量	lnTFP			资源错配		
	（1）	（2）	（3）	（4）	（5）	（6）
regu_sum			0.0093 *** （0.0002）			− 0.0057 *** （0.0006）
regu_sub （_firm）			− 0.0049 ** （0.0019）			− 0.0016 （0.0076）
样本量	435830	435830	435830	35242	35242	35242
R^2	0.0795	0.0793	0.0794	0.1314	0.1314	0.1314

注：***、**、*分别表示在1%、5%和10%的水平下显著；括号内为稳健标准误，聚类到省级地区层面。

资料来源：笔者计算整理。

综合以上分析，政府对企（产）业的补贴不利于资源地再优化配置，产生资源错配并抑制 TFP 提升。然而，由于约束性污染控制的实施使得部分企（产）业重新进行资源配置，部分纠正扭曲了要素市场扭曲的均衡状态，部分发挥了"去错配"作用。同时，在约束性污染控制实施约束下，政府补贴尤其是偏向性补贴倾向将会减少，从而可以缓解补贴导致的资源错配问题（Aghion et al.，2015）。

第五节　稳健性检验

以上分析了约束性污染控制的资源再配置效应、微观机制及进一步影响，但是理论上仍有一些问题考虑。以四分位距来度量资源错配，其优点在于可以排除异常值的影响，结果能较好地反映中位数附近的样本离散程度。随之而来的问题就是，如果采用其他指标测度结论是否发生显著变动。此外，尽管控制了地区固定效应、地区与时间的联合固定效应，但仍不能完全排除约束性污染控制与地区发展特征间的内生关系，仍需基于更为苛刻的样本以验证上面的基本结论。

一、不同测度方法的资源错配指标的稳健识别

为了检验行业内资源错配测度的稳健性，使用 $\ln TFP$ 的 90 分位与 10 分位之差以及 $\ln TFP$ 的标准差替换上面以四分位距度量的资源错配指标，并重新估计约束性污染控制对资源再配置的影响。表 8-6 采用新的资源错配指标对表 8-2 中 SO_2 污染控制的影响重新进行了估计①。

表 8-6   不同资源错配测度的环境规制影响：以 SO_2 污染控制为例

被解释变量 $\ln TFP$	资源错配测度：90 与 10 分位数之差		资源错配测度：标准差	
	（1）	（2）	（3）	（4）
规制	0.0247 ***	0.0235 ***	0.0130 ***	0.0123 ***
	（0.0008）	（0.0003）	（0.0010）	（0.0004）
规制与高错配产业交互项	-0.0012		-0.0004	
	（0.0011）		（0.0013）	
规制与污染行业交互项		0.0024 ***		0.0021 ***
		（0.0006）		（0.0006）
规制、污染行业与高错配产业交互项		-0.0027 ***		-0.0020 *
		（0.0009）		（0.0011）
资源错配指数	-0.0191	-0.0198	-0.0756	-0.0751
	（0.0156）	（0.0154）	（0.0513）	（0.0500）
样本量	435830	435830	420368	420368
R^2	0.0777	0.0778	0.0776	0.0776

注：括号内为稳健标准误，聚类到省级地区层面；***、* 分别表示在 1% 和 10% 的水平下显著。

资料来源：笔者计算整理。

从表 8-6 第（1）~（2）列可知以 90 与 10 分位数之差为基础进行资源错配测度的重新分析表明，无论是否考虑污染行业，SO_2 污染控制对

---

①   同时，笔者也对 COD 污染控制和综合控制的影响进行了分析，但其与 SO_2 污染控制估计的结果基本类似。为了提高表格可读性、节省版面，本次仅汇报了 SO_2 污染控制的估计结果。对于其他估计结果，留存备索。

TFP 的影响均通过 1% 的显著性检验，系数为正值表明具有提升 TFP 的积极作用。SO_2 污染控制与资源错配交互项系数虽然符合预期为负值，但未通过显著性检验。同时可以发现，SO_2 污染控制与污染行业的交互项为正值、其与高错配产业交互项为负值以及均通过 1% 的显著性检验，表明 SO_2 污染控制有助于缓解资源错配的影响，具有一定的"去错配"效应。比较意外的是，以 90 与 10 分位数之差测度的资源错配对于 TFP 具有负向影响，这一结论与现有资源错配依然内在逻辑一致，但其未通过显著性检验。本章认为这一差异是由资源错配的不同指标测度产生，符合不同指标测度产生影响的基本逻辑。相对四分位距而言，90 分位与 10 分位之差反映的行业内资源错配更多聚焦样本两端极值情形，从资源错配本身测度来看，四分位距测度必然小于 90 分位与 10 分位之差。由于行业内极端企业更易发生异常值的影响，因而以 90 分位与 10 分位之差进行的资源错配测度难免会存在较大的偏差，其在反映资源错配程度上相对四分位距而言相对较弱，因而更可能产生不符合理论预期或者不显著的情况出现。

从统计上讲，90 分位与 10 分位数之差与四分位距测度在统计上具有类似特征，即均以中位数为核心测度变量的离散程度。事实上还存在一类反映与均值之间离散程度的度量，即标准差。统计学上讲，四分位距度量的变量中间 50% 数据的离散程度，其数值越小，说明中间的数据越集中；其数值越大，说明中间的数据越分散，四分位距的优点前面已有介绍，其不受极端异常值的影响。此外，由于中位数处于数据的中间位置，四分位距的大小在一定程度上也说明了中位数对一组数据的代表程度。四分位距主要用于测度顺序数据的离散程度，但标准差则可以测度总体的变量离散程度。为此，本章另辟蹊径采用 TFP 的标准差对行业内资源再配置程度进行再测度，如此一来可以进一步降低估计结果对具体指标依赖性的质疑。表 8 - 6 第（3）~（4）列基于标准差给出了以 SO_2 污染控制为代表的约束性污染控制影响，可以发现该估计结果与表 8 - 6 第（1）~（2）列基本类似，SO_2 污染控制本身也是通过 1% 的显著性检验对 TFP 具有正向影响，其与高错配产业的交互不显著，但与污染行业交互项显著为正值，表明 SO$_2$ 污染控制对污染行业具有显著积极的资源优化配置作用。当然，以标准差为基础测度的资源错配仍未通过显著性检验，但其 t 统计量显著大于以 90 分位与 10 分位数之差度量资源错配的影响系数。结合表 8 - 2 结果，从理论与实证匹配的视角来看，在资源错配测度方面四分位距比标准差更为适合，90 分位与 10 分位数之差的测度最差。

以上综合对比分析表明，无论是采用四分位距、90 分位与 10 分位之差还是采用标准差度量行业内资源错配，虽然存在微小的差异，但其大部分研究结论趋于一致，即约束性污染控制有助于污染行业的资源优化再配置。

二、基于更纯净样本的再检验：上面结论是否存在系统性偏差

以上分析仍然存在疑问：约束性污染控制的资源配置效应是否存在样本选择问题？规制强度指标的选取，即本章中约束性污染控制可能与当地发展特征具有显著内在关系，虽然上面控制了诸多因素，但仍有可能存在一些不可观测因素影响样本自选择问题，那么，不可观测因素是否会影响以上结论稳健性，尤其是是否会对估计结果造成系统性偏差？为此，可以考虑选择一个区域，在这个区域内只存在环境规制，即约束性污染控制的差异。如果在一个更为纯净的样本中基本结论依然与上面一致，那么本章认为上面的研究不存在系统性结论偏差，即是基本稳健的。基于以上考虑，本章选择地理边界附近的样本进行分析以获得基本的研究结论。与采用全国样本进行的分析相比，邻近边界的地级市在地理位置、资源禀赋等未观察特征方面更为接近，可以近似的消除地区间发展特征差异带来的干扰，同时也可以尽可能地将样本的自选择性可能降低到最小。基于以上设想，本章选择省级边界地区，同时为了体现环境规制的变动需要寻找边界两侧约束性污染控制存在显著差异的边界地区，以此才能方便地识别约束性污染控制的资源再配置效应。为了避免边界分析样本中 *regus* 与 *reguc* 在边界两侧样本中影响程度不一致的情况，

即要确保样本中规制程度（无论是 *regus* 还是 *reguc*）差异保证一致，根据国家"十一五"规划本章整理了两地接壤且 *reguc* 与 *regus* 均在一侧较大，污染控制目标相差在 1.6 倍以上的 6 个边界样本进行分析，涉及 8 个省级地区 40 个地级市，具体见表 8 - 7。

表 8 - 7　　　　　　　　边界样本的选择及基本描述

组别	省区市	COD 降低比例		SO₂ 降低比例		接壤地级市数目
		降低比例（%）	差距（倍数）	降低比例（%）	差距（倍数）	
1	宁夏	14.7	1.91	9.3	非常大	3
	甘肃	7.7		0		3
2	河南	10.8	1.66	14.0	3.50	4
	安徽	6.5		4.0		5
3	河南	10.8	2.16	14.0	1.79	2
	湖北	5.0		7.8		5
4	江苏	15.1	2.32	18.0	4.50	6
	安徽	6.5		4.0		6
5	浙江	15.1	2.32	15.0	3.75	2
	安徽	6.5		4.0		2
6	浙江	15.1	3.02	15.0	2.14	1
	江西	5.0		7.0		1

资料来源：笔者整理。

将约束性污染控制影响集中到 6 个边界地区后，边界地区除了面对不同的约束性污染控制外，每一个边界地区由于地理上的邻近，因而每一个边界两侧的地区一起可以视为一个单独的经济体。以上论述意味着分析的样本在企业、行业、地级市外又多了一个维度，即组别维度，因而需要在估计中控制组别效应以剔除不同组别特征影响。为此，可以建立模型：

$$mis = \alpha + \beta time + \gamma treated + \delta t\_treated + city + ind + year + + group + \mu$$

其中，*mis* 代表行业内资源错配程度，且将采用标准差和四分位距分别分析；*time* = 1 代表 2006 年以后；*treated* = 1 代表约束性污染控制较高的样本；*t_treated* = *time* × *treated* 则是本章关注的约束性污染控制变量。*ind*、*year*、*group* 以及 *u* 则分别为控制行业、年度固定效应、边界组固定效应以及残差项。

在以边界地区为样本分析约束性污染控制的资源错配影响结果见表8-8。从中发现，无论是对 mistfp_sd（以标准差测度资源错配）还是 mistfp_iqr（以四分位距测度资源错配），约束性污染控制均提升了行业的资源错配程度且分别通过10%和1%的显著性检验。在不考虑行业差异时 t_treated 系数显著为正值，考虑污染行业影响后，对 mistfp_sd 影响为正但不显著，表明其影响效应被污染行业的影响所吸收，表明约束性污染控制对污染行业内资源错配存在显著影响，且其影响趋势呈现负向。如果考虑行业的异质性，定义 t_treated 与污染行业的交互项 h_dd 并分析其对资源错配的影响，估计结果发现其并未通过显著性检验。需要注意的是，每一个边界组内部虽然不存在地区差异影响，但是组与组之间仍然存在显著的区域差异。基于此，本章将 h_dd 与每一个边界组进行交叉的三个变量联合交互项，相当于对每个组分别估计，这一处理后消除了地区间差异的影响。结果表明不考虑地区影响的话 h_dd 为负值，表明污染行业的约束性污染控制的资源错配效应相对较小。如果将 h_dd 与 h_dd_gp * （此处 * 指表1-6的对应表8-8中相应变量）的系数相加则会发现其影响结果大部分呈现负值，但也有少部分组别呈现正值[1]。

同时，为了与上面对应，本部分还估计了约束性污染控制对企业TFP的影响[2]，估计结果见表8-9。表8-9表明约束性污染控制整体上提高企业 TFP，但本章更感兴趣的是约束性污染控制相对地提高了污染行业的 TFP，结合前面的降低污染行业的资源错配程度，其逻辑与理论相符，同时结论一致。基于以上分析，本章认为作为一个较为干净的识别策略，以边界地区为样本的约束性污染控制对资源错配和 TFP 的影响结果佐证了上面分析的合理性，提高了研究结论的稳健性。

---

[1] 此外，还有一个因素可能会影响表8-9的估计结果，即边界两边地级市的污染目标差异程度。从理论上讲，差异程度越高则代表的规制强度越大，但采用边界样本分析只是为了给出基本结论。

[2] 虽然边界地区涉及8个省级地区，由于将边界作为一组，因此，事实上边界地区才是一个真正的"经济区域"，以江苏为例，北部靠近山东的徐州其事实上与山东枣庄经济更为接近，江苏南部同上海、浙江经济更为接近。因此，对边界地区进行估计分析无须控制省级地区以及省级地区随时间变动的虚拟变量。

表8-8 边界地区样本的约束性污染控制的资源错配影响

变量	(1) mistfp_sd	(2) mistfp_sd	(3) mistfp_sd	(4) mistfp_sd	(5) mistfp_iqr	(6) mistfp_iqr	(7) mistfp_iqr	(8) mistfp_iqr
time	-0.1007*** (0.0204)	-0.1007*** (0.0204)	-0.1009*** (0.0203)	-0.1007*** (0.0203)	-0.0536*** (0.0173)	-0.0532*** (0.0173)	-0.0530*** (0.0173)	-0.0532*** (0.0173)
treated_both	0.0623 (0.0403)	0.0624 (0.0403)	-0.3982** (0.168)	-0.3964** (0.1675)	0.2378*** (0.0263)	0.2386*** (0.0264)	0.4628*** (0.0834)	0.4627*** (0.0833)
t_treated	0.0296* (0.0179)	0.0306 (0.0188)	0.0232 (0.0188)	0.0299 (0.0187)	0.0539*** (0.0149)	0.0615*** (0.0159)	0.0565*** (0.0158)	0.0613*** (0.0159)
h_dd		-0.0027 (0.0196)		-1.0716*** (0.1271)		-0.0261 (0.0186)		-0.5672*** (0.1074)
h_dd_gp1			-0.0527 (0.1117)	1.0053*** (0.1678)			-0.0867 (0.0749)	0.4743*** (0.1300)
h_dd_gp2			0.2128*** (0.0459)	1.1219*** (0.1171)			0.1193*** (0.0402)	0.5919*** (0.0981)
h_dd_gp3			0.1773*** (0.0562)	0.9641*** (0.1089)			0.0723 (0.0489)	0.4742*** (0.0905)
h_dd_gp4			-0.0269 (0.0249)	1.0335*** (0.1282)			-0.046* (0.0242)	0.5146*** (0.1089)

续表

变量	(1) *mistfp_sd*	(2) *mistfp_sd*	(3) *mistfp_sd*	(4) *mistfp_sd*	(5) *mistfp_iqr*	(6) *mistfp_iqr*	(7) *mistfp_iqr*	(8) *mistfp_iqr*
h_dd_gp5			-0.0081 (0.0315)	1.0525*** (0.1297)			-0.0325 (0.0329)	0.5278*** (0.1111)
h_dd_gp6			-0.0267 (0.0596)	1.0354*** (0.1393)			-0.0336 (0.0572)	0.5276*** (0.1207)
控制年度	是	是	是	是	是	是	是	是
控制城市	是	是	是	是	是	是	是	是
控制行业	是	是	是	是	是	是	是	是
控制组别	是	是	否	否	是	是	否	否
样本量	11727	11727	11727	11727	25140	25140	25140	25140
R^2	0.1556	0.1556	0.1589	0.1643	0.1266	0.1267	0.1274	0.1284

注：***、**、*分别表示在1%、5%和10%的水平下显著；括号内为标准误。

资料来源：笔者计算整理。

表 8 – 9　　　　　　　边界地区样本的约束性污染控制的 TFP 影响

变量	(1) ln*tfp_op*	(3) ln*tfp_op*	(4) ln*tfp_op*
time	– 0.0464 ***	– 0.0461 ***	– 0.0465 ***
	(0.0140)	(0.0140)	(0.0140)
treated_both	0.0838 ***	0.0820 ***	0.0833 ***
	(0.0250)	(0.0250)	(0.0250)
t_treated	0.0489 ***	0.0457 ***	0.0348 ***
	(0.0120)	(0.0120)	(0.0125)
sub_ration		– 0.3584 ***	
		(0.0325)	
sub_dd		0.0714	
		(0.0600)	
h_dd			0.0456 ***
			(0.0116)
控制年度	是	是	是
控制城市	是	是	是
控制行业	是	是	是
控制组别	是	是	否
样本量	76374	76374	76374
R^2	0.1194	0.1196	0.1212

注：*** 表示在 1% 的水平下显著；括号内为标准误。
资料来源：笔者计算整理。

第六节　小结与启示

近年来，中国对环境问题重视程度日渐提升，与此同时，环境规制实施对产业发展的影响，尤其是对资源再配置的影响不容忽视。2006年，中国首次将污染目标控制作为考核指标纳入政府官员绩效评价体系中，将规制作为约束性目标加以控制，且取得了非常显著的效果，这一政策实施为分析规制资源再配置效应提供了良好基础。本章以首次约束性污染控制为基础，分析了规制影响的资源再配置效应。本章发现，约束性污染控制对全部行业的资源再配置效应并不稳健的显著，但其对污染行业的资源再配置效应具有显著且稳健的"去错配"效应。进一步研究发现，约束性污染控制促进资本向高生产率企业流动，同时在产出端也提高了高生产率企业的市场份额，有力的揭示了"去错配"效应的微观机制。同时，本章还研究了约束性污染控制对其他政府扶持政策导致扭曲的作用，发现约束性污染控制资源再配置作用约束下偏向性补贴倾向降低，从而部分缓解补贴导致的资源错配问题。通过指标替换、稳健的样本分析等系列稳健性检验，以上基本结论依然成立。本章认为，在中国的环境规制实践与产业发展背景下，适当的规制政策设定可以产生"去错配"效应，间接提升产业生产率。作为探索性研究，本章研究表明非对称规制并不一定带来资源错配程度加强，如何基于规制历史及现实情况设计适当的规制政策，是环境规制以及其他政策部门需要重点考虑的问题。当然，本章在回答"为什么"会产生资源再配置效应方面依然没有给出充足的证据，有待未来进一步探究。但是，作为探索性研究，本章的研究结论仍然有助于在科学上揭示约束性污染控制对资源再配置的影响，并进而对环境规制政策制定与实施带来启发。

虽然本章发现规制资源再配置效应具有"去错配"作用，但这一作用的发挥并不是无条件的。就本章而言，本章以首次约束性污染控制来识别环境规制，其具有一个潜在的前提：约束性污染控制实施前，环境规制存在"软约束"问题，即存在规制实施的偏差问题。虽然无法详细验证，但本章认为，正是由于规制"软约束"问题产生的"政企合谋"等偏向性制度扭曲产生了资源错配问题。在规制"软约束"下引致的"资源错配"基础上，约束性污染控制的实施产生了积极的"去错配"效应，其更多的作用可以理解为"拨乱反正"。更为一般意义的识别中国环境规制的资源再配置效应，应当成为未来研究的一个重要方向，只有这样，在未来进行环境规制政策制定与完善时，才能实现环境与产业发展的"双赢"效果。此外，为"纠偏"而实施的约束性污染控制可以在"无意间"影响补贴政策的影响，表明中国的政策扭曲方式及作用机制具有相似性，因此，本章的结论对于其他政策影响机制的揭示也具有一定启发性。从这个视角来看，政府应当审慎配置对不同行业的补贴投入等政策扶持影响，防止因政府干预扭曲要素市场配置过程。

具体到约束性污染控制本身，虽然其在实现了政策目标（降低污染）的同时降低了资源错配，看似实现了共赢的良好作用。但是，从政策本身制定与实施来看，约束性污染控制仍然遵循着行政控制办法，而非独立性规制实施的结果，规制治理依然缺乏常态稳定的运行机制。由于稳定机制的缺乏，政策的稳定性相对较差，政策导向预期不够清晰，而这些均会影响政策的实施效果。只有将规制功能从政府职能中剥离后，才能期待得到一个稳定的规制政策制定、实施以及完善的规制体系。本章的研究对于从纵向视角审视中国的环境规制演变及其作用具有重要意义。从理论上来说，规制实施不仅要关注政策实施效果的影响，还应当将规制对企业本身内部要素使用以及企业间要素资源再配置等影响综合考虑，以此为基础因地制宜地进行规制政策制定与实施。具体到政策而言，本章建议：继续坚持约束性污染控制，将控制污染作为地方政府"硬约束"进行考核，以此发挥地方政府在污染控制中的主动性；研究发现环境规制提升资源再配置效率的途径在于要素流动以及"去错配"效应，因而建议清除制约要素流动的制度障碍，畅通要素流动的渠道，消除可能影响资源再配置的偏向性补贴等扶持政策。

参考文献

[1] 才国伟，连玉君. 外资控制权，企业异质性与 FDI 的技术外溢——基于 Olley-Pakes 半参法的实证研究 [J]. 南方经济，2011 (8)：45 – 53.

[2] 曹春方，马连福，沈小秀. 财政压力、晋升压力、官员任期与地方国企过度投资 [J]. 经济学 (季刊)，2014，13 (4)：1415 – 1436.

[3] 陈刚，李树. 官员交流、任期与反腐败 [J]. 世界经济，2012，35 (2)：120 – 142.

[4] 陈坤铭，季彦达，张光南. 环保政策对"中国制造"生产效率的影响 [J]. 统计研究，2013，30 (9)：37 – 43.

[5] 陈诗一. 节能减排与中国工业的双赢发展：2009—2049 [J]. 经济研究，2010 (3)：129 – 143.

[6] 陈信元，靳庆鲁，肖土盛，等. 行业竞争、管理层投资决策与公司增长/清算期权价值 [J]. 经济学 (季刊)，2014，13 (1)：305 – 332.

[7] 崔丽. 新《环境保护法》背景下环境公益诉讼激励机制研究 [J]. 生态经济，2015 (5)：131 – 135.

[8] 邓玉萍，许和连. 外商直接投资、地方政府竞争与环境污染——基于财政分权视角的经验研究 [J]. 中国人口·资源与环境，2013，23 (7)：155 – 163.

[9] 樊纲，王小鲁，朱恒鹏. 中国市场化指数——各地区市场化相对进程 2011 年报告 [M]. 北京：经济科学出版社，2011.

[10] 傅京燕，李丽莎. 环境规制，要素禀赋与产业国际竞争力的实

证研究——基于中国制造业的面板数据 [J]. 管理世界, 2010 (10): 87 - 98.

[11] 盖庆恩, 朱喜, 程名望, 等. 要素市场扭曲, 垄断势力与全要素生产率 [J]. 经济研究, 2015 (5): 61 - 75.

[12] 干春晖, 邹俊, 王健. 地方官员任期、企业资源获取与产能过剩 [J]. 中国工业经济, 2015 (3): 44 - 56.

[13] 韩超, 王海. 地区竞争, 资本禀赋与环境规制——门槛识别与非线性影响 [J]. 财经问题研究, 2014 (2): 23 - 31.

[14] 韩超, 张伟广, 冯展斌. 环境规制如何"去"资源错配——基于中国首次约束性污染控制的分析 [J]. 中国工业经济, 2017 (4): 115 - 134.

[15] 韩超, 张伟广, 郭启光. 环境规制实施的路径依赖——对中美环境规制形成与演化的比较分析 [J]. 天津社会科学, 2016 (1): 97 - 104.

[16] 韩超. 制度影响, 规制竞争与中国启示——兼析规制失效的形成动因 [J]. 经济学动态, 2014 (4): 66 - 76.

[17] 韩剑, 郑秋玲. 政府干预如何导致地区资源错配——基于行业内和行业间错配的分解 [J]. 中国工业经济, 2014 (11): 69 - 81.

[18] 何可, 张俊飚, 张露, 等. 人际信任、制度信任与农民环境治理参与意愿——以农业废弃物资源化为例 [J]. 管理世界, 2015 (5): 75 - 88.

[19] 洪大用, 范叶超, 肖晨阳. 检验环境关心量表的中国版 (CNEP) ——基于 CGSS2010 数据的再分析 [J]. 社会学研究, 2014 (4): 49 - 72.

[20] 纪志宏, 周黎安, 王鹏, 等. 地方官员晋升激励与银行信贷——来自中国城市商业银行的经验证据 [J]. 金融研究, 2014 (1): 1 - 15.

[21] 蒋为, 张龙鹏. 补贴差异化的资源误置效应——基于生产率分布视角 [J]. 中国工业经济, 2015 (2): 31 - 43.

[22] 靳来群，林金忠，丁诗诗. 行政垄断对所有制差异所致资源错配的影响 [J]. 中国工业经济，2015 (4)：31–43.

[23] 李钢，李颖. 环境规制强度测度理论与实证进展 [J]. 经济管理，2012，34 (12)：154–165.

[24] 李玲，陶锋. 中国制造业最优环境规制强度的选择——基于绿色全要素生产率的视角 [J]. 中国工业经济，2012 (5)：70–82.

[25] 李胜兰，初善冰，申晨. 地方政府竞争，环境规制与区域生态效率 [J]. 世界经济，2014 (4)：88–110.

[26] 李世刚，尹恒. 县级基础教育财政支出的外部性分析——兼论"以县为主"体制的有效性 [J]. 中国社会科学，2012 (11)：81–97+205.

[27] 李树，陈刚. 环境管制与生产率增长——以 APPCL2000 的修订为例 [J]. 经济研究，2013 (1)：17–31.

[28] 李艳萍，孙启宏，沈鹏，等. 清洁发展，标准现行——中国清洁生产标准发展现状 [C]. //国际标准化组织环境管理标准化技术委员会年会暨"绿色奥运清洁发展"主题论坛，2007.

[29] 李永友，沈坤荣. 我国污染控制政策的减排效果——基于省际工业污染数据的实证分析 [J]. 管理世界，2008 (7)：7–17.

[30] 刘胜，顾乃华. 官员任期、交流与服务业发展：自 1994～2012 年数据观察 [J]. 改革，2015 (1)：66–77.

[31] 刘亚平，蒋绚. 监管型国家建设的轨迹与逻辑：以煤矿安全为例 [J]. 武汉大学学报（哲学社会科学版），2013，66 (5)：67–74.

[32] 鲁晓东，连玉君. 中国工业企业全要素生产率估计：1999—2007 [J]. 经济学（季刊），2012 (2)：541–558.

[33] 马光荣，杨恩艳. 打到底线的竞争——财政分权、政府目标与公共品的提供 [J]. 经济评论，2010 (6)：59–69.

[34] 马亮. 官员晋升激励与政府绩效目标设置——中国省级面板数据的实证研究 [J]. 公共管理学报，2013，10 (2)：28–39+138.

[35] 马英娟. 政府监管机构研究 [M]. 北京：北京大学出版

社，2007.

[36] 毛寿龙，周晓丽. 环保：杜绝运动式——以山西和无锡的个案为例 [J]. 中国改革，2007 (9)：64-65.

[37] 穆泉，张世秋. 2013年1月中国大面积雾霾事件直接社会经济损失评估 [J]. 中国环境科学，2013，33 (11)：2087-2094.

[38] 聂辉华，贾瑞雪. 中国制造业企业生产率与资源误置 [J]. 世界经济，2011 (7)：27-42.

[39] 聂辉华，江艇，杨汝岱. 中国工业企业数据库的使用现状和潜在问题 [J]. 世界经济，2012 (5)：142-158.

[40] 潘峰，西宝，王琳. 地方政府间环境规制策略的演化博弈分析 [J]. 中国人口·资源与环境，2014，24 (6)：97-102.

[41] 齐晔. 中国低碳发展报告2013 [M]. 北京：社会科学文献出版社，2013.

[42] 钱先航，曹廷求，李维安. 晋升压力、官员任期与城市商业银行的贷款行为 [J]. 经济研究，2011，46 (12)：72-85.

[43] 钱学锋，蔡庸强. 资源误置测度方法研究述评 [J]. 北京工商大学学报 (社会科学版)，2014 (3)：116-126.

[44] 钱学锋，王胜，陈勇兵. 中国的多产品出口企业及其产品范围：事实与解释 [J]. 管理世界，2013 (1)：9-27+66.

[45] 冉冉. "压力型体制"下的政治激励与地方环境治理 [J]. 经济社会体制比较，2013 (3)：111-118.

[46] 冉冉. 道德激励，纪律惩戒与地方环境政策的执行困境 [J]. 经济社会体制比较，2015 (2)：153-164.

[47] 沈能，刘凤朝. 高强度的环境规制真能促进技术创新吗？——基于"波特假说"的再检验 [J]. 中国软科学，2012 (4)：49-59.

[48] 沈能. 环境效率，产业异质性与最优规制强度——中国工业产业面板数据的非线性检验 [J]. 中国工业经济，2012 (3)：56-68.

[49] 沈文辉. 三位一体——美国环境管理体系的构建及启示 [J]. 北京理工大学学报 (社会科学版)，2010 (4)：78-83.

[50] 盛丹，张慧玲. 环境管制与我国的出口产品质量升级——基于两控区政策的考察 [J]. 财贸经济，2017（8）：80－97.

[51] 施炳展. 中国企业出口产品质量异质性：测度与事实 [J]. 经济学（季刊），2013，13（4）：263－284.

[52] 宋华琳. 政府规制改革的成因与动力——以晚近中国药品安全规制为中心的观察 [J]. 管理世界，2008（8）：40－51.

[53] 宋马林，王舒鸿. 环境规制，技术进步与经济增长 [J]. 经济研究，2013（3）：122－134.

[54] 孙启宏，李艳萍，李卓丹，等. 清洁生产标准促进造纸工业污染减排 [J]. 环境经济，2007（12）：40－43.

[55] 孙伟增，罗党论，郑思齐，等. 环保考核、地方官员晋升与环境治理——基于2004—2009年中国86个重点城市的经验证据 [J]. 清华大学学报（哲学社会科学版），2014，29（4）：49－62＋171.

[56] 孙洋. 空间计量经济学模型的非嵌套检验方法及其应用 [R]. 清华大学博士学位论文，2009.

[57] 王贺嘉，宗庆庆，陶佶. 竞次到底：地市级政府工业用地出让策略研究 [J]. 南方经济，2013（9）：37－51.

[58] 王杰，刘斌. 环境规制与企业全要素生产率 [J]. 中国工业经济，2014（3）：44－56.

[59] 王明远. 清洁生产法的含义与本质辨析 [J]. 现代法学，2006（6）：128－136.

[60] 王贤彬，徐现祥，李郇. 地方官员更替与经济增长 [J]. 经济学（季刊），2009，8（4）：1301－1328.

[61] 王贤彬，徐现祥. 地方官员来源、去向、任期与经济增长——来自中国省长省委书记的证据 [J]. 管理世界，2008（3）：16－26.

[62] 王贤彬，徐现祥. 官员能力与经济发展——来自省级官员个体效应的证据 [J]. 南方经济，2014（6）：1－24.

[63] 吴卫星. 论环境规制中的结构性失衡——对中国环境规制失灵的一种理论解释 [J]. 南京大学学报（哲学·人文科学·社会科学），

2013（2）：49 - 57.

[64] 徐现祥，王贤彬，舒元. 地方官员与经济增长——来自中国省长、省委书记交流的证据 [J]. 经济研究，2007（9）：18 - 31.

[65] 徐现祥，王贤彬. 晋升激励与经济增长：来自中国省级官员的证据 [J]. 世界经济，2010，33（2）：15 - 36.

[66] 杨海生，陈少凌，周永章. 地方政府竞争与环境政策——来自中国省份数据的证据 [J]. 南方经济，2008（6）：15 - 30.

[67] 杨洁，黄蕾，李凤英，等. 中国 1991 - 2010 年环境污染事故频数动态变化因素分解 [J]. 中国环境科学，2013（5）：931 - 937.

[68] 杨汝岱. 中国制造业企业全要素生产率研究 [J]. 经济研究，2015（2）：61 - 74.

[69] 姚洋，张牧扬. 官员绩效与晋升锦标赛——来自城市数据的证据 [J]. 经济研究，2013，48（1）：137 - 150.

[70] 易靖韬，蒙双. 多产品出口企业，生产率与产品范围研究 [J]. 管理世界，2017（5）：41 - 50.

[71] 于文超，何勤英. 辖区经济增长绩效与环境污染事故——基于官员政绩诉求的视角 [J]. 世界经济文汇，2013（2）：20 - 35.

[72] 于文超，高楠，龚强. 公众诉求，官员激励与地区环境治理 [J]. 浙江社会科学，2014（5）：23 - 45.

[73] 张成，陆旸，郭路，等. 环境规制强度和生产技术进步 [J]. 经济研究，2011（2）：113 - 124.

[74] 张杰，李勇，刘志彪. 出口促进中国企业生产率提高吗？——来自中国本土制造业企业的经验证据：1999 - 2003 [J]. 管理世界，2009（12）：11 - 26.

[75] 张军，高远. 官员任期、异地交流与经济增长——来自省级经验的证据 [J]. 经济研究，2007（11）：91 - 103.

[76] 张利风. 财政分权下地区间环境管制的相互影响 [J]. 技术经济与管理研究，2013（4）：102 - 105.

[77] 张连辉，赵凌云. 1953—2003 年间中国环境保护政策的历史

演变 [J]. 中国经济史研究, 2007 (4): 63 – 72.

[78] 张文彬, 李国平. 环境保护与经济发展的利益冲突分析——基于各级政府博弈视角 [J]. 中国经济问题, 2014 (6): 16 – 25.

[79] 张先锋, 李莹, 卢丹. 官员任期稳定性、产业结构适宜性与区域经济发展 [J]. 经济评论, 2015 (1): 118 – 128.

[80] 张艳, 潘文慧, 朱影. 我国环境保护经济政策的演变及未来走向 [J]. 世界经济文汇, 2000 (1): 57 – 59.

[81] 张中元, 赵国庆. FDI, 环境规制与技术进步 [J]. 数量经济技术经济研究, 2012 (4): 19 – 32.

[82] 赵霄伟. 地方政府间环境规制竞争策略及其地区增长效应——来自地级市以上城市面板的经验数据 [J]. 财贸经济, 2014 (10): 105 – 113.

[83] 赵玉民, 朱方明, 贺立龙. 环境规制的界定, 分类与演进研究 [J]. 中国人口 (资源与环境), 2009 (6): 85 – 90.

[84] 赵志平, 贾秀兰. 环境保护的政府行为分析及反思 [J]. 生态经济, 2005 (10): 76 – 78.

[85] 郑思齐, 万广华, 孙伟曾, 等. 公众诉求与城市环境治理 [J]. 管理世界, 2013 (6): 72 – 84.

[86] 周宏春, 季曦. 改革开放三十年中国环境保护政策演变 [J]. 南京大学学报 (哲学. 人文科学. 社会科学版): 2009 (1): 31 – 40 + 143.

[87] 周黎安. 晋升博弈中政府官员的激励与合作——兼论我国地方保护主义和重复建设问题长期存在的原因 [J]. 经济研究, 2004 (6): 33 – 40.

[88] 周黎安. 中国地方官员的晋升锦标赛模式研究 [J]. 经济研究, 2007 (7): 36 – 50.

[89] 周灵. 经济发展方式转变视角下的环境规制研究 [J]. 生态经济, 2014 (8): 60 – 64 + 104.

[90] 周晓慧, 邹肇芸. 经济增长、政府财政收支与地方官员任期——来自省级的经验证据 [J]. 经济社会体制比较, 2014 (6): 112 – 125.

［91］周亚虹，宗庆庆，陈曦明. 财政分权体制下地市级政府教育支出的标尺竞争［J］. 经济研究，2013，48（11）：127 – 139 + 160.

［92］朱平芳，张征宇，姜国麟. FDI 与环境规制：基于地方分权视角的实证研究［J］. 经济研究，2011（6）：133 – 145.

［93］ACKERBERG D, CAVES K, FRAZER G. Structural Identification of Production Functions［R］. Mimeo, UCLA, 2006.

［94］AFSAH S, LAPLANTE B, WHEELER D. Regulation in the Information Age：Indonesian Public Information Program for Environmental Management［R］. Research Paper, Washington, DC：World Bank, 1997.

［95］AGHION P, CAI J, DEWATRIPONT M, et al. Industrial Policy and Competition［J］. American Economic Journal：Macroeconomics, 2015, 7（4）：1 – 32.

［96］AMBEC S, COHEN M A, ELGIE S, et al. The Porter Hypothesis at 20：Can Environmental Regulation Enhance Innovation and Competitiveness?［J］. Review of Environmental Economics and Policy, 2013, 7（1）：2 – 22.

［97］ANGRIST J D, PISCHKE J S. Mostly Harmless Econometrics：An Empiricist's Companion［M］. New Jersey：Princeton University Press, Princeton, 2008.

［98］ANGRIST J, PISCHKE J S. The Credibility Revolution in Empirical Economics：How Better Research Design is Taking the Con out of Econometrics［R］. National Bureau of Economic Research, No. W15794, 2010.

［99］ANSELIN L. Spatial Econometrics：Methods and Models［M］. Springer, 1988.

［100］AOKI S A. Simple Accounting Framework for the Effect of Resource Misallocation on Aggregate Productivity［J］. Journal of The Japanese and International Economies, 2012, 26（4）：473 – 494.

［101］ARRAIZ I, KKER D M, KELEJIAN H H, et al. A Spatial Clifford Type Model with Heteroskedastic Innovations：Small and Large Sample

Results [J]. Journal of Regional Science, 2010, 50 (2): 592 - 614.

[102] ARTHUR W B. Competing Technologies, Increasing Returns, and Lock-In by Historical Events [J]. Economic Journal, 1989, 99 (394): 116 - 131.

[103] ARTHUR W B. Increasing Returns and Path Dependence in The Economy [M]. University of Michigan Press, 1994.

[104] ASKER J A, WEXLER C, LOECKER J D. Dynamic Inputs and Resource (Mis) Allocation [J]. Journal of Political Economy, 2014, 122 (5): 1013 - 1063.

[105] AW B, LEE Y. Product Choice and Market Competition: The Case of Multiproduct Electronic Plants in Taiwan [J]. The Scandinavian Journal of Economics, 2009, 111 (4): 711 - 740.

[106] BADRINATH S G, BOLSTER P J. The Role of Market Forces in EPA Enforcement Activity [J]. Journal of Regulatory Economic, 1996, 10 (2): 165 - 181.

[107] BAILY M N, HULTEN C, CAMPBELL D, et al. Productivity Dynamics in Manufacturing Plants [J]. Brookings Papers on Economic Activity Microeconomics, 1992: 187 - 267.

[108] BAUER J R. Forging Environmentalism: Justice, Livelihood, and Contested Environments [M]. Routledge (New York: M. E. Sharpe), 2006.

[109] BECKER R A. Local Environmental Regulation and Plant-Level Productivity [J]. Ecological Economics, 2011, 70 (12): 2516 - 2522.

[110] BECKER R, HENDERSON V. Effects of Air Quality Regulations on Polluting Industries [J]. Journal of Political Economy, 2000, 108 (2): 379 - 421.

[111] BERMAN E, BUIL T. Environmental Regulation and Productivity: Evidence from Oil Refineries [J]. Review of Economics and Statistics, 2001, 83 (3): 498 - 510.

[112] BERNARD A B, OKUBO T. Product Switching and the Business

Cycle〔R〕. NBER Working Paper, No. 22649, 2016.

〔113〕 BERNARD A B, REDDING S J, SCHOTT P K. Multiproduct Firms and Trade Liberalization〔J〕. The Quarterly Journal of Economics, 2011, 126 (3): 1271 – 1318.

〔114〕 BERNARD A B, REDDING S J, SCHOTT P K. Multiple-Product Firms and Product Switching〔J〕. American Economic Review, 2010, 100 (1): 70 – 97.

〔115〕 BÖHRINGER C, et al. Clean and Productive? Empirical Evidence from the German Manufacturing Industry〔J〕. Research Policy, 2012, 41 (2): 442 – 451.

〔116〕 BOYDG A, MCCLELLJ D. The Impact of Environmental Constraints on Productivity Improvement in Integrated Paper Plants〔J〕. Journal of Environmental Economics and Management, 1999, 38 (2): 121 – 142.

〔117〕 BRANDTL J, BIESEBROECK V, ZHANG Y. Creative Accounting or Creative Destruction? Firm-Level Productivity Growth in Chinese Manufacturing〔J〕. Journal of Development Economics, 2012, 97 (2): 339 – 351.

〔118〕 BRIENK J, LI L. Selective Policy Implementation in Rural China〔J〕. Comparative Politics, 1999, 31 (2): 167 – 186.

〔119〕 BRUNNERMEIER S G, LEVINSON A. Examining the Evidence on Environmental Regulations and Industry Location〔J〕. Journal of Environment & Development, 2004, 13 (6): 6 – 41.

〔120〕 CAI X, LU Y, WU M, et al. Does Environmental Regulation Drive Away Inbound Foreign Direct Investment? Evidence from a Quasi-Natural Experiment in China〔J〕. Journal of Development Economics, 2016 (123): 73 – 85.

〔121〕 CHATTERJEE A, DIX-CARNEIRO R, VICHYANOND J. Multi-Product Firms and Exchange Rate Fluctuations〔J〕. American Economic Journal: Economic Policy, 2013, 5 (2): 77 – 110.

[122] CHOIY S, HAHNC H. Effects of Imported Intermediate Varieties on Plant Total Factor Productivity and Product Switching: Evidence from Korean Manufacturing [J]. Asian Economic Journal, 2013, 27 (2): 125 – 143.

[123] CHRISTAINSENG B, HAVEMANR H. Public Regulations and The Slowdown in Productivity Growth [J]. American Economic Review, 1981, 71 (2): 320 – 325.

[124] CONRAD K, WASTL D. The Impact of Environmental Regulation on Productivity in German Industries [J]. Empirical Economics, 1995, 20 (4): 615 – 633.

[125] COPELANDB R, TAYLORM S. Trade, Growth and The Environment [J]. Journal of Economic Literature 2004 (42): 7 – 71.

[126] CRAFTS N. Regulation and Productivity Performance [J]. Oxford Review of Economic Policy, 2006, 22 (2): 186 – 202.

[127] DALES J. Pollution, Property and Prices [M]. Toronto: University of Toronto Press, 1968.

[128] DASGUPTA S, et al. Water Pollution Abatement by Chinese Industry: Cost Estimates and Policy Implications [J]. Applied Economics, 2001, 33 (4): 547 – 557.

[129] DENG H, ZHENG X, HUANG N, et al. Strategic Interaction in Spending on Environmental Protection: Spatial Evidence from Chinese Cities [J]. China & World Economy, 2012, 20 (5): 103 – 120.

[130] EATON S, KOSTKA G. Does Cadre Turnover Help or Hinder China's Green Rise? Evidence from Shanxi Province [R]. Frankfurt School-Working Paper Series, 2012.

[131] EATON S, KOSTKA G, Authoritarian Environmentalism Undermined? Local Leaders' Time Horizons and Environmental Policy Implementation in China [J]. The China Quarterly, 2014 (5): 1 – 22.

[132] ELHORST J P. Spatial Panel Data Models, Spatial Econometrics

[M]. Springer Berlin Heidelberg, 2014.

[133] ELRODA A, MALIKA S. The Effect of Environmental Regulation on Plant-Level Product Mix: A Study of EPA's Cluster Rule [J]. Journal of Environmental Economics and Management, 2017 (83): 164 – 184.

[134] ERMINI B, SANTOLINI R. Local Expenditure Interaction in Italian Municipalities: Do Local Council Partnerships Make a Difference? [J]. Local Government Studies, 2010, 36 (5): 655 – 677.

[135] ESLAVA M, TYBOUT J, JINKINS D, et al. A Search and Learning Model of Export Dynamics [R]. In 2015 Meeting Papers [C]. Society for Economic Dynamics, No. 1535, 2015.

[136] FERRARAE L, CHONG A, DURYEA S. Soap Operas and Fertility: Evidence from Brazil [J]. American Economic Journal Applied Economics, 2012, 4 (4): 1 – 31.

[137] FOX S. The American Conservation Movement: John Muir and His Legacy [M]. The University of Wisconsin Press, Madison, Wis, 1981.

[138] FRAAS A. The Role of Economic-Analysis in Shaping Environmental Policy [J]. Law & Contemporary Problems, 1991, 54 (4): 113 – 125.

[139] FRONDEL M, HORBACH J, RENNINGS K. End-of-Pipe or Cleaner Production? An Empirical Comparison of Environmental Innovation Decisions Across OECD Countries [J]. Business Strategy and The Environment, 2007, 16 (8): 571 – 584.

[140] GOLDBERGP K, KHANDELWALA K, PAVCNIK N, et al. Imported Intermediate Inputs and Domestic Product Growth: Evidence from India [J]. Quarterly Journal of Economics, 2010, 125 (4): 1727 – 1767.

[141] GOLLOPF M, ROBERTSM J. Environmental Regulations and Productivity Growth: The Case of Fossil-Fueled Electric Power Generation [J]. The Journal of Political Economy, 1983, 91 (4): 654 – 674.

[142] GRAYW B. The Cost of Regulation: OSHA, EPA and the Productivity Slowdown [J]. The American Economic Review, 1987, 77 (5):

998 – 1006.

［143］GRAYW B, SHADBEGIANR J, WANG C, et al. Do EPA Regulations Affect Labor Demand? Evidence from The Pulp and Paper Industry ［J］. Journal of Environmental Economics and Management, 2014, 68（1）: 188 – 202.

［144］GREENSTONE M, LISTJ A, SYVERSON C. The Effects of Environmental Regulation on the Competitiveness of U. S. Manufacturing ［R］. National Bureau of Economic Research, No. W18392, 2012.

［145］GRILICHES Z, MAIRESSE J. Production Functions: The Search for Identification ［R］. NBER Working Paper, 1995.

［146］GUO G. China's Local Political Budget Cycles ［J］. American Journal of Political Science, 2009, 53（3）: 621 – 632.

［147］GUO G. Retrospective Economic Accountability Under Authoritarianism: Evidence from China ［J］. Political Research Quarterly, 2007, 60（3）: 378 – 390.

［148］HAHN R W. United States Environmental Policy: Past, Present and Future ［J］. Natural, Resources Journal, 1994, 34（2）: 305 – 348.

［149］HAMAMOTO M. Environmental Regulation and the Productivity of Japanese Manufacturing Industries ［J］. Resource & Energy Economics, 2006, 28（4）: 299 – 312.

［150］HAO J, WANG S, LIU B, et al. Plotting of Acid Rain and Sulfur Dioxide Pollution Control Zones and Integrated Control Planning in China ［J］. Water Air and Soil Pollution, 2001, 130（1 – 4）: 259 – 264.

［151］HELLAND E, MATSUNO M. Pollution Abatement as a Barrier to Entry ［J］. Journal of Regulatory Economics, 2003, 24（2）: 243 – 259.

［152］HERING L, PONCET S. Environmental Policy and Exports: Evidence from Chinese Cities ［J］. Journal of Environmental Economics and Management, 2014, 68（2）: 296 – 318.

［153］HIRANO K, IMBENS G W, RIDDER G. Efficient Estimation of

Average Treatment Effects Using the Estimated Propensity Score [J]. Econo-metrica, 2003, 71 (4): 1161 – 1189.

[154] HOLDEN C. Nixon Offers Large, Mixed Bag on Environment [J]. Science, 1971, 171 (3972): 659.

[155] HOPENHAYNH A. Entry, Exit, and Firm Dynamics in Long Run Equilibrium [J]. Econometrica, 1992, 60 (5): 1127 – 1150.

[156] HSIEHC T, KLENOWP J. Misallocation and Manufacturing TFP in China and India [J]. The Quarterly Journal of Economics, 2009, 124 (4): 1403 – 1448.

[157] HUANG Y. One Country, Two Systems: Foreign-Invested Enter-prises and Domestic Firms in China [J]. China Economic Review, 2003, 14 (4): 404 – 416.

[158] IACOVONE L, JAVORCIK B S. Multi-Product Exporters: Product Churning, Uncertainty and Export Discoveries [J]. The Economic Journal, 2010, 120 (544): 481 – 499.

[159] JAFFEA B, PALMER K. Environmental Regulation and Innova-tion: A Panel Data Study [J]. Review of Economics and Statistics, 1997, 79 (4): 610 – 619.

[160] JEFFERSONG H, TANAKA S, WESLEY Y. Environmental Regulation and Industrial Performance: Evidencefrom Unexpected Externalities in China [R]. Tufts University, Mimeo, 2013.

[161] JIAR H, NI E. Decentralization, Collusion and Coalmine Deaths [J]. Review of Economics and Statistics, 2017, 99 (1): 105 – 118.

[162] JOSHI S, KRISHNAN R, LAVE L. Estimating the Hidden Costs of Environmental Regulation [J]. Accounting Review, 2001, 76 (2): 171 – 198.

[163] JUDITH D M, LOVELYM E, WANG H. Are Foreign Investors Attracted to Weak Environmental Regulations? [J]. Journal of Development Economics, 2009, 90 (1): 1 – 13.

[164] KAWAKAMI A, MIYAGAWA T. Product Switching and Firm Performance in Japan-Empirical Analysis Based on The Census of Manufacturers [J]. Public Policy Review, 2013, (9): 287 –314.

[165] KIRK E, REEVES A, BLACKSTOCK K. Path Dependency and the Implementation of Environmental Regulation [J]. Environment & Planning C Government & Policy, 2007, 25 (2): 250 –268.

[166] KOSTKA G. Environmental Protection Bureau Leadership at The Provincial Level in China: Examining Diverging Career Backgrounds and Appointment Patterns [J]. Journal of Environmental Policy & Planning, 2013, 15 (1): 41 –63.

[167] KRAFT M E, NORMAN J V. Environmental Policy from the Seventies to the Nineties: Continuity and Change [R]. In Environmental Policy in the 1990's [M]. Washington D. C.: CQ Press, 1990.

[168] LANOIE P, PATRY M, LAJEUNESSE R. Environmental Regulation and Productivity: Testing the Porter Hypothesis [J]. Journal of Productivity Analysis, 2008, 30 (2): 121 –128.

[169] LASHITEW A A. Employment Protection and Misallocation of Resources across Plants: International Evidence [J]. Cesifo Economic Studies, 2015, 62 (3): 453 –490.

[170] LASHITEW A A. Misallocation, Aggregate Productivity and Policy Constraints: Cross-Country Evidence in Manufacturing [R]. Working Paper, 2012.

[171] LESAGE J, PACE R K. Introductionto Spatial Econometrics [M]. CRC Press, 2010.

[172] LEVINSOHN J A, PETRI N. Estimating Production Functions Using Inputs to Control for Unobservable [J]. The Review of Economic Studies, 2003, 70 (2): 317 –341.

[173] LI H, ZHOU L A. Political Turnover and Economic Performance: The Incentive Role of Personnel Control in China [J]. Journal of Public

Economics, 2005, 89 (9 – 10): 1743 – 1762.

[174] LI P, LU Y, WANG J. Does Flattening Government Improve Economic Performance? Evidence from China [J]. Journal of Development Economics, 2016, (123): 18 – 37.

[175] LIBECAP G D. Institutional Path Dependence in Climate Adaptation: Coman's Some Unsettled Problems of Irrigation [J]. American Economic Review, 2011 (101): 64 – 80.

[176] LIEBERTHAL K. China's Governing System and Its Impact on Environmental Policy Implementation [J]. China Environment Series, 1997 (1): 3 – 8.

[177] LIPSCOMB M. The Effect of Environmental Enforcement on Product Choice and Competition: Theory and Evidence from India [Z]. Center for Economic Analysis Department of Economics, University of Colorado at Boulder, Working Paper, 2008.

[178] LIST J A, MILLIMET D L, FREDRIKSSON P G, et al. Effects of Environmental Regulations on Manufacturing Plant Births: Evidence from a Propensity Score Matching Estimator [J]. Review of Economics and Statistics, 2003, 85 (4): 944 – 952.

[179] MANOVA K, ZHANG Z. China's Exporters and Importers: Firms, Products and Trade Partners [R]. NBER Working Paper, NO. 15249, 2009.

[180] MANOVA K, YU Z H. Multi-Product Firms and Product Quality [J]. Journal of International Economics, 2017, 109: 116 – 137.

[181] MANSKI C F. Identification of Endogenous Social Effects: The Reflection Problem [J]. The Review of Economic Studies, 1993, 60 (3): 531 – 542.

[182] MASKIN E, QIAN Y, XU C. Incentives, Information, and Organizational Form [J]. The Review of Economic Studies, 2000, 67 (2): 359 – 378.

［183］ MAYER T, MELITZ M J, OTTAVIANOG I. Market Size, Competition, and the Product Mix of Exporters ［J］. American Economic Review, 2014, 104 (2): 495 – 536.

［184］ MELITZ M J. The Impact of Trade on Intra-Industry Reallocations and Aggregate Industry Productivity ［J］. Econometrica, 2003, 71 (6): 1695 – 1725.

［185］ MELITZ M J, POLANEC S. Dynamic Olley-Pakes Productivity Decomposition with Entry and Exit. ［J］. Rand Journal of Economics, 2015, 46 (2): 362 – 375.

［186］ MELITZ M J, STEPHEN J, REDDING J. Heterogeneous Firms and Trade ［A］. In Gopinath G, Helpman E, Rogoff K, Hand book of International Economics ［C］. 2014 (4): 1 – 54.

［187］ MITCHELL R C, MERTIG A G, DUNLAP R E. Twenty Years of Environmental Mobilization: Trends Among National Environmental Organizations ［J］. Society & Natural Resources, 1991, 4 (3): 219 – 234.

［188］ NORTH D. Institutions, Institutional Change and Economic Performance ［M］. Cambridge: Cambridge University Press, 1990.

［189］ NORTH D C, ROBERT P T. The Rise of The Western World: A New Economic History ［M］. Cambridge: Cambridge University Press, 1973.

［190］ OECD. China in The Global Economy Governance in China ［M］. Paris: OECD Publisher, 2005.

［191］ OLLEY G S, PAKES A. The Dynamics of Productivity in the Telecommunications Equipment Industry ［J］. Econometrica, 1996 (64): 1263 – 1297.

［192］ PANAYOTOU T. Demystifying the Environmental Kuznets Curve: Turning a Black Box into a Policy Tool ［J］. Environment and Development Economics, 1997 (2): 465 – 484.

［193］ PEARSO N, MARGARET M. Governing the Chinese Economy:

Regulatory Reform in the Service of the State [J]. Public Administration Review, 2007, 67 (4): 718 – 730.

[194] PONCET S A. Fragmented China: Measure and Determinants of Chinese Domestic Market Disintegration [J]. Review of International Economics, 2005, 13 (3): 409 – 430.

[195] PORTER M E, VAN DER LINDE C. Toward a New Conception of the Environment Competitiveness Relationship [J]. The Journal of Economic Perspectives, 1995, 9 (4): 97 – 118.

[196] PORTER M E. America's Green Strategy [J]. Scientific American, 1991, 264 (4): 168.

[197] PORTNEY P R. Economics and The Clean Air Act [J]. Journal of Economic Perspectives, 1990, 4 (1): 173 – 181.

[198] RENNINGS K, KEMP R, BARTOLOMEO M, et al. Blueprints for an Integration of Science, Technology and Environmental Policy [R]. Zentrum FÜR Europäische WitschaftsfÜ Hrung Gmbh (ZEW), 2003.

[199] RENNINGS K, ZIEGLER A, ZWICK T. Employment Changes in Environmentally Innovative Firms [R]. ZEW Discussion Papers, 2001.

[200] RESTUCCIA D, ROGERSON R. Policy Distortions and Aggregate Productivity with Heterogeneous Establishments [J]. Review of Economic Dynamics, 2008, 11 (4): 707 – 720.

[201] SHIB L, IMARKANDYA A. Industrial Pollution Control Policies in Asia: How Successful Are the Strategies? [J]. Asian Journal of Environmental Management, 1995, 3 (2): 87 – 117.

[202] SIMPSON R D, BRADFORD III R L. Taxing Variable Cost: Environmental Regulation as Industrial Policy [J]. Journal of Environmental Economics and Management, 1996, 30 (3): 282 – 300.

[203] TANAKA S. Environmental Regulations on Air Pollution in China and Their Impact on Infant Mortality [J]. Journal of Health Economics, 2015 (42): 90 – 103.

［204］THEIS T L. EPA at 40：Bringing Environmental Protection intothe 21st Century ［J］. Environmental Scienceand Technology，2009（43）：8716 - 8720.

［205］TIMOSHENKO O A. Product Switching in a Model of Learning ［J］. Journal of International Economics，2015，95（2）：233 - 249.

［206］TOMBE T，WINTER J. Environmental Policy and Misallocation：The Productivity Effect of Intensity Standards ［J］. Journal of Environmental Economics and Management，2015（72）：137 - 163.

［207］UNRUH G C. Understanding Carbon Lock - In ［J］. Energy Policy，2000（28）：817 - 830.

［208］VAN R B. Implementation of Chinese Environmental Law：Regular Enforcement and Political Campaigns ［J］. Development and Change，2006，37（1）：57 - 74.

［209］VAN R B. Organization and Procedure in Environmental Law Enforcement：Sichuan in Comparative Perspective ［J］. China Information，2003，17（2）：36 - 64.

［210］WANG H，CHEN M. How the Chinese System of Charges and Subsidies Affects Pollution Control Efforts by China's Top Industrial Polluters ［R］. Working Paper，No. 2198，2004.

［211］WANG H，WHEELER D. Endogenous Enforcement and Effectiveness of China's Pollution Levy System ［R］. Policy Research Working Paper，No. 2336，2000.

［212］WANG H，WHEELER D. Financial Incentives and Endogenous Enforcement in China's Pollution Levy System ［J］. Journal of Environmental Economics and Management，2005，49（1）：174 - 196.

［213］WOERDMAN E. Implementing the Kyoto Mechanisms：Political Barriers and Path Dependence ［D］. PhD Dissertation，University of Groningen，2002.

［214］WOERDMAN E. Path-Dependent Climate Policy：The History

and Future of Emissions Trading in Europe ［J］. European Environment, 2004, 14 (5): 261 –275.

［215］ WU J, DENG Y, HUANG J, et al. Incentives and Outcomes: China's Environmental Policy ［ R ］. National Bureau of Economic Research, 2013.

［216］ YASAR M, RACIBORSKI R, POI B. Production Function Estimation in Stata Using the Olley and Pakes Method ［J］. Stata Journal, 2008, 8 (2): 22.

［217］ YU Y, ZHANG L, LI F, et al. Strategic Interaction and The Determinants of Public Health Expenditures in China: A Spatial Panel Perspective ［J］. The Annals of Regional Science, 2013, 50 (1): 203 – 221.